U0875359

高职高专房地产类专业规划教材
“互联网+”创新型教材

房地产金融实务

（第3版）

主　编　葛春凤　李贵良
副主编　唐宋元　李亚云

武汉理工大学出版社
·武　汉·

内 容 提 要

本教材的内容安排基于房地产金融典型工作任务分析，以房地产银行信用为核心，从金融机构、房地产开发企业、房地产中介、购房者等不同的角色主体出发设计教学情境和学习性任务，内容模块化，业务流程化。本教材共十一章，内容可分为四个知识与技能模块：一是房地产金融基本知识模块（第一章）；二是房地产银行信用服务模块（第二章至第五章），包括房地产银行信用与管理、房地产开发贷款、住房抵押贷款、住房公积金制度及公积金贷款等内容；三是房地产金融的其他金融服务模块（第六章至第九章），涉及房地产保险、房地产信托、房地产抵押典当、房地产证券化等内容；四是房地产金融宏观管理模块（第十章和第十一章）。

本教材理论与实践融合，突出实用性，适合作为高等职业技术学院、普通高等专科学校、本科院校的二级学院、成人高校房地产类专业的教学用书，也可作为继续教育、自学考试、专业技能考试和国家相关证书考试的教学和参考用书。

图书在版编目(CIP)数据

房地产金融实务/葛春凤，李贵良主编. —3 版. 武汉：武汉理工大学出版社，2018.4（2019.10 重印）

（高职高专房地产类专业规划教材）

ISBN 978-7-5629-5761-4

Ⅰ. ①房…　Ⅱ. ①葛…　②李…　Ⅲ. ①房地产金融　Ⅳ. ①F293.338

中国版本图书馆 CIP 数据核字(2018)第 075636 号

项目负责人：崔庆喜（027-87523138）　　**责任编辑**：雷　蕾

责 任 校 对：向玉露　　**封面设计**：芳华时代

出 版 发 行：武汉理工大学出版社

社　　址：武汉市洪山区珞狮路 122 号

邮　　编：430070

网　　址：http://www.wutp.com.cn

经　　销：各地新华书店

印　　刷：武汉市籍缘印刷厂

开　　本：787×1092　1/16

印　　张：15

插　　页：1

字　　数：387 千

版　　次：2018 年 4 月第 3 版

印　　次：2019 年 10 月第 2 次印刷

印　　数：3001—5000 册

定　　价：37.00 元

凡使用本教材的教师，可通过 E-mail 索取教学参考资料。

E-mail：wutpcqx@163.com

本社购书热线电话：027-87384729　87664138　87165708(传真)

凡购本书，如有缺页、倒页、脱页等印装质量问题，请向出版社发行部调换。

第3版前言

本教材在研究国内外房地产金融理论与实务的基础上，结合我国房地产金融的新政策、新制度及新发展，保持原有基本框架不变，与时俱进，补充了2016年以来房地产金融发展的新动态、新内容和新数据。在内容安排上，以房地产银行信用为核心，从金融机构、房地产开发企业、房地产中介、购房者等不同的角色主体出发进行设计，内容模块化，业务流程化。内容可分为四个知识与技能模块：一是房地产金融基本知识模块(第一章)；二是房地产银行信用服务模块(第二章至第五章)，包括房地产银行信用与管理、房地产开发贷款、住房抵押贷款、住房公积金制度及公积金贷款等内容；三是房地产金融的其他金融服务模块(第六章至第九章)，涉及房地产保险、房地产信托、房地产抵押典当、房地产证券化等内容；四是房地产金融宏观管理模块(第十章和第十一章)。为了保持教材理论逻辑的严密性，补充内容主要在链接资料、案例分析及实践训练中体现。

本教材充分突出高职高专教育的特点，注重适用性和操作性，强调案例教学。在教材内容处理上，坚持基础理论知识"必需、够用"的原则，通过章中案例及相关资料的链接、章后课堂讨论、思考与练习、实践与训练、案例分析等实践项目的安排，融"教、学、做"为一体，强化学生实践应用能力的培养，充分契合高职高专高技能应用型人才培养的目标指向。

本教材运用"互联网+"思维，以"在线学习平台"的形式对教材内容进行补充和在线测试。通过手机端扫描封底的二维码或在PC端访问在线学习平台网址(http://edu.wutp.com.cn)，进入登录界面，注册后教师即可进行辅助教学及在线布置作业，学生即可进行自主在线学习及作业练习等。

本教材由广州航海学院葛春凤教授、李贵良副教授担任主编，唐宋元副教授、李亚云副教授担任副主编。参加修订的人员有：葛春凤(第一章)、唐宋元(第二、九章)、周训清、李培浩(第三章)、李贵良、黎尧东(第四、七章)、李亚云(第五、十一章)、齐连胜(第六章)、黄宇辉(第八章)、查伟伟(第十章)。

我们在编写本教材的过程中参考了大量的文献资料，借鉴和吸收了国内外众多学者的研究成果，在此一并对他们的辛勤工作深表谢意。同时，对第1版教材的参编作者吕正辉、洪媛老师及对本教材给予充分肯定并提出修改建议的老师们表示衷心感谢！

房地产金融理论与实践处于不断发展之中，各种新观点、新素材层出不穷，难以全面反映在本次修订中；加之编者水平有限，错漏之处在所难免，恳请广大读者批评指正。

编　者

2018年3月

目 录

第一章　房地产金融基本知识

学习目标

1. 了解房地产业与金融业的关系。
2. 理解房地产金融的基本概念。
3. 掌握房地产金融市场、金融机构体系的基本知识。
4. 了解我国房地产金融的发展历程。

第一节　房地产业与金融业

一、房地产业及其资金运作特点

(一)房地产业的概念

房地产是房产与地产两种财产的合称,是以房与地的这种物的存在为前提的一种财产形态,是土地和附着于土地之上的房屋等建筑物以及构筑物所构成的物质形态在经济上的体现,是房屋与土地的经济形态,它涉及权属关系。

房地产业是为实现房地产产权权属而进行相应经济活动的产业部门,是从事房地产开发、经营、管理和服务等房地产经济活动的各个经济单位的总体。

在我国的国民经济三次产业的划分中,房地产业与金融业等一同列入第三产业,属于第三产业的第二层次,是为生产经营和生活服务的部门。

(二)房地产业资金运作的含义和特点

1. 房地产业资金运作的含义

房地产业资金是指房地产业在房地产开发、经营和管理活动中的各项财产物资的货币表现。

房地产业经济活动的资金分类,视房地产业经济活动各类主体的不同而有差异,但就综合性的房地产开发经营企业从事房地产的形式与流通过程来看,房地产业经济活动的资金可以从来源、实物形态和价值转移方式等方面进行划分。按资金来源渠道划分,从事房地产投资开发经营的房地产开发经营企业其资金来源主要包括所有者权益和负债两大部分。前者包括由所有者投入的资本,涉及国家投入的资本、法人投入的资本、个人投入的资本和外商投入的资本,直接计入所有者权益的利得和损失以及留存收益等;后者包括向各金融机构的借款、债券筹资、预收购房定金、预收代建款和其他负债。按资金的实物形态和价值转移方式的不同,房地产开发经营企业的资金可以分为固定资金和流动资金两大类。固定资金主要是指用于以房屋、建筑物、机械设备、运输工具、办公设备等固定资产实物形态存在的劳动资料方面的资金;流动资金主要是指用于原材料等劳动对象方面的资金。

房地产业经济活动中的资金随着生产经营活动的进行不断地循环运动。房地产的生产和再生产，顺次经过供应、生产和销售阶段，资金也相应从货币资金形态经过储备资金形态、生产资金形态、成品资金形态、结算资金形态等各种不同的形态，然后又回复到货币资金形态进行循环周转。在准备阶段，房地产开发经营企业用货币购入物质资料以及土地使用权，这时货币资金就转化为储备资金。在生产阶段，房地产开发经营企业在建筑地块上投入物质资料，用货币资金支付人工费和生产费用，使储备资金和一部分货币资金转换为生产资金，产品完工后，生产资金又转化为成品资金。在销售阶段，房地产开发经营企业将产品出售，进行结算，收回价款，成品资金又通过结算资金转化为货币资金。

房地产开发经营企业的资金运作，不仅要通过供应阶段、生产阶段和销售阶段（见图 1-1），而且要在各个阶段循环反复（除了一次性的房地产项目公司外）。资金在同一时期中经历各个阶段，各种形态的资金在空间上并存，在时间上继起，从而使房地产业经济活动不断运行，资金在循环周转中不断增值，房地产的生产和再生产不断地进行。

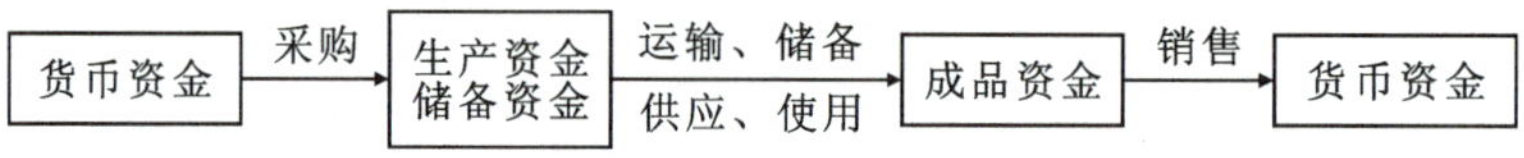

图 1-1　房地产开发经营企业的资金运作

2. 房地产业资金运作的特点

房地产具有位置的固定性、使用的耐久性、异质性和土地的不可再生性等属性，从而决定了在房地产的开发、经营和消费过程中，其资金运作具有占用量非常大、周转期较长等不同于一般商品生产和流通行业的特点。

(1)资金投入量大

相对于一般商品来说，房地产单体价值较大，在房地产的生产和再生产过程中，房地产的生产、流通和消费的每一环节都要花费大量资金，否则难以实现房地产的价值和使用价值。

(2)整体资金周转慢

房地产从开发到可交付使用，短则一年，长则数年。由于房地产的投资回收可以采用出售、出租方式来实现，其中采用出租或分期收款出售的，投资回收期可以长达几十年，房地产资金完成一次周转的时间较长。

(3)资金运作受地域影响大

房地产属于不动产，其生产、流通和消费都要在同一地域才能完成，加上房地产的购买者或投资者往往受国籍、城市户口、生活习惯的限制，使得房地产的流通和消费有一定的地域性，从而导致房地产资金运作也会受地域的影响。

(4)房地产资金的增值性

由于房地产地理位置的排他性和每个确定场所的稀缺性，随着经济的不断发展和人们生活水平的不断提高，房地产的需求也在不断增大，造成一定时间和特定地点上的供需矛盾加剧，从而使得房地产的价格上扬，房地产资金的增值性明显。

二、金融概述

金融是货币流通和信用活动的总称。它是指以银行信用为中心的各种形式的信用活动，以及在信用基础上组织起来的货币资金的融通。金融活动包括货币的发行、流通和回笼，存款的吸收和提取，贷款的发放和回收，货币结算、贴现，金银、外汇和有价证券的买卖，金融信托、保险和租赁等与货币流通和信用有关的一切经济活动。

资金融通的方式一般分为两类，即直接融资和间接融资。直接融资是指资金供给者与资金需求者运用一定的金融工具直接形成债权债务关系的行为，资金供给者是直接贷款人，资金需求者是直接借款人。间接融资是指资金供给者与资金需求者通过金融中介机构间接实现融资的行为，其中资金供给者与资金需求者不是分别作为直接贷款人与直接借款人出现的，他们之间不构成直接的债权债务关系，而是分别与金融中介机构发生信用关系，成为金融中介机构的债权人或债务人。典型的间接融资是银行的贷款业务。

资金融通需要借助于一定的金融工具才能进行。所谓金融工具，是资金需求者向资金剩余部门借入资金时出具的具有法律效力的债权债务凭证。金融工具多种多样，一般将其分为两类：直接金融工具和间接金融工具。直接金融工具是指非金融机构，如企业、政府或个人发行和签署的商业票据、国债、企业债券、股票以及抵押契约等，这类金融工具可以在金融市场上直接进行借贷或交易。间接金融工具是指银行或其他金融机构发行或签发的银行券、存款单、银行票据和保险单等，这些金融工具是金融中介机构采用间接融资方式时产生的。金融工具的种类随着金融创新的不断深化和扩展而增加。金融工具一般具有偿还性、流动性、风险性、收益性等特征。

对持有者来说，金融工具即为他们的金融资产。所谓金融资产是指一切代表未来收益或资产合法要求的凭证。金融资产可以划分为基础性金融资产与衍生性金融资产两大类，前者主要包括债务性资产和权益性资产；后者主要是远期、期货、期权和互换等。

金融业是指经营金融商品的特殊行业，一般包括银行业和非银行业，非银行业又包括保险业、证券业、信托业、租赁业和典当业。

三、房地产业与金融业的关系

房地产业与金融业都属于第三产业。因为房地产开发过程实质上是一种投资过程，是一种资金的有效投入和增值回收的过程，所以无法离开各类金融机构与金融市场为其提供资本金的筹集、融通、结算等各种金融服务。以银行为中心的金融业要求其资金运作具有安全性、流动性和收益性，而房地产以其价值含量大、位置固定性、使用长期性以及兼有投资与消费的双重性等特点可以满足金融业的“三性”要求。因此，房地产业的发展离不开金融业的支持与渗透，而其发展本身又为金融业的成长提供了广阔的空间，两者互相依存、互相支持、互相促进。

（一）房地产业的发展需要金融支持

首先，房地产开发投资离不开金融业的支持。房地产商品的价值量巨大，开发投资规模大、建设周期长，而且房地产涉及面广、经济关系复杂，如果没有金融业的支持，房地产业就难以发展。房地产占用资金量大且占用时间长，支付的利息也比较多，仅靠企业的自我积累根本不能保证资金的连续投入。如果没有金融机构的支持，企业就会产生资金周转困难，甚至引发财务危机。从国外的情况看，银行贷款通常是房地产企业的一项重要资金来源，占其开发投入总额的1/4～1/3。在我国，房地产开发企业直接向银行的借款占其资金来源的10%～30%，如再考虑个人预销售款和定金中的银行贷款部分及占用施工企业垫付资金中的银行贷款部分，开发企业资金中约有80%来自银行的信贷资金。除需金融机构为其提供充足的资金支持外，房地产投资在其资金的运作过程中，还需要金融机构为其提供多种金融服务，包括办理结算、保险、代理等业务，使各方货币资金的收付更加简便、快捷、安全。其次，住房信贷在支持住房消费方面也发挥着重要作用。国际上房价收入比为1∶3～1∶6，国内的这个比率要高一些，平均为1∶7～1∶10，个别城市甚至更高，这意味着在我国城市中一个家庭要在停止一切消费的情况下，积累至少7～10年才能买得起一套住房。但是，借助于住房消费信贷，家庭的积累过程就会大大缩短，住房消费可以提前实现。对于房地产企业来说，这无异于缩短了其产品的销售时间，加快了资金周转，减少了资金占用时间和利息支付，从而增加了利润。

（二）房地产业的稳定发展需要保险业的大力扶助

首先，如果房地产经营遭受重大损失（如发生地震或遭受洪水冲袭等），依靠企业自身的力量承担风险往往是不可能的，或虽能承受但损失巨大。如果企业向保险公司投保，在平时只要支付为数不多的保险费，保险公司就可以把各个公司的保险费集中起来，建立雄厚的保险基金。当某个投保方遇到风险时，它可以根据保险合同约定的标准获得经济补偿。其次，从房屋消费者来看，房屋使用消费的时间很长，房屋同样可能遭受自然灾害或意外事故的毁损，给消费者带来损失。房屋保险可使消费者从保险公司得到损失补偿。最后，从金融机构来看，金融机构坚持安全性、流动性和收益性的经营原则，帮助企事业单位和个人筹集购房或建房资金。信贷关系发生时，金融机构为了保证贷款的安全，必然要求债务人对房屋进行投保，以便在发生意外事故时也能保证贷款的归还。

（三）金融的发展迫切需要房地产业的健康发展

与房地产相关的金融业务的发展有利于银行吸纳更多的社会资金，包括个人购房款、开发商自筹资金、销售款、定金，以及建筑施工单位工程款项等，涉及房地产业的生产、流通、交换、消费的各个阶段，大量资金沉淀且建设周期跨度较大，在客观上有利于银行筹措社会资金。

金融业的发展需要在房地产领域安排资产业务。金融业的发展需要实行多元化的资产战略，体现金融业经营管理的资产分散化原则的要求。房地产业及房地产市场的健康快速发展为金融的资产运作提供了广阔的发展空间。个人住房信贷业务、独立于银行资产负债业务之外的中间业务比如房地产价值评估、房屋买卖和贷款咨询、个人信用评定、代理房地产保险等，无疑是金融机构的利润增长点和竞争的热点。总之，房地产业发展越快，金融业介入的程度就越深，房地产业也越依赖于金融业的发展。同时，如果房地产业发展过热甚至出现泡沫，或者房地产业发展长期低迷，都势必影响金融业的健康发展。

第二节　房地产金融的内涵及特征

一、房地产金融及房地产金融体系

（一）房地产金融的定义

房地产金融是指在房地产开发、流通和消费过程中，通过货币流通和信用渠道所进行的筹资、融资及相关金融服务的一系列金融活动的总称。房地产金融以银行和非银行金融机构作为金融服务主体，以房地产为特定服务对象。

房地产金融有广义和狭义之分。广义的房地产金融是与房地产活动有关的一切金融活动;狭义的房地产金融表现为一些具体的金融形式,如房地产抵押贷款、房地产保险、房地产抵押贷款证券化等。

(二)房地产金融体系

房地产金融体系是房地产金融的总体架构,一般包括房地产金融的市场体系、房地产金融的组织体系、房地产金融的产品体系以及房地产金融的政策体系。

二、房地产金融的基本任务

房地产金融的基本任务是运用多种金融方式和金融工具筹集和融通资金,支持房地产开发、流通和消费,促进房地产再生产过程中资金的良性循环,保障房地产再生产过程的顺利进行。其内容主要包括:吸收房地产业存款,开办住房储蓄,办理房地产贷款尤其是房地产抵押贷款,从事房地产投资、信托、保险、典当、货币结算以及房地产有价证券的发行和代理发行与交易、房地产证券化等。

三、房地产金融的分类

(一)政策性房地产金融和商业性房地产金融

从资金运用是否具有政策性划分,房地产金融包括政策性房地产金融和商业性房地产金融。

政策性房地产金融是指按政策规定办理的房地产信用活动。目前主要是房改金融,即与住房制度改革有关的金融业务,包括住房公积金存款、住房公积金贷款、合作建房贷款、经济适用房和社会保障房的开发贷款等。政策性房地产金融业务运作不以盈利为目的,其资金的筹集具有强制性,资金的运用具有较强的专向性和政策性。

商业性房地产金融是指银行或非银行金融机构在国家政策允许的范围内办理与房地产有关的资金筹集、融通和结算等信用活动。商业性房地产金融业务运作以盈利为目的,而且比政策性房地产金融涉及的范围广。

实践中,房改金融业务属于商业性金融机构的委托业务,只涉及住房,而商业性房地产金融属于商业性金融机构的自营业务,可涉及各类房地产。在贷款融资上,商业性金融机构承担房改金融业务,只收取手续费,不得代垫资金,对房改金融资金的投向要符合委托人制定的政策性住房资金使用计划的要求,按照政策性住房资金管理规定,审定、使用和回收各项房改金融资金;商业性房地产金融只作为商业性金融机构一般金融自营业务操作,需自寻资金来源,自主选择贷款对象,自行承担风险。

(二)直接房地产金融和间接房地产金融

从融资方式上看,房地产金融可分为直接房地产金融和间接房地产金融。

直接房地产金融是指由资金供给者和房地产资金需求者双方直接进行的融资。主要方式有政府发行住房建设债券、住房公债、土地债券,房地产开发企业发行的股票、债券等。

间接房地产金融是指经过金融机构作为中介参与的资金融通活动。间接房地产开发贷款、房地产流通贷款或者房地产消费贷款,都必须有金融机构的参与和稳定充裕的信贷资金来源。在国外,房地产资金的融通通常由专门金融机构从事,比如美国联邦住宅储蓄银行、巴西住宅银行、日本住宅金融公库等。

（三）房产金融与地产金融

从房地产的内涵出发，可将房地产金融分为房产金融和地产金融。

房产金融是指房屋或建筑物在生产、流通和消费过程中进行的各种资金融通活动，主要包括以住房作为信用保证的住房金融，房地产开发经营企业再生产和流通中资金融通的金融活动。

地产金融又称土地金融，是指围绕土地有偿使用而产生的金融活动。地产金融可分为城市土地金融和农村土地金融。城市土地金融是围绕城市土地的开发、经营所开展的资金融通活动。农村土地金融是指围绕农村土地的开发、生产、经营而开展的资金融通活动。

四、房地产金融的特点

房地产金融以房地产为特定的金融服务对象。房地产的特殊性决定了房地产金融作为一个相对独立和特殊的金融领域而存在。

（一）房地产金融以抵押权为基础

抵押权就是抵押权人对抵押财产享有的优先受偿权，即债务人或第三人不转移对其财产的占有，将该财产作为债权的担保，当债务人不能履行债务时，债权人拥有从其抵押财产折价或者以拍卖、变卖该财产的价款中优先受偿的权利。由于房地产贷款（特别是住房抵押贷款）期限比较长，贷款风险大，银行通常要求借款人以其投资的房地产为抵押品作为借款人履约的担保，所以，从这个角度讲，房地产融资是以房地产抵押为基础的，即以房地产抵押权的设立为开始，并以取消（债权如期清偿时）或执行（债权不能清偿时）抵押权为结束。

（二）房地产金融的证券化趋势

从一定意义上说，房地产金融是资产证券化最活跃的领域。这与房地产的特性有关。房地产单体价值大并且位置固定，导致房地产投资门槛高且流动性差。当房地产投资者利用银行贷款来投资的时候，银行就陷入以短期负债支持长期资产的境地，从而面临流动性风险。为了使房地产贷款具有流动性，银行对住房抵押贷款进行证券化。所谓抵押贷款证券化，是指将抵押债权以有价证券的形式出售给其他投资者来实现再融资，从而增加了长期抵押贷款资产的流动性。房地产证券化的另一种重要形式是房地产投资信托（REITs）。房地产投资信托解决了房地产分散化投资以及降低投资门槛的问题。

（三）房地产金融的政策性较强

一方面，房地产业发展受到城市规划、土地政策、产业政策等政策约束，导致发放房地产贷款的金融机构也必须考虑贷款的项目是否符合国家产业政策，否则贷款将面临巨大的政策风险。另一方面，住房问题是政府关注的焦点，解决城市居民住房问题关系到社会稳定，而住房金融为城市居民解决住房问题提供了金融支持。因此，政府往往通过调整财政补贴政策、税收政策或信贷政策等措施调节住房金融市场，实现政府住房政策目标。

（四）房地产金融市场波动大

由于土地资源的稀缺性以及房地产的异质性和供给缺乏弹性，所以房地产容易成为投机的对象，从而引起房价在短时期内大幅度的起落。而房地产信贷以抵押权为基础的特点决定了房地产信贷与房地产市场波动之间存在一种正反馈机制，即房价上涨会使抵押品价值增加，银行债权得到更有效保护，刺激银行扩大贷款规模，从而引起房价进一步上涨，这又诱使银行进一步扩张信贷，这一过程循环往复，必然产生房地产泡沫。而一旦房地产泡沫破裂,这种正反馈机制会使房地产信贷急剧萎缩。严重的房地产金融风险会引起整个金融市场出现危机。1998 年的东南亚金融危机及源于美国次贷危机的全球金融危机即是明证。

第三节　房地产金融市场

房地产金融市场是指房地产资金供求双方运用金融工具进行各类房地产资金交易的总和。它可以是一个固定的场所,也可以是无形的交易方式。随着信用工具的日益发达和不断创新,房地产金融市场的业务范围日益扩大,各类住房储蓄存款、住房贷款、房地产抵押贷款、房地产信托、房地产证券、房地产保险、房地产典当等多种多样的房地产金融活动将金融业与房地产业紧密结合。

一、房地产金融市场的构成要素

一个完备的房地产金融市场由三个基本要素构成:融资主体、融资中介和金融工具。

(一)融资主体

房地产金融市场的融资主体是参与房地产金融市场交易的当事人,既是资金的供给者,也是资金的需求者,主要包括企业、居民个人、政府及政府机构等。他们既能向金融市场提供资金,也要从金融市场筹措资金,是构成房地产金融市场最基本的要素。如作为房地产金融市场融资主体的企业,在房地产金融市场上将其生产经营过程中暂时闲置的资金存放在金融机构或购进房地产股票和债券,或为开发、购买房地产向银行申请贷款以及在金融市场上发行或者出售股票和债券。居民作为房地产金融市场融资主体,一是可参加住房储蓄贷款,或购买房地产金融市场上的各类有价证券;二是为购房、建房、修缮住房可向房地产金融机构申请抵押贷款而出售有价证券。政府作为房地产金融市场融资主体,除通过发行债券在市场上筹集建设项目所需资金外,还对房地产金融市场实施监督和调控。

(二)融资中介

在资金融通过程中,中介在资金供给者与资金需求者之间起媒介或桥梁作用。我国现有的房地产融资中介机构,大体上可以划分为专营机构和兼营机构两类。房地产金融专营机构,包括住房储蓄银行、住房资金管理中心、住房信用合作社、房地产开发财团等。房地产金融兼营机构包括商业银行的房地产信贷部、保险公司、信托投资公司、证券公司等。房地产融资中介一方面提供、发放房地产贷款,并从金融市场上购进房地产有价证券和其他金融工具以筹集信贷资金;另一方面,房地产融资中介还提供咨询、代理发行证券等服务,赚取手续费。

(三)金融工具

资金融通需要借助于一定的金融工具才能进行,所谓金融工具,是资金需求者向资金剩余部门借入资金时出具的具有法律效力的债权债务凭证。房地产金融市场的金融工具,是指在房地产金融市场上同货币进行交易的各种金融契约。按照房地产融资性质划分,房地产金融工具可以分成两大类:一类是债务性金融工具,包括各种未到期的住房存款单、住房抵押贷款、房地产开发贷款、流动资金贷款等契约以及房地产债券、融资租赁、预收购房款等;另一类是权益性金融工具,包括股票、证券投资基金、房地产投资信托等。

二、房地产金融市场的融资方式

房地产金融市场的融资方式按有无中介机构参与可分为直接融资和间接融资。

（一）房地产金融市场的直接融资

房地产金融市场的直接融资是指银行或者房地产金融机构直接向房地产业投资，参与企业的开发、经营活动，以获取利润，或者房地产开发公司在资本市场发行股票、债券，以筹措资金。直接融资一般要受到资金数量、时间、地点和收益预期判断的影响。如果对市场判断失误，就会存在很大风险，因此直接融资灵活性不足，但直接融资对于房地产业的振兴和发展，改善其经营管理，提高经济效益具有很大的帮助。

（二）房地产金融市场的间接融资

房地产金融市场的间接融资是指银行等房地产金融机构不直接参与房地产开发经营与各种投资，而是根据自身资本金运转状态与实际力量，为房地产开发、经营的公司（企业）组织存款并发放开发经营及消费所需的贷款。间接融资具有无限扩展的可能性，不受融资双方在资金数量、时间、地点与范围等方面的限制，因此，融通灵活方便，资金运用也合理有效，在房地产金融活动中，尤其是在住房金融活动中，必须依靠间接融资的方式，才能合理有效地实现资金融通。但房地产间接融资也存在着一定的风险。

在现实生活中，直接融资与间接融资各有利弊，两者应当相互补充、相互促进，才能充分提高资金使用效益，促进房地产业的健康发展。

三、房地产金融市场的分类

房地产金融市场作为金融市场的一个重要组成部分，可以按照多种标准进行分类。

（一）房产金融市场和地产金融市场

按服务对象的不同，房地产金融市场可分为房产金融市场和地产金融市场。

房产金融市场是指银行或其他金融机构为房屋再生产所进行资金融通的市场。其中，住宅金融市场在房产金融市场中占据非常重要的位置。根据金融体制的不同模式，住宅金融市场一般又可分为自由的住宅金融市场和国家指导的住宅金融市场。在西方国家，自由的住宅金融市场是以私人金融机构为经营主体，以住宅抵押为基础，并由多种信用网络交织而成的市场，由初级市场和二级市场共同组成。国家指导的住宅金融市场是指由中央银行所控制，借贷条件较稳定，信贷条件比自由市场更为宽厚的一种住宅金融市场。通常而言，国家指导的市场较少受市场波动影响，借贷期限较长，利率也偏低。在国家指导的住宅金融市场内，政府的控制性调节渗透到金融市场的各层面与各环节，具有高度集中性和统一性，可以充分运用信贷杠杆来调节资金供求，以服从政府住宅发展的整体规划与整体利益。

地产金融市场是指以土地作抵押物而向金融机构获得资金信贷的交易活动关系的总和。地产金融包括农地金融和市地金融，其业务主要是：以土地为抵押品，筹集融通资金，以达到对土地进行开发和利用的目的。地产金融一般以债券化的方式开展业务，具有债权可靠、利息率低、还贷期长、运作安全的特点，是银行比较乐意从事的业务。

房产金融市场和地产金融市场并不是截然分立的，二者有着紧密的联系，它们相互影响、相互作用，共同构成完整的房地产金融市场。

(二)房地产金融一级市场和二级市场

按交易层次不同，房地产金融市场可分为一级市场和二级市场。

房地产金融一级市场也称为房地产金融初级市场，是房地产资金初始的交易市场，是房地产金融市场的基础部分，主要包括金融机构对房地产资金需求者的各种信贷业务、房地产证券的发行交易以及上述信贷和证券业务的附属金融业务，如政府机构、信托机构和保险机构等对房地产信贷和证券发行的保证、保险和信托等交易活动。

房地产金融二级市场是房地产信用的再交易、再流通市场，是房地产金融市场的核心部分。二级市场是为适应房地产信用资金的流动性，均衡各金融机构的存贷结构而产生的，通常为区域性市场，主要交易对象为房地产证券交易。在初级市场，金融机构贷放出大量资金，为了满足新的资金需求者的要求，金融机构往往会对原有的房地产信用进行再交易，把原来作为抵押的房地产或债券售卖出去，取得资金，再向资金需求者放贷。对于房地产债券的投资者来说，二级市场是他们出售房地产债券的场所，可满足他们对资金流动性的需要。二级市场的大部分交易在银行之间进行。

房地产金融市场的结构如图 1-2 所示。

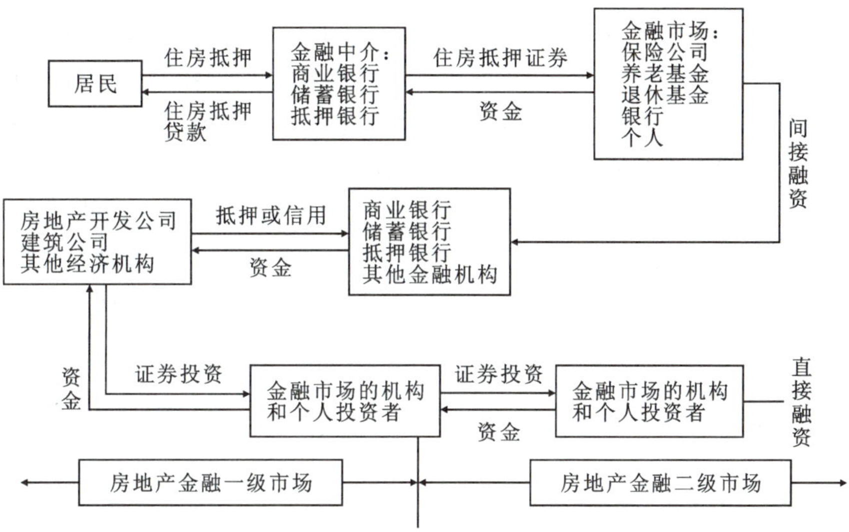

图 1-2 房地产金融市场结构

(三)货币市场和资本市场

按交易工具的期限划分，房地产金融市场可分为货币市场和资本市场。

货币市场是融通短期资金的市场，包括同业拆借市场、回购协议市场、商业票据市场、银行承兑汇票市场、短期政府债券市场、大面额可转让存单市场等。

资本市场是融通长期资金的市场，包括中长期信贷市场和证券市场。中长期信贷市场是金融机构与房地产企业之间的贷款市场；证券市场是通过证券的发行与交易融资的市场，包括债券市场、股票市场、基金市场、保险市场、融资租赁市场等。

资本市场是房地产金融的主要市场，其金融产品有住房储蓄存款、房地产抵押贷款、房地产信托、资产证券化、房地产保险等。

四、房地产金融市场的功能

（一）融通资金的功能

融通资金是房地产金融市场最基本的功能，是指通过金融市场将货币资金由盈余部门融通到短缺部门。金融市场上金融商品的买卖和流动，代表着货币资金的流动，而货币资金则代表着对实际资源的占有和使用权，因此，金融市场的资金融通功能进一步表现为资源的配置功能。当资源使用权在盈余部门闲置时，资源利用处于低效状态，通过金融市场的融通功能将闲置资金引向需求部门时，则资源利用效率提高。金融市场是有效竞争市场，资金流向收益率高的部门，进而使资源得到优化配置。由于各种金融商品都是收入和财富的特殊持有方式，金融商品价值的变化代表着财富的流动，金融商品价值的变化就意味着持有者手中收入和财富数量变化。因此，金融市场交易活动所引起的金融商品流动及其价格变化，就表明持有的收入和财富在进行着不断的调整和配置。而房地产商品具有较高的投资价值，房地产行业的经营业绩和发展前景等经济信息吸引资金大量流入房地产行业，以实现房地产金融市场上融通资金和配置资源的功能。

（二）转移和分散风险的功能

金融市场是一种有组织、有规则、能提供各种信用保障和专业化服务的融资系统。资金供需双方均在相同的金融市场交易规则和信息服务等条件下进行交易，各种可供选择的金融工具的收益和风险能够在这种统一的市场中被准确定价。当然，由于市场参与者对收益和风险的偏好以及资产选择策略上存在差异，风险喜好者愿意承担高风险并获取高收益，风险厌恶者宁可少一些收益而求得安全，因此，可利用金融市场上的各种金融工具如期货、期权等交易分散或转移风险。而金融市场组织的集中性交易，可以大大降低没有组织的分散交易所固有的风险。如以银行为信用中介机构的间接金融市场，资金供应者的风险首先由银行承担，然后银行通过资产证券化等将风险分散于各行业、企业和各种期限、数额的授信对象上。在房地产金融市场上，丰富多样的金融商品可以使投资者将投资分布于具有不同收益—风险组合的多种金融产品上，以达到分散投资风险的目的。

（三）调节和反映经济的功能

金融市场通过价格机制将资金导向高效益的行业和企业，使社会资源得到优化配置，从经济学角度看，这就是金融市场对经济的自发调节功能。金融市场的存在和发展，为管理当局对经济实施宏观调控创造了政策传导机制和工具。

金融市场功能的发挥程度，主要取决于市场的建立基础与发展方向。各国金融市场发展实践表明，金融市场只有建立在真实信用和现实社会再生产基础之上，坚持与生产流通紧密相关并为之服务的发展方向，才能在健康发展中充分发挥其功能。如果金融市场的活动脱离了经济基础与方向，不仅难以发挥其基本功能，而且还会出现诈骗、投机、泡沫和操纵市场等不良现象，加大金融风险，破坏金融市场的正常运作和经济的稳定，甚至引发经济危机并在国际间迅速传播。因此，要使金融市场正常、充分地发挥其功能作用，必须具备相应的条件与环境，包括有完整对称的信息；有市场供求决定价格的机制；有众多的市场参与者和丰富的金融商品种类；不存在少数或个别交易者对市场的垄断以及有完善的市场机制、管理手段和交易方法等。

第四节　房地产金融机构

一、房地产金融机构体系

（一）房地产金融机构的含义

房地产金融机构是指经营房地产金融业务的各种金融中介和兼营房地产金融业务的各种金融企业，主要包括专业银行、商业银行及非银行金融机构。

（二）房地产金融机构体系的构成

房地产金融机构主要由三类机构组成，即专业性房地产金融机构、非专业性房地产金融机构、向房地产融资提供担保和保险的机构。专业性房地产金融机构是专门从事房地产金融业务的机构，如美国的储蓄贷款协会、英国的住房金融联合会、德国的建筑储蓄金融机构、加拿大的抵押贷款公司、日本的住宅金融公库等。非专业性房地产金融机构是指各种类型兼营房地产金融业务的金融机构，如各国的商业银行、信托投资公司等。向房地产融资提供担保和保险的机构主要包括政府机构和私人机构两大类，前者如美国的退伍军人管理局、日本的公库住宅融资担保协会等，后者如各国私营保险公司等。

各国房地产金融机构的架构都因各自不同的历史、文化、经济以及政治背景而不同。有些国家只允许由专业住房金融机构经营房地产金融业务，多数国家则由专业住房金融机构和商业银行共同经营房地产金融业务，也有些国家不设专门房地产金融机构，一般商业银行均可从事房地产金融业务。

（三）我国的房地产金融机构体系

我国的房地产金融机构体系主要由第二类非专业性房地产金融机构组成，包括银行型房地产金融机构和非银行型房地产金融机构，具体又可分为五大类：银行类、保险公司类、信托投资公司类、证券公司类和其他类（主要指财务公司、典当业、合作社等），其中主要以商业银行和信托公司为主。

二、我国房地产金融机构及其业务

（一）银行类

我国从事房地产金融业务的银行类金融机构由四大国有控股商业银行、全国性股份制银行、区域性股份制银行、外资银行等构成，其中四大国有控股商业银行是我国房地产金融业务的主要承担者。

1. 中国建设银行开展的房地产金融业务

中国建设银行是我国房地产金融业务的主要承担者，其房地产金融业务主要包括：

(1)办理房地产开发经营企业、房屋管理部门的流动资金贷款与存款业务。

(2)办理企事业单位和个人购买商品房抵押贷款业务。

(3)办理居民住房储蓄存款和住房贷款业务。

(4)办理城镇住房基金存款、企事业单位住房基金存款和个人住房基金存款（含住房公积金存款）。

(5)对实行房改的单位购买、建造职工住房发放抵押贷款。

(6)对缴纳公积金的职工发放购、建、大修自住住房抵押贷款。

(7)对合作建房、集资建房提供贷款。

(8)办理住房建设债券存款、合作建房存款、集资建房存款。

(9)办理开户企事业单位以房地产为抵押的其他各类贷款。

(10)办理各市人民政府与军队、煤炭、铁道、石油等系统和中国人民银行委托的其他房地产金融业务。中国建设银行作为政策性住房信贷业务指定银行，可以承担直辖市、省辖市、县级市及大型工矿区委托的住房信贷业务。

(11)办理房地产业务的银行结算工作。中国建设银行除了主要承担房地产存贷款和结算业务外，还积极从事与房地产有关的咨询、代理和估价等业务。

2. 中国工商银行开展的房地产金融业务

房地产金融业务是中国工商银行为扩大业务领域，实行资产负债多元化，适应城市住房改革而拓展的一项业务。中国工商银行的房地产金融业务主要包括：

(1)办理工商企业和机关、事业单位的建房基金存款；

(2)办理工商企业和机关、事业单位的建房和购置商品房贷款；

(3)办理城镇居民住房储蓄和住房贷款；

(4)办理工商企业以房地产为抵押的各类工商贷款；

(5)办理房地产业务的银行结算工作；

(6)办理各市人民政府与有关部门及中国人民银行委托的其他房地产金融业务。

3. 中国农业银行开展的房地产金融业务

中国农业银行营业网点遍布全国城乡，是网点最多的银行之一。目前，作为国有独资的全国性商业银行，中国农业银行承担着办理农、林、牧、副、渔业和乡镇企业信贷及农村乡镇储蓄业务，也承担着商业性房地产金融业务和我国各县委托的政策性住房信贷业务及其他房改金融业务。其房地产金融业务主要包括：

(1)办理农村乡镇居民和农户购房、建房储蓄；

(2)办理农村企事业单位、农户建房和购置商品房贷款以及农村乡镇房地产开发企业的流动资金贷款；

(3)办理开户企事业法人以房地产为抵押的其他各类贷款；

(4)办理房地产业务的银行结算工作；

(5)办理各县政府和中国人民银行委托的房地产金融业务。

4. 住房储蓄银行的房地产金融业务

住房储蓄银行是我国房地产融资的专业银行，是为配合建立住房基金制度通过股份制形式组建起来的股份制银行。参股单位包括有关大银行、保险公司、地方财政和其他单位。住房储蓄银行的主要任务是根据与国家房地产业政策相关的住房金融政策，筹集和融通住房建设和消费资金，促进住房商品化和自有化，为住房制度改革服务。

【资料 1-1】

烟台住房储蓄银行和蚌埠住房储蓄银行

烟台住房储蓄银行于 1987 年 12 月成立，注册资本金 2000 万元，在烟台共设有 80 个机构网点。当时，国家在烟台进行住房体制改革试点，由于那时还没有一家商业银行开办这种贷款业务，于是经国务院批准，烟台成立了住房储蓄银行。

烟台住房储蓄银行的任务是为政府房改配套服务，专门办理与住房改革配套的住房信贷、结算等政策性金融业务。烟台住房储蓄银行既不是商业银行，也不属于政策性银行。2003 年 7 月 29 日，烟台住房储蓄银行正式更名为恒丰银行股份有限公司，成为第 11 家全国性股份制商业银行。

蚌埠住房储蓄银行成立于 1988 年 3 月 17 日，5 月 2 日正式对外营业，是全国两个房改试点银行之一，其主要业务是为建筑住房和其他房地产开发筹集资金、办理贷款。蚌埠住房储蓄银行自成立到改制，资产规模和存贷款余额等指标均以每年 20%以上的速度增长，但住房公积金管理中心的成立使住房储蓄银行不得不向商业银行的角色转变。2000 年，蚌埠住房储蓄银行与当地城市信用合作社合并，改制成蚌埠市商业银行，向商业银行转变。

我国住房储蓄银行的房地产金融业务主要包括：

(1)开展房地产信贷及结算业务；

(2)办理住房和其他房地产生产、流通领域的存、贷款业务；

(3)经营住宅和其他房地产投资开发业务；

(4)办理居民住宅专项储蓄存款及抵押贷款业务；

(5)经中国人民银行批准发行住房债券及办理中国人民银行交办和批准的其他业务。

住房储蓄银行还可从事与房地产有关的咨询、审价和估价等工作。住房储蓄银行作为股份制的金融企业，实行独立核算、自主经营、自负盈亏、自担风险、自求平衡，实行董事会领导下的行长负责制，业务上受中国人民银行的领导和管理。

5. 其他全国性和区域性商业银行的房地产金融业务

这些银行包括中国银行、交通银行、中国光大银行、中信实业银行、华夏银行、中国民生银行、中国投资银行、招商银行、上海浦东发展银行、福建兴业银行、深圳发展银行、广东发展银行、海南发展银行、上海城市合作银行等。作为商业银行，可经中国人民银行批准(现需经中国银行业监督管理委员会批准)，经营下列房地产金融业务：

(1)办理居民个人住房储蓄存款和住房贷款；

(2)办理房地产开发经营企业存款，发放土地开发和房地产经营贷款；

(3)办理其他企事业法人购建住房贷款；

(4)办理企事业法人以房地产作抵押的其他各类商业性贷款；

(5)办理房地产委托贷款；

(6)办理房地产业务的银行结算工作；

(7)接受中国人民银行委托、交办的其他房地产金融业务。

商业银行还可承办有关房地产的咨询、审价、估价和代理房地产保险等业务。

6. 外资银行

外资银行包括中外合资银行、外国银行中国分行、外商独资银行。这些银行也可在其业务经营范围内从事房地产金融业务，如提供购买外销商品房的抵押贷款、住房储蓄与住房贷款等。

(二)保险公司类

保险公司类金融机构包括中资保险公司和外资保险公司。

1. 中资保险公司

中资保险公司有全国性股份制保险公司和区域性股份制保险公司。全国性股份制保险公司有从事财产保险的中国太平洋财产保险股份有限公司、华泰财产保险股份有限公司、中国平安保险股份有限公司(产险)等;从事人寿保险的中国人寿保险股份有限公司、中国平安保险股份有限公司(寿险)、新华人寿保险公司、泰康人寿保险股份有限公司、中国太平洋人寿保险公司等。区域性股份制保险公司主要包括从事财产保险的天安保险股份有限公司、大众保险股份有限公司、华安财产保险股份有限公司。我国将逐步取消区域性保险公司的经营地域限制,改善经营竞争环境,实现市场的有序竞争和健康发展。

2. 外资保险公司

外资保险公司主要包括中外合资保险公司和外国保险公司在中国的分公司。中外合资保险公司有中宏人寿保险公司、中保康联人寿保险有限公司等;外国保险公司中国分公司包括美亚保险公司、美国友邦保险有限公司、意大利忠利保险、荷兰保险公司、德国安联保险集团和瑞士苏黎世保险公司等在中国境内设立的分公司。

【资料 1-2】

中国人民保险集团公司

中国人民保险集团股份有限公司(简称中国人保,英文 PICC)是一家综合性保险(金融)公司,世界 500 强之一,是目前世界上最大的保险公司之一,注册资本为 306 亿元人民币,在全球保险业中属于实力非常雄厚的公司。中国人保拥有 67 年发展历史,历经数次重大变革,目前中国人保已经从原来的一家公司发展成为拥有中国人民财产保险股份有限公司、中国人保资产管理有限公司、中国人民健康保险股份有限公司、中国人民人寿保险股份有限公司、人保投资控股有限公司、人保资本投资管理有限公司、中国人民保险(香港)有限公司等 10 多家专业子公司的现代保险金融集团。集团经营范围从单一的非寿险发展到非寿险、寿险、健康险、资产管理、保险经纪以及信托、基金等领域,形成了保险金融产业集群,在海内外具有深远影响力。中国人保在 2017 年《财富》"世界 500 强"中排名第 114 位;在"2017 年中国企业 500 强"中排名第 23 位。

【资料 1-3】

中国人寿保险集团股份有限公司

中国人寿保险集团股份有限公司(简称中国人寿)是目前中国最大的国有金融保险企业,直接隶属国务院,公司总部设在北京。它的前身是成立于 1949 年 10 月的原中国人民保险公司,1996 年分设为中保人寿保险有限公司,1999 年更名为中国人寿保险公司,2003 年重组改制为中国人寿保险(集团)公司。集团业务范围全面涵盖寿险、财产险、养老保险(企业年金)、资产管理、另类投资、海外业务、电子商务等多个领域,并通过资本运作参股了多家银行、证券公司等其他金融和非金融机构。中国人寿连续 16 年入选《财富》"世界 500 强",2017 年排名第 51 位;连续 11 年入选"世界品牌 500 强",2017 年排名第 143 位;入选中国品牌价值研究院"2017 年中国品牌 500 强",排名第 12 位;在"2017 年中国企业 500 强"中排名第 12 位。

中资保险公司目前是我国房地产领域保险业务的主要承担者,从事房屋财产保险、建筑工程一切险、商品住宅综合保险、自购公有住房保险、房屋质量与责任保险、住房抵押贷款还款保证保险、住房抵押贷款人寿保险和房地产业人身保险等。

（三）证券公司类

证券公司类主要有申银万国证券股份有限公司、海通证券股份有限公司、中国银河证券股份有限公司、国泰君安证券股份有限公司、国通证券股份有限公司、中信证券股份有限公司、湘财证券有限责任公司、渤海证券有限责任公司、天同证券有限责任公司、华泰证券有限责任公司，等等。它们承担着房地产证券的承销、房地产投资基金管理、房地产公司的上市改制咨询等业务。随着中国证券业的发展和证券市场的逐步完善，以及《外资参股证券公司设立规则》的实施，中国证券业进一步对外开放，证券公司将在房地产金融业务中发挥更大作用。

（四）信托投资公司类

信托投资公司类金融机构包括中国中信集团有限公司、中诚信托有限责任公司、上海国际信托有限公司、华宝信托有限责任公司、上海爱建信托有限责任公司、中海信托股份有限公司、北京国际信托有限公司、济南英大国际信托有限责任公司、陕西省国际信资股份有限公司、中泰信托有限责任公司、西部信托有限公司等。

信托业务范围广，与房地产有关的业务主要有受托经营房地产资金信托业务；受托经营房地产财产信托业务；受托经营房地产投资基金业务；作为投资基金或基金管理公司的发起人从事房地产投资基金业务；经营房地产企业资产的重组、并购及项目融资、财务顾问、公司理财等中介业务；受托经营房地产企业债券等的承销业务等。

（五）其他类

其他类房地产金融机构包括财务公司、金融资产管理公司、金融租赁公司、投资基金管理公司、信用社及房地产抵押担保公司等非银行金融机构和视作金融机构的典当行等。

上述各类金融机构的运作分别受金融监管当局如银保监会、证监会等监管部门的监管。

三、房地产金融机构的任务

房地产金融机构的任务是为房地产业筹集、融通资金并提供结算和其他金融服务。

（一）房地产金融机构的筹资任务

房地产金融机构发挥筹资职能，广泛筹集各类资金，支持房地产开发、流通和消费。金融机构以有效的方式、方法及工具向社会筹集资金，或者代理房地产开发经营企业向社会直接筹资。房地产金融机构的筹资任务具体包括以下几个方面。

1. 吸收企业、事业单位和个人等的闲置资金

房地产金融机构将国民经济各部门、企业、机关、团体和居民个人的暂时闲置未用的资金聚集起来，尤其是把这些单位和个人与房地产开发、流通和消费有关的资金集中起来，作为房地产金融机构筹资的主要来源。

2. 积极归集住房公积金、公房出售资金和房屋维修基金等各项房改资金

房地产金融机构，尤其是政策性房地产金融机构要承担起归集住房公积金、公房出售资金和房屋维修基金等各项房改资金的职责，积极支持住房制度改革，将个人的一部分消费资金引入住房消费上来。

3. 代理房地产开发经营企业向社会直接筹集资金

房地产金融机构承担证券筹资媒介职能,代理房地产开发经营企业向社会发行公司股票、债券,归集股票、债券资金,代理政府有关机构发行住宅建设债券,帮助房地产开发经营企业归集房产销售预收款等。

4. 利用其他筹资工具归集资金

房地产金融机构通过发行金融债券,吸存保险费,接受信托,委托存款,办理转贴现、再贴现等业务,归集资金。

(二)房地产金融机构的投融资任务

归集资金是投融资业务的基础,投融资业务是资金筹集的归宿。房地产金融机构投融资任务主要包括以下几个方面。

1. 房地产投资活动

房地产金融机构,尤其是房地产信托投资机构、证券经营机构运用所筹资金及自有资金从事房地产股票、债券的买卖,房地产信托投资机构等还直接投资于房地产开发建设。

2. 房地产开发与经营贷款

房地产金融机构利用所筹资金及自有资金,对房地产开发经营企业在开发与经营活动中需要的生产性周转资金提供贷款。

3. 房屋抵押贷款

房地产金融机构利用所筹资金及自有资金,对购房的单位和个人提供以房地产作抵押的贷款,包括购买商品房抵押贷款、购买公有住房抵押贷款等,帮助房屋消费者提前享用明天的钱,从而缩短购房需求与资金筹集之间的时间差,支持居民住房消费。

4. 其他资金运用任务

房地产金融机构的其他资金运用包括信托贷款、信托投资、委托贷款、保险资金的营运等。

(三)房地产金融机构的资金结算任务

房地产金融机构发挥支付中介职能开展结算服务,包括如下几个方面。

1. 住房公积金结算

公积金是为推行住房商品化,实施房改政策而推行的一种带有强制性的政策性储蓄。实行公积金办法的职工个人按月缴交占工资一定比例的公积金,单位亦按月为职工缴交占职工工资一定比例的公积金,两者均归职工个人所有。住房公积金由政策性房地产金融机构按月定期为缴交者办理缴交结算,并日常办理支取、移转等结算业务。

2. 房租和物业管理费结算

租住公房的职工每月缴纳的房租和住在私房的房主按期缴纳的物业管理费等,都可利用支票、现金或自动转账系统等通过房地产金融机构办理结算。

3. 购售房资金结算

购房者购买房屋,包括分期付款方式和通过贷款按期还本付息方式购房,购房者都可利用支票、银行本票、现金或自动转账系统,通过房地产金融机构定期办理结算。

4. 其他资金结算

房地产开发经营企业日常经营活动中除上述有关结算业务以外的结算,如取得土地使用权支付的价款、购买办公设备的付款等,都可通过房地产金融机构办理结算。此外,还有其他单位通过房地产金融机构办理的结算等。

(四)其他金融服务任务

房地产金融机构的任务除了筹资、投融资和结算服务之外，还包括其他金融服务，如房地产保险服务、房地产投资咨询、代编代审房地产项目预决算、代编房地产开发建设项目招标标底、提供抵押房地产价值估算、代理房地产买卖和代理房地产租赁等。

房地产金融机构提供其他金融服务，一方面可拓宽房地产金融机构服务领域，扩大社会影响，吸引客户，提高房地产金融机构的信誉；另一方面还可增加房地产金融机构的收益，增强房地产金融机构的实力，降低房地产金融机构投融资活动的风险。

第五节　我国房地产金融的发展历程

一、我国房地产金融的萌芽

田宅典质可看成是我国古代房地产金融的萌芽。典质的历史迄今已有1700余年，可尊称“金融鼻祖”。典质的起源与变化十分复杂，但据今所见有关历史文献的明确记载，中国的典质业直接源于南北朝时的南朝佛寺。当时的南朝寺库质贷以济贫救世的慈善面目出现。在典质业中，为融资对土地、房产进行典质的行为一般称为田宅典质。从唐代开始，中国的典质从单一的寺库质贷逐渐成为一种官营或民营的金融行业，在调剂余缺、促进流通、提供便民、稳定社会等方面占据了相当重要的地位。到明代田宅典质盛行，当时，多是出典人在为应急用并存取赎之心的情况下发生的。从形式上看，它是出典人用土地作为抵押，以换取受典人所支付的价银，并以各自的信用为担保而体现的一种互利关系。到了清代，民间私人之间的田宅典质有了长足发展。当时私人借贷的方式为指房借贷，属抵押贷款亦即典当。田宅典质作为房地产金融的萌芽，具备了以房(宅)、地(田)作为标的物进行融资的特征。

二、我国房地产金融的初步发展

自中国通商银行于1897年成立到20世纪30年代，我国金融业务有较大的发展，房地产经营活动比较活跃，很多银行都介入房地产的投资开发经营和与房地产有关的贷款业务。当时的房地产金融业务主要包括以下三个方面。

1. 房地产抵押贷款

放贷人在发放贷款时，借款人主要用房屋和土地抵押担保，这是金融业与房地产业相结合的最主要形式。当时官僚资本金融垄断体系在全国的金融业中占据主导地位。1935年，全国有2566个银行机构，其中“官办”银行1971个，其余较大的银行都是“官商合办”或“官僚商办”。这些银行都开展房地产抵押贷款业务，许多银行还开设了房地产部，专营房屋和土地抵押贷款业务。如当时比较有名的“南三行”(浙江兴业银行、上海银行和浙江实业银行)和“北四行”(金城、盐业、中南和大陆银行)等通过发放抵押贷款业务，取得了大量房地产。值得注意的是，此时外国金融机构在中国房地产金融市场上也很活跃，如英国律师高易经手英商汇丰银行的贷款高达白银400万两；阜昌洋行发行贷款达二分利，比银行利息大一倍，不但利息高，抵押期也短，逾期不还款房屋和土地即归放款人所有。

2. 银行直接投资从事房地产土地开发经营

上海的银行最早参与房地产的开发和经营。第一次世界大战前后，我国民族工商业发展较快，对房地产的需求旺盛，房地产领域显得利润优厚，稳定可靠。为此，许多华商银行纷纷抽资搞土地开发和房屋建设。如“北四行”于20世纪30年代在上海滩闹市区中心南京路上购买了一块土地，动用巨资搞开发，联合建造了当时举世闻名的“国际饭店”；中国银行在上海购地开发建造了中行大厦，这两座大厦连同百老汇大厦（现改称上海大厦）是当时上海三鼎足的最高楼宇，现在也是上海城市的重要象征。当时外滩一条街上许多土地的所有权都属于中外银行，耸立的高楼也多为银行开发建造。1952年末公私合营银行上海分行接管的上海旧银行、钱庄的房地产，共计有30座办公大楼、11座公寓、55幢住宅、2648幢连式里弄住宅、659幢市房、25座仓库。外国银行在当时的房地产开发和经营中也扮演着重要角色。英国汇丰银行在外滩购买地皮并投资修建了汇丰大楼，工程造价高达200余万银元。法国、日本、美国的许多大银行也大都开展房地产开发经营活动。

3. 发行房地产股票和债券

当时的房地产商通过发行房地产股票和建房债券筹集了大量资金。如英商沙逊家族的华懋地产公司在1930年发行了大量公司债券。业广地产公司是当时上海最大的房地产公司之一，它从1888年起曾9次增资，并先后发行公司债券达30次之多，总金额达2000万元以上。其他如美商普易、中国营业等房地产公司也曾发行过数百万元公司债券。据不完全统计，到1935年，上海九家外国房地产商所发行的公司债券、股票等，总数达1.3亿元之多。与这种背景相适应，许多商人、业主和略有节余的中上层职员纷纷投资于房地产股票和债券，当时上海、天津、北京等地的证券交易机构房地产股票和债券交易十分狂热。

三、我国房地产金融的萎缩沉寂

我国房地产金融从1949—1978年经历了一个不断萎缩到沉寂的过程。新中国成立初期，由于房地产市场经营活动的存在，所以城市房地产金融也仍然存在。1956年，国家实施自建公助，鼓励职工个人建造住宅的政策，中国建设银行在辽宁、四川、内蒙古等18个省、市、自治区还试办了一年的贷款总额为400万元的建造住宅贷款。但随着计划经济的推行，城镇住房建设由政府和企业直接投资、开发、分配和管理，属国家或集体所有，职工住房实行低租金、高补贴为特征的供给制，住房作为福利近似无偿分配；在农村，居民住房属个人所有，农村住宅建设资金基本依靠家庭自我积累。房地产市场不复存在，房地产金融业务也随之消失，房地产金融处于沉寂状态。

四、我国房地产金融的全面发展

从1978年开始，伴随着改革开放的步伐，我国城镇住房制度、房地产业和房地产金融体系都随之发生了一系列重大而深刻的变革。我国住房制度逐步由政府计划和实物分配向市场配置和货币化分配转化，房地产金融也由传统体制下的政府计划配置住房资金转化为以商业住房信贷进行市场配置资源为主的房地产金融体系。房地产金融的发展与住房制度改革紧密相伴、共同成长，支持了房地产业的兴起与壮大，推动了房地产市场的健康快速发展。改革开放以来，我国房地产金融逐步建立起了与房地产市场经济发展水平相适应的、覆盖房地产业链条各主要环节的完整体系，并逐渐成长为我国金融体系的一个重要组成部分。我国房地产金融发展大体经历以下三个阶段。

第一阶段：探索住房制度改革，房地产金融开始恢复发展（1978—1990 年）。

1978 年以前，在计划经济体制下，我国城镇实行住房产权公有、实物分配、低租金使用的福利性分房制度。加快城市住宅建设，迅速解决职工住房紧张问题，成为广大群众的迫切要求。十一届三中全会以后，党和国家制定了改革开放的一系列方针政策。1978 年，国务院批转《加快城市住房建设的报告》；1980 年 4 月，邓小平同志发表《关于建筑业和住宅问题的谈话》，系统阐述了包括建筑住宅、公房出售、提租、补贴等改革措施，明确了改革城镇住房投资、建设和分配制度的总体设想。1984 年，国务院发布的《关于改革建筑业和基本建设管理体制若干问题的暂行规定》要求：发展房地产业，推行住宅商品化。1988 年，国务院颁布《关于在全国城镇分期分批推行住房制度改革的实施方案》，明确提出住房商品化目标与提租补贴的改革方案。

与国家启动住房制度改革同步，1985 年，建设银行率先在全国开办土地开发和商品房贷款，由此拉开了银行业房地产开发贷款业务改革和发展的序幕。1986 年，为支持烟台、蚌埠、常州、唐山、佛山等地进行住房制度改革综合配套试点，房地产金融业务由面向企业发放住宅建设贷款，发展到面向所有房改参加者个人提供金融配套服务，延伸了服务领域。1987 年，在烟台和蚌埠成立了专门的住房储蓄银行，经中国人民银行批准，建设银行率先开展住房储蓄存、贷款业务。自 1988 年起，建设银行和工商银行相继成立了房地产信贷部，专门从事住房信贷业务，承办各个地方政府委托的住房金融业务，为城镇住房制度改革筹集、融通资金和提供结算服务。

这一阶段，房地产金融作为住房制度改革的配套措施开始形成，但房地产信贷品种单一，主要是发放房地产开发贷款和房地产流动资金贷款；承担住房信贷业务的只有从事中长期信贷的建设银行，业务规模很小，住房需求和投资数量有限。这一阶段的住房制度改革为我国房地产金融的形成和发展奠定了基础。

第二阶段：住房制度改革全面推进，房地产金融跟进转型（1991—1997 年）。

1991 年，国务院出台《关于积极稳妥地进行城镇住房制度改革的通知》和《关于全面推进城镇住房制度改革的意见》，要求采取分步提租、出售公房、新房新制度、集资合作建房等多种形式推进房改，进一步改革住房金融体制，发展住房金融业务，这标志着全国的住房制度改革进入全面推进阶段。1994 年，国务院颁布《关于深化城镇住房制度改革的决定》，提出建立与社会主义市场经济体制相适应的新的城镇住房制度，实现住房商品化与社会化，全面建立和推行住房公积金制度，住房改革开始全面推进。

与国家全面推进住房制度改革同步，1991 年，建设银行接受上海市政府委托，率先为住房公积金制度提供配套金融服务，这一强制性住房储蓄制度开始在中国推行。1992 年，建设银行首家推出职工购建房抵押贷款业务和公积金个人住房贷款业务，全面进入住房消费信贷领域。1994 年，中国人民银行先后印发《商业银行自营性住房贷款管理暂行规定》和《政策性住房信贷业务管理暂行规定》等文件，我国自营性和政策性住房信贷业务并存的住房信贷体系基本确立。

这一阶段的住房制度改革启动了住房市场，住房建设和房地产市场逐渐活跃，为房地产金融的发展打开了空间。同时，初步确立了我国房地产金融的经营管理体系，明确了房地产金融服务住房制度改革的经营方向，即国有银行负责与房改有关的政策性住房信贷业务，鼓励和支持各级金融机构开展经营性商品房贷款业务。因此，商业银行房地产开发贷款和单位购建房贷款发展比较快。虽然我国居民开始通过自身积累和商业银行住房消费信贷真正拥有自己的商品住房，但个人购买商品房比例很低，商业银行个人住房消费贷款市场还不大。

第三阶段：住房制度改革逐步深化，房地产金融进一步发展规范（1998 年至今）。

1998 年 7 月，国务院颁布《关于进一步深化城镇住房制度改革加快住房建设的通知》，决定停止住房实物分配，实施住房分配货币化改革，在原有存量公房出售的基础上又提出增量住房商品化；提出建立和完善以经济适用房为主的多层次的住房供应体系，发展房地产金融业务，培育和规范住房交易市场。按照文件要求，国家有关部门陆续出台了一系列刺激住房消费，鼓励、扶持住房需求的配套政策。中国人民银行和中国银行业监督管理委员会（以下简称银监会）先后印发了《关于加大住房信贷投入、支持住房建设与消费的通知》、《个人住房贷款管理办法》等文件，调整住房信贷政策和消费信贷政策，取消了对商业银行个人贷款的规模限制，要求商业银行积极支持住房建设和居民消费。

与国家深化全面住房制度改革同步，在国家鼓励住房消费的政策背景下，各商业银行进一步扩大住房信贷业务范围，大力促进住房消费，房地产金融业务的经营力度进一步加大，并逐步开发新的消费信贷品种，房地产金融产品不断丰富，房地产金融改革和金融创新层出不穷，基本建立了服务于房地产产业链各个主要环节的金融产品体系。2002 年，建设银行率先推出个人住房贷款“乐得家”品牌。2004 年，建设银行与德国施威比豪尔银行共同出资设立了中德住房储蓄银行，进一步丰富和完善了我国房地产金融体系。2005 年 12 月，建设银行在银行间债券市场成功发行了首单个人住房抵押贷款支持证券，开创了我国房地产金融二级市场之先河，促进了我国住房按揭市场和资本市场功能的完善。

为促进房地产业健康发展，国务院还相继颁布《关于促进房地产市场持续健康发展的通知》、《转发建设部等部门关于调整住房供应结构稳定住房价格意见的通知》、《关于解决城市低收入家庭住房困难的若干意见》等文件，要求深入贯彻落实科学发展观，按照全面建设小康社会和构建社会主义和谐社会的目标要求，有区别地适度调整住房消费信贷政策，引导居民合理消费。

2008 年，为积极应对国际金融危机对我国的不利影响，实现“保增长、扩内需、调结构”目标，国务院出台进一步扩大内需、促进经济增长的十项措施，国务院办公厅相继印发《关于当前金融促进经济发展的若干意见》、《关于促进房地产市场健康发展的若干意见》等政策措施，明确加快保障性住房建设，鼓励住房合理消费，促进房地产市场健康发展，要求商业银行加大对居民购买普通自住房和改善性住房的信贷支持力度，加大对保障性住房建设和棚户区改造的信贷支持。2009 年第一季度，房地产业走出低谷，不断回暖。新建商品住房成交面积大幅度增加，保障性安居工程建设进度进一步加快。但是，随着房地产市场的回升，部分城市出现了房价上涨过快等问题。2010 年 1 月 7 日，《关于促进房地产市场健康发展的通知》出台，4 月 17 日，国务院发出了《关于坚决遏制部分城市房价过快上涨的通知》。通知要求遏制房价过快上涨，实行更为严格的差别化住房信贷政策。2011 年以来经历了降准降息、限购限贷等政策抑制房价上涨到降准、降息、降税、降首付比、去房地产库存政策的演变。2016 年房地产快速上涨 ，房地产贷款、个人购房贷款以及占整个贷款总量的比例都迅猛上涨，尤其是新增的个人购房贷款余额占贷款总量的比例达 40%左右，房地产的杠杆比率越来越高。2016 年 10 月全国房地产市场迎来政策拐点，土地拍卖新政与住房限购政策同时出台，政策强度超过以往任何时间，旨在供求两端同时对房地产市场进行调控，抑制房价和土地价格的过快上涨，促进房地产市场健康平稳发展。

2017 年，房地产政策坚持“房子是用来住的，不是用来炒的”基调，“调控”主线一直贯穿其中，全国各地出台楼市相关政策近 180 余次，在力度和广度方面规模空前，是史上楼市调控最严的一年。“因城施策、银行房贷利率收紧、租售同权……”相关政策陆续出台，公积金政策开始调整，去库存效果显著，三四线城市库存量跌至近 3 年新低，销售量猛增，房地产长效机制还将继续为楼市健康发展提供坚实保障。

这一阶段，住房货币化政策极大地推动了城镇商品住房建设和居民住房消费的积极性，带动了商业银行房地产信贷业务的大发展，个人住房贷款规模开始迅猛增长。为配合和支持国家深化住房制度改革和居民住房消费，商业银行房地产金融业务经营管理逐步规范，在产品种类、业务范围和经营模式等方面获得了长足发展，房地产金融经营机构进一步扩大，住房消费信贷业务开始进入高速发展轨道。这一阶段的住房制度改革的深化和住房信贷政策的完善，使得我国房地产金融业务进入了蓬勃发展和快速成长时期。

综上所述，随着改革开放以来的住房制度改革发展，房地产金融不断完善和发展，不仅发挥了资源配置的作用，而且自身也得到了发展壮大，形成了全面覆盖房地产各个环节的金融产品和服务体系，主要表现在以下三个方面：

一是我国房地产金融机构体系逐步完善。随着住房制度改革进程的加快而逐步发展，形成了较为完善的房地产金融机构体系，主要包括中国人民银行、银监会等房地产金融管理机构；银行和非银行类的房地产金融经营机构；以及住房公积金管理中心、住房置业担保公司等其他房地产金融参与机构。

二是房地产金融产品与服务快速成长。商业性房地产贷款增长迅速，资产质量较好，截至 2016 年年末，人民币房地产贷款余额 26.68 万亿元，全年增加 5.67 万亿元，增量占同期各项贷款增量的 44.8%；个人购房贷款余额 19.14 万亿元，全年增加 4.96 万亿元，个人住房贷款占商业银行全部贷款余额的比重呈不断上升的趋势。住房公积金制度发挥较大作用，2016 年年末，全国住房公积金缴存总额 106091.76 亿元，缴存余额 45627.85 亿元，分别比上年末增长 18.55%和 12.18%；共计发放住房公积金个人住房贷款 12701.71 亿元，比上年增长 14.61%，支持近千万职工家庭通过提取公积金和申请公积金贷款解决住房消费问题。

三是房地产金融市场发展成形。已经形成了以国有商业银行为主导，其他中小商业银行共同参与的房地产贷款一级市场，以住房抵押贷款证券化为标志的房地产金融二级市场已经起步试点，房地产金融领域的股本融资、债券融资和信托方式融资等在我国已经出现，我国房地产金融呈现出多样化的特征。

当然，我国房地产市场在发展过程中还存在一些不完善的问题，如住房供应结构不合理；住房保障制度建设滞后、覆盖面窄；尤其是中低收入群体住房问题突出等。房地产金融发展中也存在着一些突出问题，如房地产融资渠道单一，主要靠商业银行贷款，其他金融支持滞后，导致房地产金融所包含的市场风险和信用风险高度集中于商业银行；房地产不良贷款率极易导致银行坏账，资产证券化水平较低，导致银行贷款坏账、承担风险增大；房地产私募基金较为活跃，但范围、作用及公信力均有限；个人住房贷款等金融手段的不足，导致家庭风险较大、手段单一，一旦家庭收入出现波动或有其他意外情况产生，极有可能导致购房者无法按照原定协议偿还贷款；面向中低收入居民的住房金融机构和产品存在缺失，住房信贷风险分担和转移机制不健全等。

如何进一步深化住房制度改革，完善国家住房保障制度和房地产金融体系，在完善征信制度的基础上，适度控制信贷规模、优化信贷结构，适度进行房地产金融创新，尤其是面向中低收入家庭的住房金融产品创新，加快建立和完善包括商品房、限价房、经济适用房、廉租房在内的多层次住房供应体系，以及包括商业性住房金融和政策性住房金融在内的住房金融体系，以满足和保障各种收入阶层家庭的住房及其金融需求，已成为全面建设小康社会过程中亟须解决的问题。

【案例 1-1】

2018 房地产开启定向调控　建立多元化供应格局成重点

近日，湖北、四川、宁夏等地相继召开住房城乡工作会议，指出 2018 年房地产调控将完善促进房地产市场平稳健康发展的长效机制，并保持调控政策的连续性和稳定性。重点为建立“商品房＋政府保障房＋租赁住房＋共有产权住房”的多元化供应格局，满足首套刚需，支持改善需求，遏制投机炒房。

业内人士表示，2018 年楼市调控将从一城一策向定向调控的多城多策、一城多策转变，从过去以“限”为代表的短效机制向长效机制转变，真正实现“房住不炒”。

多地定调 2018 楼市调控

2018 年 1 月 11 日，福建省召开住房城乡建设工作视频会议，指出将着力解决住房城乡建设领域发展不平衡、不充分问题，推动住房城乡建设发展质量变革、效率变革、动力变革，并围绕“人民住有所居”目标，抓好住房制度改革和房地产市场调控工作。

同日，四川省召开全省住房城乡建设工作会，指出坚持“房住不炒”定位，加快建立多主体供给、多渠道保障、租购并举的住房制度，探索形成以开发商为主体，农村集体、住房合作社等多主体提供住房的格局。其中，大力发展住房租赁市场特别是长期租赁，试点城市及有条件的城市要组建国有住房租赁公司，增加租赁住房供应，支持私人住房出租，探索建立多主体供给体系。

广州市住建委主任王宏伟表示，2018 年广州将围绕“租”做文章，按照多主体供应、多渠道保障、租购并举的思路，在合理控制地价的同时，加大住宅用地储备和出让力度，完成 1.6 万套保障房建设任务，提高土地出让公租房配建比例，大力发展住房租赁市场，加大只租不售全自持商品房和轨道交通沿线租赁房用房用地供应。

厦门方面将实行差别化的调控政策，满足首套刚需，支持改善需求，有效引导市场预期，加强商品住宅土地供应，加快商业地产去库存，确保将去化周期和房价控制在合理区间，全面加快地铁社区等保障性住房建设，促进房地产市场平稳健康发展。

湖北方面则指出，2018 年湖北将继续坚持政府调控不松手，坚持一城一策，精准调控，保持政策的连续性和稳定性，促进房地产市场平稳健康发展。其中，武汉、襄阳、宜昌等热点城市要继续严格执行各项调控措施，确保达到调控目标；潜在热点城市特别是武汉周边城市要坚决遏制投机炒作，确保市场稳定；出现阶段性地价、房价上涨的其他三四线城市要及时调整去库存鼓励政策，确保供求关系稳定。

中原地产首席分析师张大伟表示，2018 年，房地产调控将出现明显质变，将从过去以

“限”为代表的短效机制向长效机制转变，从一城一策向定向调控的多城多策、一城多策转变。房住不炒、遏制投机，多渠道供应、租售并举，将成为政策主流。

共有产权住房成亮点

日前，福建莆田市人民政府关于进一步加强房地产市场调控的通知指出，启动共有产权住房建设并实现常态化供应，要求商品住房供求矛盾突出、价格上涨压力较大、人口净流入的区域启动建设一批共有产权住房。同时，对共有产权住房的产权划分、上市交易等方面作了原则规定。

截至目前，已有北京、上海、南京、福州、烟台五地供应共有产权住房。数据显示，2017年北京完成共有产权住房用地供应 38 宗，用地面积约 207 公顷，超额完成年度供地计划，规划建筑规模约 403 万平方米，提供共有产权住房近 4 万套。

据中原地产研究中心统计，2018 年 1 月 4 日至 2 月 2 日不到一个月的时间内，北京将成交 26 宗土地，其中 23 宗为住宅用地，且共有产权供应比例明显增加。

南京方面，2017 年 12 月 25 日，南京筹集的 1499 套共有产权住房房源进行集中选房，毛坯房单价为 9925 元/平方米，最低只需购买 50%的产权。同月，烟台也首批拿出 1254 套现房作为共有产权住房。福州也拍出第一块共有产权住房用地。

张大伟表示，共有产权住房能有效降低政府的保障成本，又可以降低购买住房的门槛，满足城镇住房困难家庭多层次住房的需求。更为重要的是，由于从购买到出售环节形成闭环，能有效压缩牟利空间，打击投机行为，促使住房向居住属性回归。

业内人士表示，将有越来越多的热点城市实行共有产权住房，加速推出共有产权地块，真正降低购房者的购房成本。

调控政策将更加精准化

“长效机制的建设，实质就是市场的稳定和房住不炒的实现。”清华大学房地产研究所所长刘洪玉在 2018 年 1 月 11 日召开的“2017 中国房产风云榜年度盛典”上表示，保持调控政策的连续性和稳定性对于促进市场平稳健康发展、防范风险依然具有至关重要的作用。

刘洪玉认为，调控政策效果全部显现需要时间周期，不能根据市场的苗头和迹象频繁调整，否则容易导致过度调控，不利于形成良性的市场预期。此外，实行差别化调控才能使调控更加精准化和精细化。

此前被传调控政策放松的兰州市近期表示，此次政策调整是落实分类调控、因域施策，提高调控的精准性。对供求矛盾突出、房价较高的主城区进行从严调控，外地户籍家庭仅允许购买一套住房，同时并未取消对社保与纳税年限限制。对于偏远地区，则由原来的限购调整为限售，明确了三年内限制转让的措施，且该项措施涵盖了主城区等限购区域，目的是遏制投资性、投机性的购房。此外，住房公积金主要满足首套购房需求，购买首套住房时住房公积金贷款首付款比例必须达到 30%以上，购买二套时首付款必须达到 50%以上。在核定贷款和房屋套数时既认房又认贷。

莆田也指出，将对当前群众反映较为强烈的价外加价等房地产销售和中介乱象行为进行明令禁止，对关系购房现象进行合理引导。对新出让地块商品住房首次开盘售价进行限制：土地出让时有“限房价”的，按所限价位确定；土地出让时未限房价的，要按照同区域、同品质、同类型项目的合同网签均价确定。同一项目分期申办预售许可的，后一期商品住宅报备均价不得超过前一期的均价；车位、车库要按报备的一车位(库)一价格对外销售，不得加价销售。

（资料来源：经济参考报，2018-01-12，作者：梁倩，徐海波）

相关阅读：2018 年 3 月 5 日上午，第十三届全国人民代表大会第一次会议在人民大会堂开幕，李克强总理代表国务院在向大会所作的《政府工作报告》中指出："坚持房子是用来住的、不是用来炒的定位，落实地方主体责任，继续实行差别化调控，建立健全长效机制，促进房地产市场平稳健康发展。支持居民自住购房需求，培育住房租赁市场，发展共有产权住房。加快建立多主体供给、多渠道保障、租购并举的住房制度，让广大人民群众早日实现安居宜居。"

本章小结

房地产业与金融业同属于第三产业。金融业是指经营金融商品的特殊行业，包括银行业、保险业、信托业、证券业和租赁业。房地产业与金融业两者紧密结合，相互促进、共同发展。房地产金融是指在房地产开发、流通和消费过程中，通过货币流通和信用渠道所进行的筹资、融资及相关金融服务的一系列金融活动的总称。房地产金融以银行和非银行金融机构作为金融服务主体，以房地产为特定服务对象。

房地产金融体系是房地产金融的总体架构，一般包括房地产金融的市场体系、房地产金融的组织体系、房地产金融的产品体系以及房地产金融的政策体系。

房地产金融的基本任务是运用多种金融方式和金融工具筹集和融通资金，支持房地产开发、流通和消费，促进房地产再生产过程中资金的良性循环，保障房地产再生产过程的顺利进行。

房地产金融的特点在于：一是房地产金融以抵押权为基础；二是房地产金融是资产证券化最活跃的领域；三是房地产金融政策性较强；四是房地产金融市场波动大。

一个完整的房地产金融市场由三个基本要素构成：融资主体、融资中介、金融工具。房地产金融市场具有资金融通、转移和分散风险、反映和调节经济的功能。

房地产金融机构是指经营房地产金融业务的各种金融中介和经营附属房地产金融业务的各种金融企业。房地产金融机构体系主要由三类机构组成，即专业性房地产金融机构、非专业性房地产金融机构、向房地产融资提供担保和保险的机构。我国房地产金融机构体系主要由第二类非专业性房地产金融机构构成，包括银行型房地产金融机构和非银行型房地产金融机构，主要以商业银行和信托公司为主。

我国房地产金融发展历程分为四个阶段。改革开放以来，我国城镇住房制度、房地产业和房地产金融体系发生了一系列重大而深刻的变革，房地产金融也获得较快发展。

关键概念

房地产业　Real estate industry

房地产金融　Real estate finance

商业性房地产金融 Commercial real estate finance
房改金融 Housing reform finance
房地产金融体系 Real estate finance system
房地产金融市场 Real estate finance market
房地产金融机构 Real estate finance institution

课堂讨论

假如你是一家房地产开发公司的老板，你会和哪些房地产金融机构打交道？

思考与练习

一、填空题

1. 房地产金融以________和________作为金融服务主体，以________为特定服务对象。

2. 放贷人在发放贷款时，借款人主要用________和________抵押担保，这是金融业与房地产业相结合的最主要形式。

3. 房地产融资是以房地产________为基础的，即以房地产________的设立为开始，并以取消或执行________为结束。

4. 一个完整的房地产金融市场由三个基本要素构成：________、________、________。

5. 我国房地产金融机构体系主要由________构成，包括________和________，主要以________和________为主。

二、单项选择题

1.（　　）是指在房地产开发、流通和消费过程中，通过货币流通和信用渠道所进行的筹资、融资及相关金融服务的一系列金融活动的总称。

A. 房地产保险　B. 房地产金融　C. 房地产估价　D. 房地产信托

2. 资金融通中最典型的间接融资方式是（　　）。

A. 信托投资　B. 发行债券　C. 银行贷款　D. 国家财政拨款

3. 房地产金融市场的融资主体主要包括企业、居民个人和（　　）等。

A. 中介机构　B. 监管机构　C. 行业协会　D. 政府及政府机构

4. 我国非银行金融机构中，不以盈利为目的的是（　　）。

A. 保险公司　B. 金融资产管理公司

C. 典当行　D. 投资基金

5. 1992 年，（　　）首家推出职工购建房抵押贷款业务和公积金个人住房贷款业务，全面进入住房消费信贷领域。

A. 住房储蓄银行　B. 中国人民银行　C. 中国工商银行　D. 中国建设银行

三、多项选择题

1. 以下属于间接金融工具的是（　　）。

A. 存款单　B. 商业票据　C. 银行票据　D. 保险单

2. 金融工具一般具有(　　)等特征。

A. 偿还性　　B. 流动性　　C. 风险性　　D. 收益性

3. 以银行为中心的金融业的资金运作具有“三性”要求,“三性”即(　　)。

A. 宏观性　　B. 安全性　　C. 流动性　　D. 收益性

4. 关于政策性房地产金融,下列说法正确的是(　　)。

A. 不以盈利为目的　　B. 资金的筹集具有强制性

C. 比商业性房地产金融涉及的范围广　　D. 资金的运用具有较强的专向性和政策性

5. 房地产金融的主要业务种类有(　　)。

A. 房地产证券　　B. 房地产贷款　　C. 房地产信托　　D. 房地产保险

四、简答题

1. 房地产业的资金运作具有什么特点?

2. 房地产金融的主要内容和任务是什么?

3. 简述我国房地产金融机构的组成。

4. 房地产金融市场的主要功能有哪些?

实践与训练

实训项目:利用互联网或实地考察了解房地产金融机构及其开展房地产金融业务的情况。

实训目的:了解和熟悉房地产金融机构及其开展各项业务的现状,培养学生自主学习、团结协作的精神。

实训步骤:

(1)学生分组,以小组为单位分工协作,通过网络或实地考察获取相关资料。

(2)各小组分析整理资料,形成调查报告。

(3)小组汇报。

案例分析

“京版”楼市新政出炉　实行更严格差别化信贷政策

2016年9月30日,针对近期全国各地出现的房价疯狂上涨的情况,北京市人民政府办公厅转发市住房城乡建设委等部门《关于促进本市房地产市场平稳健康发展的若干措施》的通知。

《通知》严格贯彻落实国务院关于坚决遏制住房价格过快上涨,加强住房保障工作,加大住宅用地供应力度,合理调整土地供应结构的建议。积极推进土地供给侧结构性改革,进一步加大住宅用地供应力度,并结合年度土地供应计划,加大中低价位、中小套型普通商品住房的供应比例,保证套型建筑面积90平方米以下住房面积所占比重不低于70%,在满足刚性住房需求的同时,兼顾满足改善性住房需求。加快自住型商品住房用地供应。为有效稳定房地产市场,各区要进一步加大自住型商品住房用地供应,除东城区、西城区、石景山区外,其他区要于 2016 年内尽快安排一批自住型商品住房用地入市交易。强化“控地价、限房价”的交易方式。在严控地价的同时,对项目未来房价进行预测,试点采取限定销售价格并将其作为土地招拍挂条件的措施,有效控制房地产价格快速上涨。鼓励房地产开发企业自持部分住宅作为租赁房源,满足城市居民租房需求。

《通知》特别强调进一步完善差别化住房信贷政策。购买首套普通自住房的首付款比例不低于 35%,购买首套非普通自住房的首付款比例不低于 40%(自住型商品住房、两限房等政策性住房除外)。对拥有 1 套住房的居民家庭,为改善居住条件再次申请商业性个人住房贷款购买普通自住房的,无论有无贷款记录,首付款比例均不低于 50%;购买非普通自住房的,首付款比例不低于 70%。

(节选自:京政办发〔2016〕46 号)

相关阅读:2007 年 9 月 27 日,中国人民银行、中国银监会发布《关于加强商业性房地产信贷管理的通知》,收紧信贷政策。其“对已利用贷款购买住房、又申请购买第二套(含)以上住房的,贷款首付款比例不得低于 40%,贷款利率不得低于中国人民银行公布的同期同档次基准利率的 1.1 倍”的政策。此政策的核心思想就是针对第二套购房和多次置业的首付比例和利率进行差别化对待。

思考题:

仔细阅读上述材料,结合所学知识,分析当前严格差别化住房信贷政策的主要原因?对银行有何影响?

第二章 房地产银行信用与管理

学习目标

1. 了解房地产银行信用业务的基础知识。
2. 理解信用及房地产银行信用的基本概念。
3. 掌握房地产银行贷款利率的计算方法及房地产银行信用风险管理的基本思路。

第一节 房地产银行信用基本知识

一、信用的定义

在西方,信用一词源于拉丁文 Credo,意思是"相信、信任、声誉、诚实守信等"。本书中的"信用"一词属于经济范畴,虽然与通常意义上的"信用"有联系,但其含义有天壤之别。经济学中的"信用"指的是以偿还为条件的借贷行为。这种借贷行为可以是实物形式,也可以是货币形式,而在现代市场经济条件下主要表现为货币形式。货币形式的借贷行为往往伴随着利息的支付,利息是货币资金所有者出让资金使用权的报酬。虽然现实生活中有时也有无利息的借贷,但这是出于政治目的或其他非经济目的而采取的免除利息的优惠,是一种特例。

信用与货币一样,是一个很古老的经济范畴。但随着货币的出现,尤其是资本主义经济关系的确立,信用活动成为经济活动的核心,现代市场经济可以说是各种信用关系交织而成的"信用经济"。信用与货币联系紧密,信用活动背后都是货币运动。信用的扩张与收缩影响着货币流通速度及货币供应总量,对国民经济运行产生重要影响。

信用的基本形式有商业信用、银行信用、国家信用、消费信用、租赁信用和国际信用等。商业信用是企业之间在商品买卖过程中,以延期付款或预付款等形式提供的信用。银行信用是银行以货币形式提供给工商企业的信用,是一种间接信用,它是以银行及其他金融机构为中介,以货币形式对社会提供的信用。银行信用克服了商业信用的局限性,扩大了信用的范围与规模,极大地促进了社会经济发展。国家信用是国家作为债务人进行的一种信用活动。消费信用是商业企业、银行以及其他信用机构以商品或货币形式向消费者个人提供的信用。租赁信用是租赁公司或其他出租者将其租赁物的使用权出租给承租人,并在租期内收取租金到期收回租赁物的一种信用形式。国际信用是指国与国之间相互提供的信用。

通俗地说,信用关系表现为不同经济主体之间的债权债务关系。个人、企业、政府及国外部门,它们相互之间的债权债务有些是直接发生的,但绝大部分是通过银行等金融机构作为媒介而形成的。比如,上述各单位有盈余存入银行,有赤字从银行贷款。这说明市场经济条件下,银行信用是最广泛、最重要的一种信用形式。在银行信用中,银行等金融机构是信用活动的中间环节，从聚集资金角度看，它们是货币资金所有者的债务人；从贷放资金角度看，它们是货币资金需求者的债权人。这里，货币资金所有者与需求者之间并不发生直接的债权债务关系，因此，这种资金筹集方式被称为间接融资或间接金融。与之相对应的是直接融资或直接金融，这是指资金需求方在金融市场上从资金所有者那里直接融通货币资金，主要方式为发行股票或债券。

对企业而言，间接融资与直接融资各有优缺点，必须结合自身条件及融资环境进行合理选择。直接融资的优点在于：①资金供求双方直接联系，可以根据各自融资条件，如借款期限、数量和利率等条件达成融资目标；②资金供求双方直接发生债权债务关系，彼此较为了解，债权方可以直接监督债务方的经营活动，促进资金使用效益的提高；③通过发行长期债券或股票可以筹集稳定性好、能长期使用的资金，有利于资金需求方的长远发展。

直接融资的局限性体现在两个方面：一是双方在资金数量、期限、利率等方面受到的限制比间接融资要多；二是对资金供给者而言，因缺乏中介的缓冲，直接融资风险可能比间接融资要大。

间接融资的优点在于：①银行等金融机构能够广泛吸收社会闲散资金，积少成多，形成巨额资金；②银行等金融机构以其多样化、分散化的资产与负债来分散融资风险，对资金供给者而言，其资金安全性高；③银行等金融机构利用其专业优势可以提高融资效率，并降低资金供求双方的信息不对称性。

间接融资的局限性主要表现为：由于资金供求双方的直接联系被金融机构阻隔，一定程度上减少了投资者对投资对象经营状况的关注以及筹资者在资金使用方面的压力和约束。

二、房地产银行信用的定义

房地产银行信用是指银行等金融机构为房地产开发、经营、流通与消费而提供的信用。房地产银行信用有以下特点：①以银行等金融机构为媒介。房地产经营者及消费者直接与银行发生信用关系，或者与经营类似银行业务的其他非银行金融机构发生债权债务关系。②信用的载体是处于货币形态的资金，或者说，借贷的对象是货币。③以房地产经营活动为服务对象。主要任务是满足企业或个人从事房地产开发、经营、流通与消费的资金需要。④房地产银行信用可信度高，具有广泛的接受性和普及性，在房地产行业发展过程中起着不可替代的作用。

在我国，从事房地产银行信用业务的金融机构包括商业银行、住房储蓄银行、信用合作社等。它们主要通过存款、贷款等业务活动介入房地产领域，极大地促进了我国房地产市场的发展。

三、利息与利率

一般的，利息支付是信用关系产生的前提条件。17 世纪，英国古典政治经济学家威廉·配第认为利息是“因暂时放弃货币的使用权而获得的报酬”；而达德利·诺思(1641—1691年)则认为利息是资本所有者出租资本的租金。不管怎样，货币所有者贷出资金收取利息，其合理性是毋庸置疑的。关于利息的真正来源，经济学之父亚当·斯密提出了“利息剩余价值说”，他认为利息来源于利润或工人创造的剩余价值。马克思肯定了这一说法，指出利息本质上是利润的一部分，是剩余价值的特殊转化形式。

利率是指一定时期内利息额与贷出资本额(本金)的比率。利率是经济学中一个非常重要的经济变量,在实际生活中,利率的变动对国民经济活动和人们的行为都会产生很大影响,因而成为政府宏观调控的重要手段。随着经济与金融的发展,金融活动方式日益多样化,利率种类也日益繁多,根据不同划分标准可以将利率分成很多种类。

(一)年利率、月利率和日利率

根据计算利息的期限长短,可将利率分为年利率、月利率和日利率。年利率是以年为单位计算利息,用1年内所得的利息除以本金得到的;月利率和日利率以此类推。为准确计算利率,必须注意这三种利率的表示方法:年利率以百分之几表示;月利率以千分之几表示;日利率以万分之几表示。它们之间的换算关系如下:

$$年利率 = 月利率 \times 12 = 日利率 \times 360 \tag{2-1}$$

在式(2-1)中,1年按360天计算,1个月按30天计算。利息计算的一般公式如下:

$$利息 = 本金 \times 期限 \times 利率 \tag{2-2}$$

值得注意的是,在式(2-2)中,期限与利率必须相对应,即期限以年为单位,则利率必须为年利率,以此类推。

(二)固定利率与浮动利率

根据利率在借贷期内是否调整,可分为固定利率与浮动利率。固定利率是指在借贷期内不做调整的利率。实行固定利率虽然有计算成本与收益比较方便的优点,但在通货膨胀情况下容易给债权人带来损失,因此,越来越多的借贷采用浮动利率。

浮动利率是一种在借贷期内随市场利率的变化而定期调整的利率。利率根据借贷双方的协定而进行调整,一般调整期为半年。浮动利率尽管可以为债权人减少因通货膨胀而带来的损失,但也因手续烦琐、计算依据多而增加额外费用。我国目前对于短期贷款使用固定利率,长期贷款尤其是期限很长的房地产贷款往往实行浮动利率。

(三)长期利率和短期利率

根据信用行为期限长短,可将利率划分为长期利率和短期利率。借贷时间在1年以内的利率称为短期利率;借贷时间在1年以上的利率称为长期利率。利率高低与期限长短和风险大小有直接关系,一般的,期限越长,投资风险越大,其利率越高;期限越短,投资风险越小,其利率越低。

(四)实际利率和名义利率

实际利率是指物价不变、从而货币购买力不变条件下的利率。但物价不变这种情况在现代市场经济条件下几乎是不可能的,物价上涨则似乎成为一种普遍的趋势。因此,所谓的实际利率必须要在现实利率基础上剔除掉物价变动的影响。

名义利率是指未剔除物价变动影响的实际交易使用的利率。在通货膨胀条件下,市场上出现的各种利率都是名义利率。名义利率与实际利率之差就是通货膨胀率。对投资者而言,其投资回报主要取决于实际利率的大小。

(五)市场利率、官定利率和公定利率

市场利率是随市场规律或资金供求而自由变动的利率。由政府金融管理部门或中央银行确定的利率叫官定利率或法定利率,这是一国货币政策调控的重要工具。由非政府部门的民间金融组织(如银行公会等)所确定的利率是行业公定利率,这种利率对其会员银行具有约束性。官定利率和公定利率均不同程度地反映了非市场力量对利率形成的干预。

(六)一般利率和优惠利率

根据利率是否具有优惠性质为标准,可将利率分为一般利率和优惠利率。一般利率是指正常条件下对借款方没有任何优惠待遇的利率;优惠利率是在一般贷款利率基础上给予一定折扣优惠的利率。银行优惠利率往往提供给信誉好、经营业绩佳且有良好发展前景的借款人。政策性优惠利率同国家产业政策和消费政策相联系。比如住房公积金贷款实行优惠利率,是为了减轻住房购买者的负担,并以此促进住房消费。

四、货币的时间价值

假若银行存款年利率为5%,我们现在将100元存入银行,1年后可得到105元。这说明,现在的100元和1年后的100元是不相等的,或者说,现在的100元同1年后的105元是等值的。由此我们可以得出结论:相同量的资金在不同的时点上反映的价值量是不同的,时间对资金价值产生重大影响。那么货币的时间价值究竟从何而来呢?10000元放在抽屉里,一百年之后拿出来还是10000元,同样的10000元如果用于生产经营或投资,就可能赚取利润或投资收益。只有当货币投入社会生产过程或经济活动,货币才会随着时间的推移而增值。要正确理解时间价值应注意三点:①时间价值产生于生产领域和流通领域,消费领域不产生时间价值;②时间价值产生于资金运动之中,只有运动着的资金才能产生时间价值;③时间价值的大小取决于资金周转速度的快慢,时间价值与资金周转速度成正比。

利息可以用来衡量货币时间价值的大小,其实质内容是社会资金的平均利润。但我们实际生活中的利息,比如银行存、贷款利息,除了包含时间价值因素之外,还包括了通货膨胀等因素。因此,我们分析时间价值时,一般以社会平均的资金利润为基础,而不考虑通货膨胀和风险因素。值得注意的是,货币的时间价值是指无风险条件下货币的增值比率。无风险,是指货币很安全,不存在损失的可能性。比如政府债券的安全性最高。美国以短期国债利率作为货币时间价值的代表值。我国一般用银行存款利率来代替。

(一)单利终值和现值的计算

所谓单利是指计算本金所带来的利息,而不考虑利息再产生的利息。

1. 单利终值的计算

单利终值是指一定时期以后的本金与利息之和。其计算公式为:

$$V_n = V_0 \times (1 + i \times n) \tag{2-3}$$

其中,V_n 代表终值,即第 n 年年末的价值;V_0 代表现值,即第1年初的价值;i 为利率;n 为计息期数,如按年计息,则为年份数,以此类推。

2. 单利现值的计算

根据公式(2-3)可以推导出单利现值公式,即:

$$V_0 = V_n \times 1/(1 + i \times n) \tag{2-4}$$

式中符号表示的含义同上。

(二)复利终值和现值的计算

所谓复利即本金产生的利息在下期与本金一起再计算利息,如此随计息期数不断下推,俗称“利滚利”。

1. 复利终值的计算

复利终值是在“利滚利”基础上计算的现在一笔收付款项在未来的本利和。复利终值的一般计算公式为：

$$V_n = V_0 \times (1+i)^n \tag{2-5}$$

式中符号表示的含义同上。其中$(1+i)^n$称为复利终值系数，可以通过查复利终值系数表得到，这样复利终值的计算变得简单，用复利现值与查得的复利终值系数相乘即可。

2. 复利现值的计算

复利现值是未来发生的一笔收付款项折算到现在的价值。复利现值计算的一般公式为：

$$V_0 = V_n \times 1/(1+i)^n \tag{2-6}$$

上式中的字母含义同上。其中 $1/(1+i)^n$ 为复利现值系数，可通过复利现值系数表查得，从而用查得的数值与复利终值相乘就可得到复利现值。

五、收益的资本化

在现实生活中，贷出资本取得利息收入是天经地义的事情，利息被人们看做收益的一般形态。利息之所以能够转化为收益的一般形态，马克思认为有以下三个原因：①借贷关系中利息是资本所有权的果实这一观念被普遍接受，取得了普遍存在的意义。②利息虽然就其实质来说是利润的一部分，但同利润率有一个极明显的区别：利润率是一个与个别企业经营状况密切联系且事先无法确定的量；而利息率则是一个事先极其确定的量。在其他因素不变的情况下，利息率的大小直接制约着企业主收入的多少。因而，用利息来衡量收益就不足为奇了。③信用与利息都是古老的经济范畴，早在资本主义生产方式产生之前就已存在，随着时间的推移，货币可以带来利息成为传统观念。无论货币是否作为资本，人们从不怀疑它会带来收益。

于是，任何有收益的事物，不管它是否是一笔资本，都可以通过收益与利率的对比来倒算出它相当于多大一笔资本金额，这就是收益的“资本化”。用公式可表示如下：

$$P = R/I \tag{2-7}$$

其中，P 为资本化后的价格；R 为收益；I 为利率。例如，我们知道一笔贷款 1 年的利息收益为 100 元，而市场年平均利率为 5%，那么运用公式(2-7)可以得到，100 元÷0.05＝2000 元，说明这笔贷款的本金为 2000 元。

收益资本化有助于我们理解某些资产的价格。比如，土地本身不是劳动产品，很难确定其价格大小，但土地可以带来收益。如果一块土地每亩的年平均收益为 1000 元，假定年利率为 5%，则每亩土地的价格应该为：1000 元÷0.05＝20000 元。当然，实际土地买卖也需要考虑其他因素如供求因素等的影响，但 20000 元是一个很好的参考价格。

由于利息成为收益的一般形态，而持有证券是为了取得收益，那么利率对有价证券的价格形成起决定作用就是自然而然的事情。一般的，利率上升，总有证券价格下跌；而利率下降，又总有证券价格上升。从永久性债券身上我们可以直观地看出利率的重要影响。永久性债券就是只定期付息而无偿还期限的债券。在票面利率固定的情况下，每期的现金流是同样的。永久性债券的价格计算公式为：

$$P = C/r \tag{2-8}$$

在公式中，P 为债券价格；C 为每一期的固定收益；r 为市场利率。这一公式同收益资本化公式极为相似，这里，利率对于证券价格的决定作用一目了然。

第二节　房地产银行信用业务

一、房地产银行信用业务的种类

在房地产金融活动中，房地产银行信用占据着十分重要的位置。这里简单介绍房地产银行信用业务的主要种类，详细介绍请见本书第三、四、五章的内容。从事房地产金融活动的银行及房地产信用机构的业务不外乎负债业务、资产业务和中间业务三类。由于房地产资金来源与其他业务的资金来源没有明确的界线，其资金来源与资金运用也不存在一一对应关系，因此，这里对于银行的负债业务只作一般性介绍，而资产业务重点阐述房地产贷款业务，中间业务则主要介绍与房地产密切相关的一些内容。

(一)负债业务

负债业务是银行等金融机构获得资金来源的业务。银行等金融机构的全部资金来源包括自有资金和吸引外部资金两部分。自有资金是银行的资本金，只占全部资金来源的很少一部分，银行资金 90%左右为通过负债业务筹集的外部资金。银行等金融机构的负债规模决定了其资产业务的规模，也决定了其从事房地产贷款业务的能力。银行等金融机构的负债业务主要包括存款业务、向中央银行借款、向其他金融机构和货币市场拆借及从国际金融市场借款等，其中最主要的是吸收公众存款。

1. 存款业务

存款业务是银行接受客户存入的货币资金，客户可以随时或按约定时间支取资金的一种信用业务。传统方法是将存款分为活期存款、定期存款和储蓄存款三大类。活期存款是指那些可以由客户随时存取的存款。活期账户的存款主要用于资金结算或支付款项。这种存款流动性大，支付或转账频繁，银行的服务成本较高，因此一般不付利息。存款支取时，须使用银行规定的支票，因而活期存款又叫支票存款。定期存款是指那些约定存款期限、到期支取的存款。由于定期存款期限较长，到期前一般不能支取，所以银行给付的利息较高，若提前支取则只能按活期存款计付利息。储蓄存款是为居民个人积蓄货币而开办的一种存款业务。储蓄存款业务有两个特点：一是有专门法规进行管理，以保护小储户的权益；二是金融机构只有获得监管当局的批准才能从事此项业务。

2. 向中央银行借款

中央银行是银行的银行、国家的银行和货币发行的银行，当银行出现暂时性资金不足时，可以向中央银行借款。向中央银行借款有两条途径：一是再贴现，即银行将未到期已贴现的票据转卖给中央银行获得资金；二是直接借款，即用自己持有的合格票据、政府债券等作为抵押品向中央银行取得抵押贷款。

3. 向银行同业拆借

这是指银行等金融机构相互之间进行的资金融通。借入资金的目的是满足银行自身临时性资金周转的需要，期限短则一天，长不超过半年。同业拆借的利率由货币市场供求决定，一般较低，往往成为影响其他利率的一个重要基准。

4. 回购协议

回购协议是银行出售证券资产取得资金并同时约定在一定期限后按预定的价格购回原来出售的证券资产。通过回购协议，银行可以获得短期资金融通，一旦资金较为宽松，又可以重新取得原先出售的证券资产。商业银行与证券交易商是回购协议的主要资金需求者，而公司和政府机构则是最大的资金供给者。

5. 国际金融市场借款

近年来，各国商业银行在国际金融市场上通过吸收存款、发行大额可转让定期存单、出售商业票据及发行金融债券等方式获得资金。随着金融市场开放及金融全球化进程的加快，从国际金融市场借款逐渐成为大型商业银行日益重要的一条融资渠道。

6. 发行金融债券

经营状况良好、发展前景广阔的商业银行可以面向社会发行金融债券筹措资金，但这一方式存在手续繁多、监管较严的缺点。

（二）资产业务

资产业务是银行等金融机构如何运用资金的业务，也是其主要的利润来源。资产业务主要包括现金、票据贴现、证券投资和贷款等。由于前三项资产业务与房地产金融活动关联不大，所以在此不作介绍。而贷款业务与房地产发展息息相关，这里要重点介绍。贷款是银行等金融机构将其可用资金按一定贷款条件贷放给客户使用并按约定期限归还的业务。贷款是银行最大的一项资产业务，是银行信用活动的核心内容。一般的，贷款按有无担保可分为两种类型，即信用贷款和担保贷款。信用贷款是仅凭借款人的信用无需任何担保而发放的贷款；担保贷款又可分为保证贷款、质押贷款和抵押贷款。其中抵押贷款是由借款人提供符合条件的担保品或抵押品之后发放的贷款，一旦借款人不履约，其担保品将被拍卖以还清欠款。抵押品可以是不动产、应收账款、机器设备、提单、仓单、股票和债券等，房地产贷款的抵押品往往是房地产本身。

房地产贷款是指以商业银行为主体的房地产金融机构围绕房地产开发、经营与消费活动而提供的信贷业务。房地产贷款是目前我国房地产行业最主要的融资形式，它对于房地产行业及国民经济发展具有十分重要的推动作用。与一般贷款业务相比，房地产贷款具有以下几个特点：

第一，银行对于房地产贷款投向进行严格管理。房地产开发贷款只能投向具体的房地产开发项目，不能挪作他用。

第二，贷款期限较长。由于房地产贷款一般与具体的房地产项目相联系，而房地产开发时间较长，所以房地产贷款期限相应较长，一般为3～5年，最长的达30年。

第三，为控制房地产贷款风险，商业银行对房地产贷款规模进行严格控制。房地产贷款集中度不能过高，否则银行面临较大的风险。一般房地产贷款要控制在全部信贷资产的10%左右，这是商业银行资产负债比例管理的基本要求。

第四，房地产抵押贷款与其他标的物抵押贷款不同，它不仅涉及抵押人与承押人的双方利益，还涉及如房地产使用人、共有人以及他项权利等各方面的权益。为保障各方权益，房地产抵押贷款合同签署后，应在房地产管理部门进行抵押房地产登记，使抵押合同产生法律效力。

按贷款主体分类，房地产贷款可以分为企事业法人房地产贷款和个人房地产贷款。

1. 企事业法人房地产贷款

企事业法人房地产贷款是向企事业法人单位发放的用于房地产开发、经营或购置自用办公用房的贷款，包括房地产开发贷款和经营性持有物业贷款。其中经营性持有物业贷款又叫法人按揭贷款，是指商业银行向物业经营机构或其他实行独立经济核算的企事业单位发放的贷款；房地产开发贷款是银行向房地产开发企业发放的，用于开发、建造商品房的贷款。房地产开发贷款的借款人必须是经工商部门注册的，政府主管部门认定具备一定资质，并具有房地产开发经营权的企业。房地产开发贷款按贷款用途又可分为土地开发贷款、商品房开发贷款和持有物业经营性贷款，它们分别用于房地产开发、经营的不同阶段。

2. 个人房地产贷款

个人房地产贷款是银行向具有完全民事行为能力且符合一定条件的自然人发放的用于购买个人住房或商业用房的贷款，包括个人住房贷款和个人商业用房贷款等。严格地说，个人住房贷款还包括公积金贷款和组合贷款(公积金贷款加商业贷款的组合)，但公积金贷款属于委托贷款，银行不承担风险，不属于银行信用范围。

(三)中间业务

中间业务是不需要运用银行自己的资金而代理客户承办支付和其他委托事项，并据以收取手续费的业务，主要包括结算、委托存贷款、租赁、代客买卖和信息咨询等。严格地说，中间业务不属于银行信用范畴，但是大部分中间业务与银行信用活动息息相关，因此在这里就与房地产紧密相关的一些业务进行适当介绍。

1. 房地产企业结算业务

汇兑业务即转账结算，是商业银行重要的中间业务。房地产企业与其他企业之间资金往来与货币收付都是通过银行账户来划转清偿的。在转账清算过程中，必须引起银行间的代收代付活动。这种代收代付活动是通过银行间的跨行联行往来进行清算(中间还要经过中央银行清算所的票据交换)。清算之前，由于代收与代付款项存在时间上的差异性，有时会有一部分汇差资金停留在商业银行在中央银行的清算账户中，这部分资金可以看做银行的一项资金来源。

2. 委托存贷款业务

信托是银行受他人委托与信任，代为管理、营运、处理有关钱财方面的事项。经营信托业务一般只收取手续费，而营运中获得的收入则归委托人或其指定的受益人所有。银行承办信托业务，有可能占用一部分信托资金，利于其扩展经营。

委托性贷款是指政府部门、企事业单位或个人等委托人提供资金，由商业银行(受托人)按委托人确定的贷款对象、用途、金额、期限等贷款条件，代为发放、监督使用并协助收回贷款本息。目前我国委托性个人贷款的委托人主要是各地住房公积金管理中心，故又称公积金贷款。公积金贷款是我国住房制度改革的产物，属于政策性贷款范畴。不管是住房基金的归集还是贷款的发放与回收，都委托商业银行承办。商业银行同住房公积金管理中心一道严格按照相关法律法规及银行规章制度来进行每笔贷款的发放工作。

二、房地产贷款利息归还与计算

房地产抵押贷款的贷款额度由贷款人依据借款人的资信状况、借款要求及抵押物性质结合贷款政策而确定。在国外，由于有完善的信用制度和健全的担保保险机制，贷款占抵押物价值的比例可达100%；在我国，商业性住房抵押贷款比例一般为70%，新建住房抵押贷款比例可达80%。贷款利率是资金的使用价格，银行的贷款利率一般包括了资金的投资收益、承担的风险和相关费用。我国房地产贷款基准利率由中国人民银行决定。商业银行可以在基准利率上下一定幅度内进行浮动。从2008年10月27日起，中国人民银行已将个人住房贷款利率的下限扩大为贷款基准利率的0.7倍，以确保金融机构对利率调整具有较大自主权，加快利率市场化进程。

房地产贷款具有期限长的特点，随着利率市场化步伐的加快，商业银行的利率风险不断加大。因此，一般的，房地产短期贷款(1年以下)适用固定利率，房地产长期贷款适用浮动利率，但现在商业银行金融创新后也推出了时间较长的固定利率贷款，为了补偿通货膨胀风险，这些固定利率贷款往往将利率定在一个较高的水平。目前我国房地产长期贷款利率调整的方法为：利率变动的当年贷款利率不作调整，待次年1月1日起执行新的贷款利率。

房地产抵押贷款的偿还方式多种多样，常用的方式大概有以下几种。

1. 到期一次还本付息

期限在1年以内的贷款一般采用这一方法，贷款到期时一次性还清本息，利随本清。这种还款方式最为简便，利息计算也很简单，请参考公式(2-2)。

2. 每年支付利息、期满一次偿还本金

这是我国商业银行清收贷款本息的常用方法，一般在每季季末结算贷款利息，每年年末从借款人账户中划转利息收入，到期时清偿全部贷款本金。利息计算参考公式(2-2)，但必须分时间段计息。

3. 等额本金偿还方式

这是个人住房按揭贷款常用的贷款偿还方式之一。在贷款期限内，借款人按月偿还贷款本金和利息，其中每期所还本金完全相等，而每期偿还的利息随着本金的减少而相应减少。

假定贷款总额为 A，贷款总期数(月份数)为 N，那么每期(月)应还本金为：

$$a = A/N \tag{2-9}$$

各期应还利息为：

$$I_n = i \times [A - (n-1)a] \tag{2-10}$$

其中，i 为贷款月利率；n 为当期贷款月份序号；I_n 为第 n 期(月)的贷款利息；a 为每期偿还本金。根据式(2-9)和式(2-10)可以得到每期还款额为：

$$T_n = a + i \times [A - (n-1)a] \tag{2-11}$$

4. 等额本息偿还方式

这也是个人住房贷款偿还的一种常用方式。这种方式要求在贷款期内每期偿还贷款本息的数额相等。等额本息还款方式的利息计算较复杂，这里只给出计算公式：

$$T = i \times A \times (1+i)^n \div [(1+i)^n - 1] \tag{2-12}$$

其中，T 为每月还款额(含本息)；i 为贷款月利率；A 为贷款总额；n 为贷款总期(月)数。

5. 等比还款方式

等比还款即在贷款期限内，逐年按同一比例递增偿还，且每年年内各月均以相等的偿还额足额偿还贷款本金和利息。计算公式如下：

$$R_1 = \frac{P}{12} \times \frac{(i-d)\times(1+i)}{(1+i)^N-(1+d)^N} \tag{2-13}$$

$$R_N = R_1 \times (1+d)^{N-1} \tag{2-14}$$

其中，R_1 为第 1 年月还款额；A 为贷款总额；i 为贷款年利率；N 为贷款年份数；d 为等比年递增率；R_N 为第 N 年的月均还款额[①]。

等比还款方式的特点是：借款人每年的还款额可按固定比率递增或递减，以适应自己收入的动态变化。这一方式适合收入能稳定增长的客户。国外银行广泛采用这一贷款偿还方式，但由于计算方法过于复杂，我国目前未见银行使用这一方式。

第三节　房地产银行信用管理

一、房地产银行信用对国民经济的重要性

房地产银行信用对于一国房地产行业及整个国民经济的发展具有十分重要的支撑作用。从我国来看，通过房地产银行信用渠道筹集的房地产开发资金占到 50%以上，不仅如此，房地产行业的发展还离不开房地产信用机构所提供的全方位的金融服务。房地产银行信用的作用体现在以下几个方面：

1. 房地产银行信用对房地产行业发展的支持作用

房地产行业属于资金密集型行业，房地产投资需要巨额的长期建设资金，房地产银行信用利用其“积少成多、聚短为长”的功能，可以极大地满足房地产开发的资金需求。在房地产开发、经营与消费的各个环节，房地产信用机构都能提供资金融通及其他金融服务，促进房地产业健康快速的发展。改革开放以来，我国房地产行业成为发展速度最快的行业之一，有力地支撑了国民经济的高速增长态势，并极大地改善了居民的住房条件。如果没有四大国有银行及十多家股份制银行提供的银行信用的支持，这将是不可想象的事情。

2. 房地产银行信用极大地促进了个人住房消费

“居者有其屋”是每一个人的梦想。然而随着城市建设用地的减少、建筑成本的不断上升及其他因素的影响，近年来住房价格在不断提高，城市居民想要一套属于自己的住房不是一件容易的事情。一方面，住房商品价值巨大，单靠个人储蓄很难实现购房愿望；另一方面，即便有一天能积攒起购买一套住房的资金，可惜人之将老，能够享受住房的时间也不多。利用房地产银行信用可以让人们在现在花未来的钱，提前实现购房梦想，提高人们的福利水平。现在只要居民筹集到首付资金（最低 20%），其余的资金由银行信用帮你解决，就可以马上实现“居者有其屋”的愿望。

3. 房地产银行信用对银行业的支持作用

这主要表现在调整银行信贷资产结构、改善银行信贷资产质量和促进银行业金融创新等方面。房地产银行信用的发展不仅扩大了银行业务品种和业务范围，而且一定程度上优化了银行信贷资产结构。房地产贷款一般为中长期贷款，改变了银行信贷资产中短期结构，形成了短、中、长期贷款共同发展的趋势，在银行业竞争日趋激烈的今天，这种信贷结构有助

① 刘长滨，周霞. 房地产金融. 北京：中国电力出版社，2008.

于提高银行的盈利能力与资产的稳定性；房地产贷款一般是以房地产为抵押物的抵押贷款，其贷款的安全性较高，尤其是个人住房贷款因其资产质量优良、盈利性好而成为各家银行竞争的焦点，因此，只要一国房地产行业健康发展，房地产贷款对银行而言就是优质资产，可以极大地改善银行信贷资产质量；在房地产贷款不断扩大的基础上，银行等房地产金融机构不断探索住房贷款证券化、房地产投资信托等新型房地产金融工具，这对于国内金融市场投融资渠道的拓展、创新，甚至金融体制改革都有极大的推动作用。

4. 房地产银行信用为国家宏观调控提供了手段

房地产业是国民经济的支柱产业，房地产业健康发展是整个国民经济健康发展的基础。国家可以通过房地产银行信用的调节来影响房地产业的发展，进而影响整个国民经济的发展速度。银行业主要通过信贷规模、利率等金融手段以及各种金融政策对房地产业实行调节，即对国家支持发展的房地产领域采取优惠的信贷和利率政策予以金融支持；而对国家限制发展的房地产领域，则收缩银行信用或提高贷款利率。当国民经济发展过冷或过热时，国家也可以通过扩张或收缩房地产银行信用来进行调节。

二、房地产银行信用风险

风险是指损失的可能性或收益的不确定性。银行作为经营货币信用的特殊企业，在经营过程中会碰到各种各样的风险，包括信用风险、市场风险（利率风险或汇率风险）、操作风险、流动性风险、国家风险、声誉风险、法律风险和战略风险等。如何管理风险是银行业经营的核心内容。

传统上，信用风险是借款人不能按期还本付息而给贷款人造成损失的风险。现代意义的信用风险已扩展为交易对手信用状况或履约能力的变化造成银行资产价值损失的风险。这一定义与传统上只盯住违约事件的发生不同，它更关注交易对手信用状况的动态变化并据之采取适当的控制措施。目前银行业已进入全面、综合风险管理时代，即不单纯注重某一类或几类风险管理，而是注意到不同风险的相关性，对各种风险进行综合考量、监测并实施风险控制。但本书出于篇幅考虑，着重探讨房地产银行信用风险问题，对其他风险不作深入分析。

如前所述，既然房地产银行信用如此重要，那么我们必须保持房地产银行信用正常有序的运行，为此要加强房地产银行信用风险的管理与防范。房地产银行信用风险主要指房地产信用机构的信贷风险。信贷风险是指信贷资产无法按期回收而带来损失的可能性。房地产信贷风险不仅影响单个银行的可持续发展，而且一旦形成普遍趋势将成为影响整个国家金融安全的重要事件。表 2-1 分两大类别列出了信贷风险产生的主要来源。个人住房贷款因涉及中介机构的行为，其产生风险的机会似乎比房地产开发贷款更多。其实不然，由于个人住房贷款比较分散，对银行而言，其风险性并不会高于房地产开发贷款。

三、房地产银行信用风险管理

所谓信用风险管理，是指对银行面临的信用风险进行识别、评估，并在此基础上规避、控制、分散或补偿风险的过程。房地产银行信用风险管理属于商业银行信用风险管理的重要内容。必须树立银行信用活动的风险观念，才能有的放矢，建立有效的风险分散、转移和补偿机制，提高经营效率，将信用风险降低到最低水平。

(一)影响房地产银行信用风险的因素分析

影响房地产银行信用风险的因素有许多,归纳起来主要有以下几个方面。

1. 房地产贷款的借款人信用程度

表 2-1 房地产银行信贷风险的类别及产生原因

贷款类别	风险来源	风险细分及产生原因
房地产开发贷款	房地产开发企业	(1)经营模式风险。房地产开发企业自有资金不足,高负债经营模式带来风险。(2)经营管理风险。企业管理者的综合素质、经营经验、人格品质和管理团队等方面存在问题。(3)信贷资金挪用风险。将房地产项目资金挪用到其他项目开发,或挪作股市等高风险投资。
	担保	(1)保证担保风险。采用连带责任保证担保的房地产贷款,其保证人出现问题导致贷款出现风险。(2)在建工程抵押担保的风险。因抵押物的管理、处置等出问题而导致贷款风险。
	法律	(1)房企拖欠工程承包款风险。由于建设工程价款具有比银行贷款更优的受偿权,导致银行抵押权有名无实,最终无法实施带来的风险。(2)合同履行过程中的风险。合同未依法签署、法律文书不全、超过法定时效或新法律调整带来的风险。
	商业银行	(1)产品内在风险。房地产信贷对国家宏观经济政策和贷款银行授信政策高度敏感,使贷款产品本身具有一定的风险。(2)贷款操作风险。银行在贷前调查、贷时审查和贷后检查环节不合规带来的风险。
	市场环境	政府主管部门的行政行为不规范,或主管部门不作为、作为不当,给房地产开发贷款带来的风险。
个人住房贷款	商业银行	(1)流动性风险。银行无法变现贷款的抵押物而形成的风险。(2)期限结构风险。银行存贷期限不匹配带来头寸紧张。(3)操作风险。因内部管理制度缺陷或员工违规等带来的风险。(4)道德风险。银行工作人员追求局部或个人利益做出不利于银行的行为不被发现带来的风险。(5)市场风险。因银行无法应对市场波动而带来的风险。
	借款人	(1)个人信用风险。借款人恶意违约、恶意欺诈或以其与开发商产生纠纷为由拒绝还款带来的风险。(2)偿债能力下降风险。由于借款人出现变故导致其偿债能力下降。(3)投资经营风险。以投资为目的的借款人,其商业行为的市场风险导致个人住房贷款风险。(4)提前还款风险。借款人在贷款到期前提前归还全部或部分贷款,打乱银行资金安排,降低银行预期收益。(5)资金挪用风险。(6)虚假交易风险。借款人利用虚假房屋交易,套取银行信贷资金而形成的风险。

续表 2-1

贷款类别	风险来源	风险细分及产生原因
个人住房贷款	担保	(1)抵押物毁损风险。因地震、火灾等不可抗力或其他因素导致抵押物受损或灭失而带来的风险。(2)抵押物贬值风险。因房地产市场波动或房屋本身原因使抵押物价值下降带来的风险。(3)抵押物处置风险。抵押房屋存在产权瑕疵、法律纠纷或违规、违章建设等问题。(4)期房抵押风险。作为抵押物的期房在竣工和交付上出现问题。(5)阶段性担保风险。由于开发商在借款人所购房屋抵押生效前丧失担保能力而带来的风险。
	开发商	(1)楼盘项目风险。开发商在建设过程中违法、违规或违章建设导致借款人违约而形成的贷款风险。(2)假按揭风险。以虚假身份借款以套取银行资金。(3)资金挪用风险。(4)违法销售风险。以承诺售后高回报、低风险的方式促销商品房。
	中介机构	(1)法律见证风险。律师事务所在法律见证环节因失误或与当事人串谋假按揭带来的风险。(2)存量房交易风险。二手房交易过程中因提前发放贷款带来的风险。(3)抵押物价值评估风险。因房产评估机构失误或合谋欺骗，使抵押物估值偏高。
	外部环境	包括政策、法律、市场、信用环境等方面变化带来的风险。

房地产借款人的信用程度决定了违约风险的大小，因此银行在发放贷款之前对借款人的信用状况要严格审核，但借款人的信用状况不是一成不变的，贷款发放之后，由于某种不确定性因素或意外事件的发生都可能影响到借款人到期偿还债务的能力。一般的，偿还期限越长，借款人的偿还能力就越不确定；即使短期贷款相对容易判断偿还能力，但如果处于经济衰退时期，借款人可能出现收入不稳定或销售形势不好的状况，贷款不作展期或其他相应调整的话，最终能否偿还也是一个未知数。因此，银行必须密切关注借款人的信用状况的动态变化并及时加以干预。

2. 房地产贷款担保的有效性

贷款担保有效性是指担保品价值稳定、可靠，能够作为贷款的第二还款来源。房地产估值是否准确、房地产价格是否波动以及法律手续是否完备是影响担保有效性的主要方面。银行必须时刻关注房地产市场行情，根据情况对房地产贷款担保政策适时调整。

3. 房地产贷款的集中程度

商业银行的贷款集中程度与信用风险正相关。一般情况下，最大一笔客户的贷款占银行净资本的比例不超过10%。房地产属于资金密集型行业，资金需求量大，银行在发放贷款时必须控制贷款总量，以免银行信用风险或盈利能力捆绑在某一家房地产企业身上。同时，银行还要控制对整个房地产行业的贷款集中程度，否则银行受房地产市场的影响过大，不利于银行的稳健经营与可持续发展。

4. 商业银行自身公司治理结构和内控制度

具有完善的相互制约的公司治理结构是现代银行业的基本特征与正常经营的重要前提。其中，商业银行健全的内控制度是确保业务顺利开展的重要条件。房地产信用风险管理的主体是商业银行本身，行之有效的内控制度可以保证银行工作人员在房地产贷款发放过程中能够各司其职、各尽其责，减少失误、差错及舞弊的可能性。

(二)防范房地产银行信用风险的对策

1. 加强对客户信用评级或资信评估工作

对于客户的信用状况，各商业银行可以引用专业信用评级机构提供的信用报告，也可以建立内部评级指标体系。目前，银行内部评级体系对客户信用分析和评估所涉及的内容不尽相同。“5C”分析法长期以来受到西方国家银行业的广泛应用。

“5C”是指借款人道德品质(Character)、经营能力(Capacity)、资本(Capital)、担保(Collateral)和经营环境(Condition)。“5C”分析法中既有反映企业信誉和历史信用状况的信息，也有反映企业盈利能力和成长能力的信息；既能满足信用决策的需要，也能满足信用追偿的需要；既有反映企业财务状况的信息，也有反映宏观政策与行业经营环境的非财务信息；既有反映企业内部经营状况的定量指标，也有反映企业外部环境的定性指标。可见“5C”是对客户信用进行科学评级的重要基础。除此以外，还有“5P”分析法，即个人因素(Personal Factor)、资金用途因素(Purpose Factor)、还款财源因素(Payment Factor)、债权保障因素(Protection Factor)和企业前景因素(Perspective Factor)；“5W”分析法，即借款人(Who)、借款用途(Why)、还款期限(When)、担保物(What)和如何还款(How)。它们在内容上大同小异，相同点是将每要素逐一评分并汇总，据以确定信用等级，作为贷款发放及贷后跟踪的重要依据。

此外，由政府主管部门牵头，应着手建立全社会征信体系，完善个人信用记录数据库，将个人的贷款偿还情况、信用卡透支情况等反映个人信用的信息全部存档，以作为个人住房贷款审批的参考。

2. 对房地产贷款实行分类管理

以前，我国银行采取的贷款分类方法是将贷款分为四个级别：正常、逾期、呆滞和呆账。其中，“一逾两呆”为不良贷款。这是一种根据贷款期限而进行的事后监督管理方法，掩盖了银行贷款质量的许多问题，无法达到提高信贷资产质量的目的。为了加强银行的信贷管理，中国人民银行在2001年年底公布了《贷款风险分类指导原则》，规定从2002年起，在我国各类银行全面实施贷款质量五级分类管理。贷款五级分类制度是根据内在信用风险大小将贷款划分为正常、关注、次级、可疑和损失五类，其中后三类为不良贷款。五类贷款的定义分别为：

正常：借款人能够履行合同，没有足够理由怀疑贷款本息不能按时足额偿还。

关注：尽管借款人目前有能力偿还贷款本息，但存在一些可能对偿还产生不利影响的因素。

次级：借款人的还款能力出现明显问题，完全依靠其正常营业收入无法足够偿还贷款本息，即使执行担保，也可能造成一定损失。

可疑：借款人无法足额偿还贷款本息，即使执行担保，也肯定造成较大损失。

损失：在采取所有可能的措施或一切必要的法律程序之后，本息仍然无法收回，或只能收回极少部分。

五级分类法克服了四级分类法的弱点，能使银行通过贷款分类及时发现借款人存在的问题，充分计提贷款损失准备金，并进行有效监控，而不仅仅在事后对贷款质量进行统计，因而有利于银行信贷风险管理。房地产贷款五级分类一般先以违约时间长短进行定量分类（类似于传统方法），然后根据借款人违约性质和贷款风险程度对其进行定性分类，最终确定每一笔房地产贷款的形态，再按不同形态采取不同的防范措施，保证每类贷款的损失降低到最低限度。

3. 健全银行内部控制制度

严密的内控制度是防范房地产银行信用风险的关键，为此银行应建立和健全贷款发放与风险监控的各项制度。商业银行信用风险管理的流程控制可细分为以下九个环节：信贷综合管理与战略制度；内部授权；客户调查与评价；额度授信；项目评估；信贷审批；贷后检查与风险监测；风险处置；评价与反馈。每一个环节都应有相应的制度规范，以确保每笔贷款发放科学合理，每笔贷款在存续期内都能得到风险监控。

4. 严格房地产中介机构的监管

房地产中介机构包括为房地产交易或房地产贷款服务的各种机构，如律师事务所、会计事务所、房地产评估机构及住房买卖中介等。加强对房地产中介机构的合规性、合法性监管是房地产信用体系建设的重要一环。近年来许多房地产贷款风险发生在房地产中介机构环节。比如，在按揭贷款过程中，律师事务所要对经其审核的资料的真实性负责。对于按揭贷款中提交的个人工资收入证明，律师应到税务机关查实。但现实情况是，律师事务所只是走走形式，如果银行发放按揭贷款只要具备律师审查报告即可，这样的审查无法起到防范风险的作用，一旦发生贷款损失，也没有人去追究律师事务所的责任。因此，必须加强对律师事务所的自律与监管。律师事务所在收取高额费用的同时必须承担起相应的责任。

此外，房地产评估对银行按揭贷款至关重要，特别是当房地产开发商的阶段性担保结束，购房人取得房屋所有权并办理了抵押手续之后，房地产成为银行收回贷款本息的重要保障。世界上大多数国家都有完善的房地产评估制度，对评估人员资质、评估程序、评估方法及评估报告格式等都有明确的法律规定。我国目前房地产评估制度还不完善，房地产评估的准确性、严肃性和权威性还较差，必须借鉴国外经验尽快建立能促进房地产银行信用健康发展的房地产评估制度。

5. 重视房地产市场的分析与监测

房地产信用机构必须关注国民经济及房地产市场的周期性变化，了解和领会国家对宏观经济及房地产市场调控的大政方针，严格执行国家的宏观经济政策及房地产调控政策。银行应组织专门力量密切关注房地产市场价格的动态变化，分析和预测房地产市场发展的基本态势及发展前景，在符合国家政策的前提下，合理确定银行的房地产信贷政策。近年来，住房价格过快上涨不仅成为影响国民经济及百姓生活的重要事件，也是形成房地产信贷风险的重要因素。为此，国家出台了大量房地产市场调控政策，不管政策调控的效果如何，但房价的波动将是一个长期现象。对银行等金融机构而言，正确地预测房地产市场的景气，并根据景气的不同确定不同的抵押系数，是防范房地产抵押贷款风险的重要手段。当房价下降时，可以适当提高房地产贷款抵押系数；当房价上涨、楼市泡沫较大时，应适当降低房地产抵押系数，并注意加强房地产贷款各个环节的风险监控，以免在房地产泡沫膨胀时期累积更多的信贷风险。

本章小结

经济学中的“信用”指的是以偿还为条件的借贷行为。这种借贷行为可以是实物形式，也可以是货币形式。在现代市场经济条件下，银行信用是最主要的一种信用形式，房地产银行信用主要指银行吸收房地产开发资金并发放房地产贷款的各种信用活动。利息支付是信用产生的前提条件，房地产贷款利息偿还与计算具有自身的特点。房地产银行信用业务涉及房地产信用机构资产、负债及中间业务三个方面，其中存款业务、房地产贷款业务及委托存贷款业务是主要的房地产银行信用活动。

房地产银行信用对于促进房地产行业发展、居民住房消费及银行业的发展具有重要作用，并且为国家宏观调控提供手段，因此必须防范房地产银行信用风险。主要的防控措施包括加强对客户的资信评估工作、对房地产贷款实行分类管理、健全银行内控制度、严格监管房地产中介机构和重视房地产市场分析与预测。

关键概念

信用　Credit　　信用风险　Credit risk　　浮动利率　Floated interest

实际利率　Real interest　　信托　Trust

等额本息偿还抵押贷款　Constant Amortization Mortgage,CAM

等额本金偿还抵押贷款　Constant Payment Mortgage,CPM

课堂讨论

商业银行向购房者发放个人住房贷款，借款人(购房人)可能由于哪些原因而拖欠归还贷款？

思考与练习

一、填空题

1. 货币形式的借贷行为往往伴随着________的支付。
2. 通俗地说，信用关系表现为不同经济主体之间的________关系。
3. 在市场经济条件下，________信用是最广泛、最重要的一种信用形式。
4. 在我国，从事房地产银行信用业务的金融机构包括________、________、________等。
5. 按贷款主体分类，房地产贷款可以分为________房地产贷款和________房地产贷款。

二、单项选择题

1. 对投资者而言，其投资回报主要取决于(　　)的大小。

A. 实际利率　　B. 优惠利率　　C. 名义利率　　D. 浮动利率

2. 我国一般用(　　)作为货币时间价值的代表值。

A. 短期国债利率　　B. 银行存款利率　　C. 实际利率　　D. 浮动利率

3. 银行等金融机构的(　　)规模决定了其资产业务的规模，也决定了其从事房地产贷款业务的能力。

A. 现金　　B. 存款　　C. 负债　　D. 人员

4. 我国房地产行业目前最主要的融资形式是(　　)。

A. 房地产贷款　　B. 发行债券　　C. 应付票据　　D. 股票融资

5. 商业银行的贷款集中程度与信用风险呈(　　)关系。

A. 正相关　　B. 负相关　　C. 不相关　　D. 部分相关

三、多项选择题

1. 在我国，从事房地产银行信用业务的金融机构包括(　　)。

A. 商业银行　　B. 住房储蓄银行　　C. 信用合作社　　D. 基金管理公司

2. (　　)的存在均不同程度地反映了非市场力量对利率形成的干预。

A. 官定利率　　B. 长期利率　　C. 短期利率　　D. 公定利率

3. 担保贷款可分为(　　)。

A. 保证贷款　　B. 质押贷款　　C. 抵押贷款　　D. 信用贷款

4. 银行吸纳的存款是房地产金融机构信贷资金的基本来源和主体，银行存款可分为(　　)。

A. 企业存款　　B. 基金存款　　C. 外币存款　　D. 个人存款

5. 对房地产金融机构而言，信贷资金的来源主要由(　　)组成。

A. 主动负债　　B. 基本建设拨款　　C. 借入资金　　D. 同业往来资金

四、简答题

1. 怎样理解货币的时间价值？
2. 房地产抵押贷款偿还的主要方式有哪些？
3. 影响房地产银行信用风险的主要因素有哪些？
4. 如何防范房地产银行信用风险？

实践与训练

实训项目：某居民用住房按揭贷款购买一套住房，住房总价125万元，首付两成，年利率5.04%，贷款期限为15年。

(1)若以等额本息方式偿还，请问该居民月供为多少？

(2)若以等额本金方式偿还，那么该居民第1期及第60期的月还款额为多少？

实训目的：熟悉不同还款方式下月还款额的计算。

实训步骤：

(1)学生分成2个小组，分别接受按等额本息还款法和等额本金还款法计算月还款额的任务。

(2)各小组分别递交一份计算结果，进行比较。

案例分析

房地产贷款不降反升应引起警觉

房地产贷款不降反升应引起警觉，各级政府及银行部门应给予高度警惕，尤其银行部门应积极贯彻落实中央经济工作会议上提出的供给侧改革、减少楼市库存量、促进房地产业持续发展的有关要求，积极配合政府打好“去库存”歼灭战，消除去库存带来信贷风险的顾虑。同时，各级政府自觉剪断与房地产之间的利益“脐带”，推动房企想办法降价加大去库存力度、加快去库存进度，靠自我内在动力化解高库存危机，有效实现转型升级，使房地产由投资为主导的市场转换成以消费为主导的市场。

近日，央行发布数据表明，2015 年个人购房贷款、房产开发贷款、地产开发贷款等在内的房地产贷款余额为 21.01 万亿元，同比增长 21%，增速比上年末高 2.1 个百分点；全年增加 3.59 万亿元，同比多增 8434 亿元，增量占全年各项贷款增量的 30.6%。

从当前中国经济运行现实看，仍然存在由房地产信贷不降反升推高经济风险的可能性。

首先，房地产贷款过多，倒逼大量普通民众把过多资金投向了住房消费，甚至是高负债、超前住房消费。而且由于不少民众把投资需求寄托在楼市增值“虚幻”之上，在很大程度上推高了楼市供给过剩，而房地产告别暴利时代则又将越来越多的民众投资能力圈入其中。据相关资料，中国人均住房持有量已居新兴市场经济国家前列：在 2012 年之前，中国人均住房面积就已超过了西班牙、韩国；而在过去数年，该指标进一步增长。房地产贷款继续攀升，势必削弱居民消费能力，对扩大内需拉动经济增长不利。

其次，房地产贷款过多，势必减少其他贷款市场份额，成了我国实体经济融资贵、融资难的重要诱因。据相关资料，从 2011 年到 2015 年，商业银行小微企业贷款余额分别为 21.77 万亿元(包括中型企业)、11.58 万亿元、13.21 万亿元、15.46 亿元和 17.39 万亿元，分别增加了 3.27 万亿元、1.63 万亿元、1.63 万亿元、5177 亿元和 2.11 万亿元，分别增长了 18.6%、16.6%、14.2%、15.5%和 13.9%，分别占全部贷款余额的 68%、23.26%、18.37%、18.92%、18.5%；而同期房地产贷款余额分别为 10.73 万亿元、12.11 万亿元、14.61 万亿元、17.37 万亿元和 21.01 万亿元，分别增加了 1.26 万亿元、1.35 万亿元、2.34 万亿元、2.75 万亿元和 3.59 万亿元，分别增长了 13.9%、12.8%、19.1%、18.9%、和 21%，分别占全部贷款余额的 19.58%、19.22%、20.31%、21.26%和 30.6%；从上述数据可看出，小微企业贷款虽然增长较快，但在总贷款中的占比呈逐年下降趋势，而房地产贷款无论是贷款绝对增加额、增长幅度还是占全部贷款比例都呈较快增长态势。这表明银行依然把信贷支持重心放在房地产业上。尽管监管部门多次提醒房地产信贷风险，但银行对房地产仍频频暗送秋波，藕断丝连。显然，如果银行的房地产信贷势头得不到有效控制，则必然会降低银行对以制造业为核心的中小微民营企业信贷支持能力，消除实体经济融资难、融资贵困局将难实现。

再次，房地产贷款过多，成了催生我国房地产市场严重过剩的幕后“黑手”。据国家统计局数据，截至 2015 年 11 月底，全国商品房待售面积 6.96 亿平方米，处于历史高位。导致房地产高库存的一个重要原因就是银行对房地产业的过度信贷，即便近两年在中央政府一再强调房地产去库存的大环境下，银行的房地产贷款依然不降反升，如2015年年末全国地产开发贷款增加1.52万亿元，同比增长12.8%；全国房产开发贷款余额为5.04万亿元，同比增长17.9%；个人购房贷款余额为14.18万亿元，全年增加2.66万亿元，同比多增9368亿元。由此可看到，若房地产贷款增长趋势未改，会形成三大不利后果：一是会继续使房地产规模盲目扩大和信贷风险进一步累积，进而影响房地产去库存，加大房地产业转型难度；二是会推高银行信贷风险；三是会形成一种“鸦片式”经济麻醉，房地产泡沫不破会一直支撑钢铁、建筑材料等产业“虚假”繁荣，会促使这些行业产能过剩更加严重，加剧供给侧改革难度。显然，银行与房地产依然处于“热恋”状态，若房地产得不到有效回暖，价格一直下跌，银行坏账率或将提高，风险隐患犹存。

最后，房地产贷款把宏观管理逼向了两难尴尬境地：若放弃不管，房地产一旦硬着陆，不仅会诱使其他过剩产能及金融风险爆发，还会使土地财政收入进一步下滑，让本已捉襟见肘的财政状况更加雪上加霜；而若继续对房地产施以政策援手，可能会让房地产开发商无法丢掉管理层救市幻想，在楼市去库存上踌躇不前，不仅不利于促进房企转型，会使更多“僵尸”房企苟延残喘，无法优化房地产结构；最大的、最危险的问题还在于无法改变各级政府对土地财政依赖，也无法把政府精力引向支持实体经济发展上，无形中会加大中国产业经济结构调整和经济增长转型的难度。

（资料来源：上海证券报，2016-02-16）

思考题：

仔细阅读上述报道，结合所学知识，分析在当前经济背景下房地产贷款快速增长所带来的负面影响；作为银行，应采取怎样的应对之策？

第三章　房地产开发贷款

学习目标

1. 了解房地产开发贷款的概念和分类。
2. 理解银行开展房地产开发贷款业务的流程。
3. 了解申请获得房地产开发贷款的基本条件。
4. 了解房地产开发贷款的风险。
5. 掌握控制房地产开发贷款风险的相应措施。

第一节　房地产开发贷款基本知识

一、房地产开发贷款的含义及当事人

房地产开发贷款是指金融机构对房地产开发企业发放的用于地产、房产（包括住房、商业用房和其他房产）开发建设的中长期项目贷款。

房地产开发贷款的贷款人是各类银行业金融机构。在银行业金融机构中，大型商业银行、股份制商业银行、外资银行、城市商业银行、民营银行、农村商业银行、农村合作银行、农村信用社等一般具有提供房地产开发贷款的资格。

房地产开发贷款的借款人为经工商行政管理机关（或主管机关）核准登记的房地产开发企业和利用单位自有土地建设经济适用住房的企（事）业法人。

二、房地产开发贷款的种类

1. 地产开发贷款与房产开发贷款

按照开发内容的不同，房地产开发贷款可以划分为地产开发贷款和房产开发贷款。地产开发贷款指金融机构发放的专门用于地产开发，且在地产开发完成后按计划收回的贷款，也称土地储备贷款。房产开发贷款指金融机构发放的房屋建设贷款，包括住房开发贷款、商业用房开发贷款、其他房产开发贷款。

2. 住房开发贷款、商业用房开发贷款、经济适用住房开发贷款和廉租住房建设贷款

按照房产开发对象的不同，房地产开发贷款可以划分为住房开发贷款、商用房开发贷款、经济适用住房开发贷款和廉租住房建设贷款。

住房开发贷款是指银行向借款人发放的用于住房及其配套设施建设的贷款。商用房开发贷款是指银行向借款人发放的用于宾馆（酒店）、写字楼、商场等商用项目及其配套设施建设的贷款。经济适用住房开发贷款是指银行向借款人发放的专项用于经济适用住房项目开发建设的贷款。廉租住房建设贷款是指银行向借款人发放的用于支持廉租住房新建、改建

的贷款。

3. 信用贷款和担保贷款

按照贷款有无担保，房地产开发贷款可以划分为信用贷款和担保贷款。

信用贷款指没有担保、仅依据借款人的信用状况发放的贷款。

担保贷款指由借款人或第三方依法提供担保而发放的贷款。担保贷款包括保证贷款、抵押贷款、质押贷款。保证贷款是指保证人和债权人约定，当债务人不履行债务时，保证人按照约定履行债务或者承担责任的贷款行为。抵押贷款是指债务人以动产或不动产作抵押向银行申请的贷款，债务人不转移抵押财产的占有，而是将该财产作为债权的担保。当债务人不履行债务时，债权人有权依法以抵押财产折价或者以拍卖、变卖该财产的价款优先受偿。质押贷款是指债务人以动产或权利（包括汇票、支票、本票、债券、存款单、仓单、提单、股票、商标专用权、专利权、著作权等）作质押向银行申请的贷款，债务人将其质押财产移交债权人占有，将该财产作为债权的担保。债务人不履行债务时，债权人有权依法将质押财产以折价或者以拍卖、变卖该动产的价款优先受偿。

4. 正常贷款、关注贷款、次级贷款、可疑贷款和损失贷款

按照贷款的风险程度，房地产开发贷款可以划分为正常贷款、关注贷款、次级贷款、可疑贷款和损失贷款。正常贷款的贷款损失概率为 0，关注贷款的贷款损失概率不会超过 5%，次级贷款的贷款损失概率在 30%～50%之间，可疑贷款的贷款损失概率在 50%～75%之间，损失贷款的贷款损失概率则在 75%～100%之间。

三、房地产开发贷款的期限

房地产开发贷款期限有短期、中期和长期之分。短期贷款，一般指贷款期限在 1 年以内（含 1 年）的贷款。中期贷款，一般指贷款期限在 1 年以上、5 年以下（含 5 年）的贷款。长期贷款，一般指贷款期限在 5 年以上（不含 5 年）的贷款。

针对不同种类的贷款，银行所规定的期限是不同的。如中国工商银行规定：住房开发贷款的贷款期限一般不超过 3 年。对于商业用房开发贷款，如果项目全部用于出租、自营，贷款期限最长不得超过 15 年（含）；如果项目全部或部分用于出售、转让，贷款期限最长不得超过 8 年（含）。土地储备贷款的贷款期限原则上不超过 2 年。经济适用住房开发贷款的贷款期限一般不超过 3 年，最长不超过 5 年。廉租住房建设贷款的贷款期限最长不超过 5 年。

四、房地产开发贷款利率的确定

(1)人民币贷款利率执行中国人民银行规定的贷款利率。

(2)外汇贷款利率根据银行的有关规定和经办行资金筹集成本及同业水平确定，可为固定利率，也可为浮动利率。

(3)贷款期间的利率变动根据银行的通知执行。

(4)如展期贷款期限加上原期限达到新的利率期限档次的，从展期之日起按新的期限档次利率计收。

(5)逾期贷款利率按中国人民银行规定的利率执行。

(6)挤占、挪用贷款按银行规定的利率进行罚息。

第二节　银行开展房地产开发贷款业务的流程

银行开展房地产开发贷款业务的操作程序可分为受理、调查评价、审批、贷款发放、贷后管理五个环节。

一、受理

受理阶段主要包括客户申请—资格审查—提交材料—初步审查等操作环节。受理人员依据有关法律法规、规章制度及银行的信贷政策审查客户的资格及其提供的申请材料，决定是否接受客户的信贷业务申请。

（一）客户申请

该环节可以是客户主动到银行申请信贷业务，也可以是银行主动向客户营销信贷业务，请客户向银行提出信贷申请。信贷人员既要认真了解客户的需求情况，又要准确介绍银行的有关信贷规定（包括借款人的资格要求，信贷业务的利率、费率、期限、用途、优惠条件及客户的违约处理等）。

（二）资格审查

按照《贷款通则》的要求，借款人应当是经工商行政管理机关（或主管机关）核准登记的企业（事业）法人、其他经济组织及兼具经营和管理职能且拥有贷款卡（证）的政府机构。

客户向银行申请信贷业务，应当具备产品有市场、生产经营有效益、不挤占挪用信贷资金、恪守信用等基本条件。

1. 基本条件

（1）有按期还本付息的能力，原应付贷款利息和到期贷款已清偿，没有清偿的，已经做了银行认可的偿还计划；

（2）除不需要经工商部门核准登记的事业法人外，应当经过工商部门办理年检手续；

（3）在银行开立存款账户（业务品种另有规定的除外）；

（4）除国务院规定外，有限责任公司和股份有限公司对外股本权益性投资累计额未超过其净资产总额的50%；

（5）借款人的资产负债率符合有关规定要求；

（6）申请固定资产贷款的，新设项目法人的所有者权益与项目总投资的比例不低于国家规定的投资项目资本金比例；

（7）持有中国人民银行核发的年检合格的贷款卡（证）。

2. 限制性条件

客户若有下列情况之一的，银行一般不接受其申请：

（1）连续三年亏损，或连续三年经营现金净流量为负；

（2）向银行提供虚假或隐瞒重要事实的资产负债表、损益表等财务报告；

（3）违反国家规定骗取、套取贷款，用借贷等行为牟取非法收入；

（4）违反国家外汇管理规定使用外币贷款；

（5）违反国家规定用银行信用从事股本权益性投资，或从事股票、期货、金融衍生产品等投资；

(6)生产、经营或投资国家明文禁止或严重有损于社会公益和道德的产品或项目；

(7)项目建设或生产经营未取得土地、环保、规划等有权部门批准；

(8)在进行承包、租赁、联营、合并(兼并)、合作、分立、产权有偿转让、股份制改造等体制变更的过程中，未清偿、落实原有债务或未对其清偿债务提供足额担保；

(9)有其他严重违法或危害银行信贷资金安全行为；

(10)列入银行不良信用记录黑名单。

(三)提交材料

对符合资格要求的客户，受理人员向客户发送“银行信贷业务申请书”和“银行信贷业务申请材料清单”，在“银行信贷业务申请材料清单”中要求客户提供材料的相关栏内标示“√”。要求客户主要提供如下材料：

1. 客户基本材料

(1)营业执照(副本及影印件)。

(2)组织机构代码证书(副本及影印件)。

(3)法定代表人或负责人身份证明。

(4)贷款卡(证)(原件及影印件)。

(5)财政部门核准或会计(审计)事务所审计的近三个年度财务报告和审计报告及最近的报表。成立不足三年的企业，提交自成立以来的年度和近期报表；新设法人，主要提交经财政部门核准或会计(审计)事务所审计的前三个年度财务报告(如有)和审计报告(如有)及背景、新设法人的验资证明。

(6)税务部门年检合格的税务登记证明。

(7)公司章程或企业组织文件(原件及影印件)。

(8)企业董事会成员和主要负责人、财务负责人名单及签字样本等。

(9)信贷业务由授权委托人办理的，需提供企业法定代表人授权委托书(原件)。

(10)客户为有限责任公司、股份有限公司、合资合作企业或承包经营企业，要求提供依照公司章程或组织文件规定的权限，由权力决策机构出具的同意申请信贷业务的决议文件。

(11)银行要求提供的其他材料。

2. 信贷业务材料

(1)建设行政主管部门核准的房地产开发企业资质证书或承担贷款项目开发建设的批准文件。

(2)申请贷款项目的有关材料，主要包括项目建议书、可行性研究报告及批准文件、项目年度投资计划、扩初设计以及批准文件、“建设用地规划许可证”、“建设工程规划许可证”、“国有土地使用证”、“建设工程开工许可证”。如已获得“商品房屋销(预)售许可证”等文件，也应同时提供。

(3)项目开发建设自有资金落实的证明文件、资料。

(4)项目租售方案及有效的收益分配协议。

(5)如贷款项目收益不足以偿还银行贷款本息，还应提供经有权部门批准的可用于还款的其他资金来源证明。

(6)如借款人接受其他单位委托进行房地产开发建设，还应提供与业主单位正式签订的房地产开发建设工程合同。

(7)申请政策性房地产开发类贷款的借款人，还应提供住房资金管理中心出具给贷款行的委托贷款通知书。

(8)申请土地储备贷款的借款人，应提供机构县级及县级以上人民政府批准成立的，受政府委托代表政府实施土地收购、储备和出让前期工作的有关文件。

(四)初步审查

受理人员收到客户申请材料后，按“银行信贷业务申请材料清单”清点材料是否齐全，对材料的完整性、合法性、规范性、真实性和有效性进行初步审查。具体审查内容为：

1. 基本材料的审查

(1)“银行信贷业务申请书”

①信贷业务品种、币种、期限、金额、担保方式、借款用途与协商的内容相符。

②加盖的公章清晰，与营业执照和贷款卡(证)上的企业名称三者一致。

(2)财务报表

①加盖的公章清晰，与营业执照和贷款卡(证)上的企业名称三者一致。

②有财政部门的核准意见或会计(审计)师事务所的审计报告。

(3)税务登记证

有税务部门年审的防伪标记。

(4)股东会或董事会决议

①申请信贷业务用途、期限、金额、担保方式及委托代理人等。

②达到公司合同章程或组织文件规定的有效签字人数。

(5)贷款卡(证)

①在有效期内。

②年审合格。

(6)营业执照及其他有效证明经年审合格。

2. 信贷业务材料的审查

(1)贷款项目是否列入国家或地方政府的建设计划。

(2)经济适用住房是否列入国家经济适用住房(安居工程)的建设计划。

(3)有无“建设用地规划许可证”“建设工程规划许可证”“国有土地使用权证”“建设工程开工许可证”。

(4)土地出让、转让手续是否办妥；科研机构、大专院校、文化团体和卫生医疗单位利用自有土地自建经济适用房的，是否拥有划拨土地的“国有土地使用证”。

(5)开发项目的文件是否完整、真实、有效，是否能进行实质性开发建设。

(6)贷款项目有无“商品房屋销(预)售许可证”；借款开发的项目是否具备房屋预(销)售条件，其预(销)售前景是否良好。

(7)自有资金投入是否已经达到贷款项目总投资的35%以上；科研院所、大专院校、文化团体和卫生机构用自有土地自建经济适用住房的，是否拥有项目总投资20%以上的自筹资金。

(8)贷款项目承建人与借款申请人是否相符。

(9)贷款项目用途与“银行信贷业务申请书”中的用途是否一致。

(10)申请政策性房地产开发类贷款的借款人是否提供了住房资金管理中心出具的委托

银行贷款的文件。

(11)申请土地储备贷款的借款人是否提供机构经县级及县级以上人民政府批准成立的，受政府委托代表政府实施土地收购、储备和出让前期工作的有关文件。

(12)对单幅土地的土地储备贷款金额是否超过该幅土地的收购、储备及出让前期工作成本的80%或者土地评估价值的70%(以两者较低额为准)。

客户申请材料经审核后，如不合格，经办人员将申请材料退还客户，并做好解释工作；如合格，经办人员将用于核对的原件退回客户，在“受理评价工作交接单”上的受理栏内填写受理时间并签字，进入调查阶段。整个受理过程应在3个工作日内完成。

二、调查评价

房地产开发类贷款的调查评价包括客户信用评级、项目评估、担保评价三部分内容。

(一)客户信用评级

客户信用评级是指采用科学的方法和规范化的程序，对评级对象履行相应经济承诺的能力及其可信任程度进行调查、分析、评价、测定和审核，将评级对象的各项指标与有关的参数值，通过科学的计量方法进行横向比较和综合评估分析，对客户的偿债能力和违约风险做出全面的评价，并以简单、直观的符号表示其评价结果。

客户信用评级所考察的内容具体包括：系统性风险、财务风险、信用记录和基本面风险四个方面。系统性风险是指客户所面临的宏观或中观层面上的风险因素，包括行业风险、区域风险以及交叉风险等，主要反映特定客户群的环境特征和风险共性，是客户信用风险的重要组成部分。财务风险评价是基于客户提供的财务报表，通过数理统计模型的计算进行违约风险分析和判断。对于企业法人客户的财务风险分析，主要从客户的盈利能力、成长能力、营运能力、短期偿债能力、长期偿债能力五个方面进行评价和分析。信用记录评价是通过监测、分析目标客户在银行的信贷质量与结构判断其违约风险。信用记录评价的评价指标包括平均损失率、相对不良率、平均期限、信贷扩张速度、利息实收率和历史违约记录等。基本面风险评价是指评价人员根据所掌握的相关信息和经验，对客户基本情况及主要风险特征进行定性的分析，主要评价指标包括品质、实力、环境、资信状况和危机管理五大类。

客户信用评级的流程包括资信调查、客户信息录入、客户初始评级、定性调整、客户信用评级的等级和授信建议、客户信用评级的审定等步骤。

在相关流程完成后，直接评价人员、评价审查人员需共同完成客户信用评级报告。客户信用评级报告是用来准确反映客户信用等级和基本情况的书面资料，并作为评价意见、信用级别审定和风险限额分析结果展示的书面文件。

信用评级报告对客户的违约概率、所属行业风险等级、区域风险等级以及客户的财务风险等级、基本面风险等级和客户的信用风险限额等信息进行充分的揭示和分析，为信用级别的评定提供科学的定量分析和重要的信息支持。

信用级别是通过字母序列符号，对客户的偿债履约能力和违约风险进行综合评价后直观的结果展示。客户信用级别分为AAA级、AA级、A级、BBB级、BB级、B级、CCC级、CC级、C级和D级共10个风险递增的级别。

客户信用等级的有效期为1年，自审定批复文件发布之日起计算。在有效期内，如信用等级发生调整，则有效期相应顺延。

(二)项目评估

项目评估主要包括以下几个方面的内容：

1. 借款人及项目主要关系人资信评估

借款人及项目主要关系人资信评估要通过对借款人及项目主要关系人(如其母公司、主要投资人)的经营情况、财务状况、信用情况的考察，对其资信状况进行综合分析。应评价借款人主营业务开展情况，近三年开发量、竣工量、销售量、竣工产品合格率、优良率、销售率；目前企业的规划项目、在建项目的开发规模、开发进度；企业近三年的销售业绩，在同行业中所处的竞争地位及竞争能力。

2. 项目概况和建设情况评估

项目概况和建设情况评估要对项目建设的基本情况、建设条件、实施进程、设计施工监理情况、环境保护条件等进行综合论证分析。

3. 项目市场情况评估

项目市场情况评估要求贷款调查评估人员通过对房地产投资环境、项目市场定位、房地产经营方式的分析，通过市场调查与预测，对房地产贷款项目的市场竞争能力、销售前景做出判断。

4. 项目投资估算与融资方案评估

房地产项目总投资主要包括开发建设投资，出租、自营房地产项目的总投资还包括经营资金。开发建设投资是指在开发期内完成房地产产品开发建设所需投入的各项费用，主要包括土地费用、前期工程费用、基础设施建设费、建筑安装工程费用、公共配套设施建设费、开发间接费用、管理费用、财务费用、销售费用、开发期税费、其他费用以及不可预见费等。经营资金是指开发企业用于该项目日常经营的周转资金，是企业流动资产和流动负债的差额分摊到该项目的部分。进行项目投资估算分析和审查，要分析各项项目工程内容和成本费用是否齐全，有无任意扩大取费范围、提高标准和扩大投资规模；分析投资估算中有无漏项、少算或人为压低造价等情况；分析投资构成比例合理与否。在此基础上，调整项目成本费用，填列“项目总投资估算表”和“开发产品成本估算归集表”。

5. 财务效益评估

财务效益评估应在进行基础财务数据测算与分析的基础上，根据国家现行财税制度及有关规定，测算财务效益评估指标，考核项目的盈利能力。

6. 不确定性分析

房地产项目不确定性分析应分析不确定性因素对项目可能造成的影响，并进而分析可能对贷款偿还带来的风险。房地产项目不确定性分析主要包括盈亏平衡点分析、敏感性分析。可进行不确定性分析的因素主要有租售量、租售价格、出租率、开发周期、项目总投资等。在对项目不确定性进行分析的基础上，须对项目的风险点做出判断并尽可能提出防范风险、控制项目不确定性的措施。

7. 银行效益与风险防范措施评估

银行效益评估应采用定性和定量的分析方法，具体分析项目资金在银行的结算情况及带给银行的相关效益。

8. 总评估

(1)对借款人基本情况、项目建设情况、市场状况、项目投资估算及资金来源筹措、项目财务效益、项目建设的环保情况、银行效益与风险防范措施及项目的经济、社会效益等方面做综合性论述。

(2)对贷款项目当前存在的有关问题进行阐述，并提出建议及解决措施。

(3)对贷款项目提出最终评估结论，就是否发放贷款，贷款的金额、条件、期限、利率等提出明确的意见。

在项目评估中，对已授予一般授信额度的客户或贷款期限在三年(含)以下、贷款额占项目总投资50%以下的房地产贷款项目，可进行简要项目评估。

(三)担保评价

凡房地产开发商在申请贷款时提供担保人和担保物时，信贷人员应对客户提出的担保人和担保物进行调查和评价。

1. 对担保人的评价

信贷人员对担保人的评价包括审查担保人的主体资格、评价担保人的代偿能力和分析担保人的担保限额三方面。

(1)审查担保人的主体资格

经银行认可的具有较强代为清偿能力的、无重大债权债务纠纷的以下单位和个人可以接受为担保人：

①金融机构；

②从事符合国家法律、法规的生产经营活动的企业法人；

③从事经营活动的事业法人；

④其他经济组织；

⑤自然人。

银行不接受下列单位作为担保人：

①国家机关，但经国务院批准为使用外国政府或者国际经济组织贷款进行转贷的除外；

②以公益为目的的事业单位、社会团体、学校、幼儿园、医院、科学院、图书馆、广播电台、电视台等；

③无企业法人的书面授权或者超出企业法人书面授权范围提供担保的企业法人的分支机构；

④企业法人的职能部门；

⑤银行的分支机构、全资附属企业。

(2)评价担保人的代偿能力

应对符合主体资格要求的担保人进行代偿能力评价。对担保人代偿能力的评价包括代偿能力现实状况评价和代偿能力变动趋势分析。

(3)分析担保人的担保限额

担保人的担保限额，是指根据客户信用评级办法测算出的担保人信用风险限额减去担保人对银行的负债(包括或有负债)得出的数值。

在计算出担保限额后，还应计算担保率，通过计算担保率进一步衡量担保的充足性。担保率一般不高于80%。担保率的计算公式为：

$$担保率=申请担保债权本息/可接受担保限额\times 100\% \tag{3-1}$$

经评价，符合担保人条件，信贷人员撰写“银行担保评价报告”，随信贷审批材料一并报送评价审查人员；如不符合条件，应及时将担保人材料退还，并要求债务人另行提供担保人或提供其他担保方式。担保评价审查人员及审定人员应认真审查担保人的材料和“银行担保评价报告”，并签署意见。

2. 对担保物的评价

信贷人员对担保物的评价主要包括对客户提交的抵押物或质押物进行合规性审查，对抵押物或质押物的价值进行初步评价。

(1)审查抵押物、质押物的合规性

①审查抵押人、质押物是否在银行可以接受的抵押物范围之内；

②审查抵押人、质押人是否为抵押物、质押物的合法产权人，是否有权将该抵押、质押财产设定抵押、质押；

③审查抵押物、质押物的共有人是否同意设立抵押、质押；

④审查抵押、质押的设定是否已由抵押人、质押人有权决议的机关做出决议。

(2)评价抵押物、质押物的价值

对于抵押品，按照以下方法确定其公允价值：

①如果该抵押品已经经过银行认可的评估机构评估，客户经理及其负责人对评估报告表示认可，且评估报告出具时间在一年之内的，同时客户经理认为评估报告中的抵押品评估价值仍可据实反映目前市场价值的，可将评估报告中确认的抵押品评估价值确定为该抵押品的公允价值。

②如果抵押品不符合前款情况，客户经理应对抵押品的目前实际价值进行分析判断，并根据以下因素确定该抵押品的公允价值：借款合同签订时对抵押品的评估价格；最近一次外部评估价格；当前该抵押品的投标价格；同类物品的市场价格（如以房屋及土地使用权作为抵押的，可考虑同地段、类似档次房屋及土地使用权的成交价格）；对于以车辆、机器设备等作为抵押的，必须考虑抵押品的折旧情况和实际损耗程度、技术功能等；抵押品的适用性及实现变现的可能性；抵押品价值的变动趋势。

对于质押品，按照以下方法确定其公允价值：

①对于有明确市场价格的质押品，如国债、上市公司流通股票、存款单、银行承兑汇票等，其公允价值即为该质押品的市场价格。

②对于没有明确市场价格的质押品，如上市公司法人股权等，则应当在以下价格中选择较低者为质押品的公允价值：公司最近一期经审计的财务报告或税务机关认可的财务报告中所写明的质押品的净资产价格；以公司最近的财务报告为基础，测算公司未来现金流入量的现值，所估算的质押品的价值；如果公司正处于重组、并购等股权变动过程中，可以交易双方最新的谈判价格作为确定质押品公允价值的参考。

(四)撰写调查评价报告

信贷人员根据对借款人的调查评估结果撰写调查评价报告。调查评价报告由客户信用评级报告、项目评估报告或项目简要评估报告、担保评价报告三部分组成。

三、审批

各级银行按照“法人授权书”或转授权文件规定的信贷授权权限受理审批信贷业务，包括报批材料合规性审查和审批。

(一)合规性审查

合规性审查包括新项目、续议项目、复议项目、变更贷款条件项目四种情况。

1. 新项目的合规性审查

新项目是指符合以下条件之一的项目：

(1)未经过有权审批行审批的项目；

(2)超过有权审批行审批同意的额度授信期限、需重新审批的授信额度；

(3)银行认为应该按照新项目进行合规性审查的其他情况。

对新项目的合规性审查包括报批材料齐全性审查、信息充分性审查、内容一致性审查和格式规范性审查。

2. 续议项目的合规性审查

续议项目是指已经有权审批行审批，结论为续议，在解决了前次审批提出的问题后再次申请审批的项目。

续议项目的合规性审查意见中应简要说明前次审批情况，重点分析此次申报是否已落实前次审批中提出的问题，审查正文与附件内容是否一致，列出审批中需关注的重要情况，尽可能提供决策支持信息。

3. 复议项目的合规性审查

复议项目是指已经有权审批行审批，结论为不同意，申报行(部门)提请再次审议的项目。

复议项目的合规性审查意见中应简要说明前次审批情况，重点分析此次申报是否已对前次审批中提出的不同意理由逐一做出分析，审查正文与附件内容是否一致，列出审批中需关注的重要情况，尽可能提供决策支持信息。

4. 变更贷款条件项目的合规性审查

变更贷款条件项目为已经有权审批行审批，结论是附加条件同意，申报行(部门)申请修改或放弃部分审批提出的附加条件项目。

变更贷款条件项目的合规性审查意见中应简要说明前次审批情况，重点说明此次申请变更的内容、理由，审查正文与附件内容是否一致，列出审批中需关注的重要情况，尽可能提供决策支持信息。

5. 合规性审查的时间进度要求

(1)信贷审批部门应在收到报批材料后2个工作日内完成合规性审查并提出审查意见。

(2)经合规性审查合规的信贷项目，合规性审查人员填写合规性审查意见单；审查不合规的申报材料，合规性审查人员有权要求有关人员修改和补充至符合要求为止。合规性审查人员应将不合规的审查意见通知申报行(部门)有关人员，并退还其材料。合规性审查合格的信贷项目原则上在3个工作日内提交审批。

(二)审批

1. 审批方式

审批方式分为信贷审批人会议、会签、单签审批，原则上各类贷款应通过审批人会议审批。各类信贷业务具体的审批方式依照信贷授权方案及其他相关规定确定。

贷款审批人员在阅读审查申报材料的基础上，根据国家有关方针政策、法律法规和贷款银行的信贷规章，审查信贷业务的技术、经济和商业可行性，分析申报项目的主要风险点及其风险规避和防范措施，依据该笔信贷业务预计给贷款银行带来的风险和收益决定是否批准该笔信贷业务。贷款审批人必须独立审批决策，不得受包括申请人在内的任何其他人的不正当影响。

2. 审批结论

审批结论分为同意(含附加条件同意)、不同意和续议三种。

(1)审批结论为同意(含附加条件同意)的,应满足审批牵头人同意(含附加条件同意)并有超过(大于)2/3 全部参加当次审批的贷款审批人同意(含附加条件同意)的条件;

(2)审批结论为不同意的条件是,同意(含附加条件同意)、续议的票数之和未超过 2/3 全部参加当次审批的贷款审批人人数,或审批牵头人不同意;

(3)审批结论为续议的条件是,申请的信贷业务未被否决,但同意(含附加条件同意)的票数未超过 2/3 全部参加当次审批的审批人人数,或审批牵头人的意见为续议。

3. 审批结论的反馈

审批结束后,有权审批行信贷审批部门负责整理归纳审批结论及全体审批人意见,并将结论及审批意见及时通知申报行(部门)。

(1)审批结论为同意(含附加条件同意)的,申报行可直接进入发放环节。

(2)审批结论为续议的,申报行可按相关规定准备申报材料提请续议。原则上同一笔信贷业务只允许续议一次。

(3)审批结论为不同意的,申报行可按相关规定准备申报材料申请复议。如无特殊情况,一笔信贷业务只能复议一次。

四、贷款发放

房地产开发贷款的发放包括五个步骤:一是落实贷前条件,二是签订合同,三是落实用款条件,四是支用,五是信贷登记。

(一)落实贷前条件

经审批同意发放的信贷业务,在签订合同前信贷人员应与客户积极协商,落实审批文件确定的贷前条件。落实贷前条件以后,信贷人员填写"授信条件落实情况报告书",提交信贷主管签字。

(二)签订合同

(1)落实贷前条件后,及时与申请人签订有关合同;

(2)合同一般采用标准格式文本,特殊情况下可使用非标准格式文本;

(3)合同的填写、签订、审核等其他具体要求,按照银行《信贷法律文书》的有关规定执行。

(三)落实用款条件

根据审批决策意见和与客户签订的合同条款,与客户协商落实用款条件。用款条件包括:

(1)客户已按照有关法律法规规定,办妥与信贷业务有关的批准、登记、交付及其他法定手续;

(2)设有担保的,担保合同或其他担保方式已生效;

(3)客户没有发生双方约定的任一违约事项;

(4)其他约定条件已经满足。

用款条件落实以后,信贷人员填写"授信条件落实情况报告书",提交信贷主管签字。

(四)支用

合同生效后,信贷人员办理有关手续,特别要注意与会计、计财部门的工作衔接。对贷款业务,主要按以下要求办理:

1. 核定指标

信贷人员持借款合同、经信贷主管签字的“授信条件落实情况报告书”至信贷经营部门合规性审查岗办理“核定贷款指标通知单”。信贷经营部门合规性审查岗在填写“核定贷款指标通知单”时应注意：

（1）借款合同号、贷款币种、核定金额、期限、利率、借款人等要素填写准确无误；

（2）签发人员、填写人员等要素填写清楚；

（3）加盖经办行公章。

2. 办理提款、转存手续

合同签订、担保落实登记、核定贷款指标通知取得后，信贷人员通知客户到会计柜台办理贷款提款和转存手续。

信贷人员通知客户填写“银行贷款转存凭证”一式四联，交会计柜台。会计柜台凭贷款转存凭证、借款合同和核定贷款指标通知单办理贷款开户、贷款转存等会计记账手续。

在贷款支用时要特别注意以下问题：

（1）严格按照项目建设的工程进度付款；

（2）要求借款人提供工程建设合同、建设单位的付款通知书、材料供应合同、设备采购合同等有关文件，作为支用贷款的依据；

（3）借贷双方约定银行贷款与其他资金按比例投入开发建设项目的，应审核其他资金投入的落实情况；

（4）必要时要求借款人对贷款项目办理有效的建设工程保险。

（五）信贷登记

（1）登录贷款卡（证）、中国人民银行信贷登记咨询系统。会计柜台办理贷款开户及转存（提款）手续后，信贷人员及时凭贷款转存凭证登记借款人、担保人的贷款卡（证），录入中国人民银行信贷登记咨询系统后，将贷款卡（证）退还借款人、担保人。

（2）信贷台账登记。信贷业务发生后，信贷人员应及时登记信贷业务台账。

（3）及时、准确录入信贷管理信息系统（CMIS）。

五、贷后管理

贷后管理包括对信贷资产的检查、回收、贷款展期、不良信贷资产经营管理及信贷档案管理等内容。

（一）对信贷资产的检查

信贷资产检查按照银行《信贷资产检查》的规定办理。

（二）回收

1. 正常回收

（1）发送贷款到期通知书

在贷款期限截止日前，信贷人员应向借款人发送“贷款到期通知书”，督促借款人主动归还贷款。

（2）会计账务处理

贷款利率及费率按合同规定及贷款银行利率、费率相关规定执行。贷款到期时，信贷经营部门通知会计部门办理还款手续。贷款归还后，信贷经营部门将有关还款凭证归档。

（3）登录贷款卡（证）、中国人民银行信贷登记咨询系统贷款收回后，信贷人员应及时在借款人和保证人贷款卡(证)上进行贷款回收、担保撤销登记，录入中国人民银行信贷登记咨询系统。

(4)退还抵(质)押物权利凭证

贷款全部本息收回后，信贷人员应按规定及时向借款人退还抵押物权利凭证(他项权利凭证)、质物，并协助客户办理解除担保的有关手续。

(5)信贷台账登记

贷款回收后，信贷人员应及时进行台账登记。

2. 提前归还贷款

(1)申请

提前归还贷款有两种情况：

①借款人要求提前归还贷款。银行对具备下列条件的借款人可同意其提前还款：一是借款人提前30日向经办行递交“提前归还借款申请书”；二是借款人已结清提前还款日之前的所有到期贷款本息；三是借款人同意支付贷款人一定的损失赔偿金；四是借款人提前归还贷款人部分贷款的，提前还款金额应符合经办行的最低额度要求；五是合同另有约定的已按合同约定执行。

②银行要求借款人提前归还贷款。贷款期间借款人有下列行为之一的，经办行停止支付借款人尚未使用的贷款，并按合同约定，要求借款人提前归还贷款：拒绝接受银行贷后检查的；提供虚假或者隐瞒重要事实的资产负债表、损益表等财务资料，拒不改正，情节严重的；挤占、挪用贷款，拒不改正的；用信贷资金在有价证券、期货等方面从事投机经营的；未依法取得经营房地产资格的借款人用贷款经营房地产业务的；依法取得经营房地产资格的借款人用贷款从事房地产投机的；套取贷款相互借贷，牟取非法收入的；借款人或担保人未经同意发生兼并、合资等或即将停产、停止经营、解散、关闭、清理整顿、破产清算，卷入或即将卷入重大诉讼或仲裁及其他法律纠纷的；借款使用的建设项目被取消或缓建的；其他严重的违法、违约行为。

(2)审批

信贷人员提出提前还款意见，报信贷主管批准，同时通知信贷经营主责任人。

(3)发送提前归还贷款通知书

经批准同意后，信贷人员填写“提前归还贷款通知书”一式四份，签章后一份送借款人，一份送担保人，一份送会计柜台作为办理会计记账手续的依据，一份留信贷经营部门归档。若不同意客户提出的提前还款申请，应及时通知客户并做好解释工作。

对银行要求借款人提前还款的，整个申请、审批、发送通知的过程不得超过3个工作日。

(4)会计账务处理

利率及费用按合同或中国人民银行关于利率及借款人提前归还贷款的规定执行。

(三)贷款展期

1. 贷款展期条件

凡符合下列条件之一的，银行可受理借款人提出的借款展期申请：

(1)由于国家调整价格、税率或贷款利率等因素影响借款人经济效益，造成其现金流量明显减少，还款能力下降，不能按期归还贷款的；

(2)因不可抗拒的灾害或意外事故无法按期偿还贷款的；

(3)因受国家经济、金融、财政、信贷政策影响，银行原应按借款合同发放贷款而未按期发放贷款，影响借款人的生产经营，致使其不能按期还款的；

(4)借款人生产经营正常，贷款原定期限过短，不适应借款人正常生产经营周期需要的；

(5)本金无逾期的；

(6)其他符合银行信贷政策及有关规定的情况。

2. 贷款展期程序

(1)递交申请材料

不能按期归还贷款的借款人，应在贷款到期日前1个月提出申请，填写“借款展期申请书”，并提交相关材料。

(2)操作程序和有关要求

①贷款展期的受理、调查、审查、审批程序和有关要求依照信贷业务基本操作流程办理。

②信贷人员调查后，填写“贷款展期调查评价报告”一式两份，并附原客户信用评级报告、担保评价报告、信贷资产检查报告。

③原贷款是担保贷款的，须取得原保证人或抵押人、出质人的同意，或重新落实担保。

④经审批同意贷款展期的，及时与借款人签订“展期还款协议书”和担保合同；原担保合同约定自动展期的，可不再签。

⑤贷款展期后，信贷人员及时登录借款人、担保人的贷款卡(证)、信贷台账、中国人民银行信贷登记咨询系统及信贷管理信息系统等。

⑥贷款只能展期一次。短期贷款展期期限累计不得超过原贷款期限；中期贷款展期期限累计不得超过原贷款期限的一半；长期贷款展期期限累计不得超过3年。国家另有规定的除外。

⑦贷款的展期期限加上原期限达到新的利率期限档次时，从展期之日起，贷款利息按新的期限档次利率计收。

(四)不良信贷资产经营管理

不良信贷资产是指银行发放、提供信用以及承担信用风险而形成的到期未收或预计难以收回的信贷资产。不良信贷资产的经营管理是指对不良信贷资产进行专门的催收、处置和盘活的行为。不良信贷资产经营管理的对象主要是表内、外信贷业务形成的次级、可疑及损失类不良贷款(垫款)。

(1)日常管理：包括档案管理、资产检查、台账管理、诉讼时效管理等。

(2)法律手段追索：是指按照法律规定，通过采取诉讼、仲裁、申请支付令、申请债务人破产还债等途径，保全资产、实现债权的行为。

(3)贷款重组：是指银行通过与有关各方协商，对贷款各项要素的重新组合。重组中如需发放新的贷款，则按有关规定办理。贷款重组的方式有：①变更借款人；②调整担保方式；③减免表外利息；④上报上级主管部门特批债权豁免。

(4)收取抵债资产：是指银行在债务人、担保人无力以货币资金足额偿还债权时，通过与债务人达成的协议或法院裁决收取其他资产，抵偿贷款本息的行为。收取方式有协议收取和裁决收取。

(5)呆账资产核销：是指银行按照财政部《金融企业呆账准备提取及呆账核销管理办法》规定审核认定的确实无法收回的债权以及列入《全国企业兼并破产和职工再就业工作计划》的企业因实施破产、兼并等形成的债权损失，通过使用损失准备金，对呆账资产损失进行内部账务处理的行为。

（五）信贷档案管理

信贷档案指银行在信贷业务的受理、调查评价、审批、发放和贷后管理过程中形成的具有法律意义、史料价值及查考利用价值的资料，包括合同、文件、账表、函电、记录、图表、声像、磁盘等。信贷档案管理是指信贷档案资料的收集、整理、立卷归档和保管的过程。

1. 管理原则

信贷档案管理实行逐级建档、统一管理的原则。各级行负责收集和管理本级行的信贷档案，每笔信贷业务的全部档案资料原则上集中在经办行。

2. 管理部门

在贷款本息结清或信贷业务执行完毕以前，由信贷业务部门牵头负责信贷档案管理；在贷款本息结清或信贷业务执行完毕以后，统一移交档案部门管理。

各级行信贷业务部门应指定专（兼）职信贷档案管理人员，对信贷档案实行专柜保管，并负责本部门信贷档案的收集、整理、保管和移交归档工作。

3. 分类

根据信贷档案的形成和利用特点，信贷档案可分为管理类档案和经营类档案。

4. 保管期限

信贷档案的保管期限分永久和定期两种。各类信贷档案的保管期限如下：

（1）经营类信贷档案的保管期限。凡属于国家重点建设项目和具有史料价值的项目，应永久保管；属于一般大中型建设项目的，应保管 15 年；属于小型建设项目、流动资金贷款、个人贷款及其他信贷项目的，应保管 5 年。

（2）管理类信贷档案的保管期限为 5 年。

信贷档案的保管期限，从贷款本息结清或信贷业务执行完毕的下一年开始计算。

5. 操作程序

操作程序包括整理立卷、移交归档等步骤。

6. 档案资料的使用

各级行要建立档案借阅管理制度。办理档案借阅时，应按照档案保密和借阅管理制度，严格执行借阅范围和履行借阅手续，保证档案的完整和安全。

银行保存的各门类档案主要供本行内部使用；外单位人员借用时，需持单位介绍信，并经有关领导批准后方可借阅使用。

7. 清退销毁

对于保管期满的信贷档案，应由档案部门会同信贷业务部门共同组成的鉴定小组进行鉴定，提出存毁意见。对经鉴定需销毁的信贷档案，应按照总行的相关规定执行；对保管期满但仍具有一定查考利用价值的信贷档案，应视情况继续保管 3 年以上，确无保存价值时方可进行销毁。

房地产开发贷款的具体流程如图 3-1 所示。

第三节　房地产开发贷款的风险管理

房地产开发贷款风险是指房地产企业因各种原因不能按期归还或者不能部分或全部归还房地产开发贷款本金和利息，致使商业银行蒙受损失的可能性。在我国，随着房地产业的蓬勃发展，房地产开发贷款的规模越来越大，房地产开发贷款的风险也越来越高。如何控制

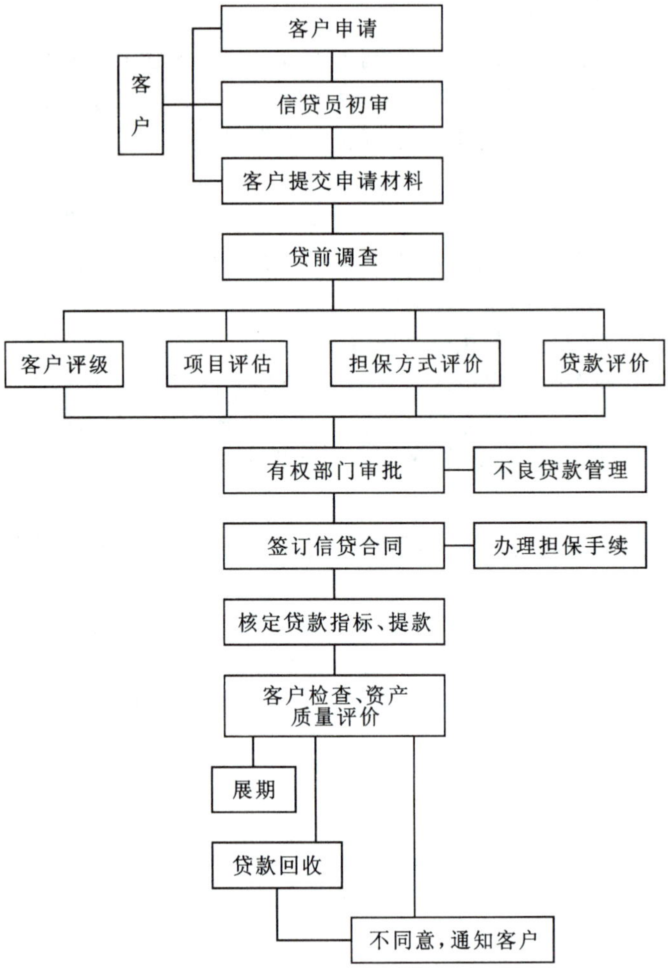

图 3-1　房地产开发贷款流程图

房地产开发贷款风险、提高资产质量，是当前商业银行所面临的重要课题。

一、房地产开发贷款风险的分类

根据风险形成的原因，可将房地产开发贷款的风险分成以下几种：

1. 市场风险

市场风险是指由于房地产项目的市场定价超过市场预期，以致不得不降价销售，从而造成房地产企业收入下降，还贷困难。这类风险主要体现在银行对项目的审贷初期和房地产项目的销售阶段，易受房地产行业经济“泡沫”的影响。

2. 技术性风险

技术性风险是指房地产信贷业务中因缺乏必要的审贷、监控以及财务、法律和专业技术支持而形成的风险因素。

3. 项目质量风险

项目质量风险是指房地产项目在建设过程中因选址、自然灾害、物业配备等因素的影响而出现质量问题，从而给银行带来相应的信贷风险。这类风险体现在房地产工程项目建设管理和项目的周围环境上。

4. 道德风险

道德风险是指因房地产开发贷款的有关当事人因道德因素而导致的信贷风险。道德风险通常出现在房地产企业和银行自身两个方面。房地产开发企业的骗贷行为主要有两种：一是企业通过关联企业资金串用简单开发项目工程，取得银行巨额贷款后携款走人；二是在房地产销售阶段，房地产企业伪造按揭合同，骗取银行贷款。银行方面主要体现在内部人对信贷资金的寻租行为和腐败行为上，即信贷参与人在得到发放信贷资金后取得“租金”的承诺或收受贿赂后故意放松对房地产项目的审贷力度和标准，或放松对该工程项目的贷后管理，从而滋生相应的风险。

5. 政策性风险

政策性风险是指由于政府的货币政策、财政政策及产业政策的变化给房地产开发企业带来的生产经营的不确定性及收入的波动。

二、房地产开发贷款风险管理的基本要求

为提高商业银行房地产贷款的风险管理能力，中国银监会在 2004 年 8 月 30 日制定发布了《商业银行房地产贷款风险管理指引》，对商业银行房地产贷款的风险管理提出了明确的要求：

(1)商业银行应建立房地产贷款的风险政策及其不同类型贷款的操作审核标准，明确不同类型贷款的审批标准、操作程序、风险控制、贷后管理以及中介机构的选择等内容。

(2)商业银行办理房地产业务，要对房地产贷款市场风险、法律风险、操作风险等予以关注，建立相应的风险管理及内控制度。

(3)商业银行应建立相应的监控流程，确保工作人员遵守上述风险政策及不同类型贷款的操作审核标准。

(4)商业银行应根据房地产贷款的专业化分工，按照申请的受理、审核、审批、贷后管理等环节分别制定各自的职业道德标准和行为规范，明确相应的权责和考核标准。

(5)商业银行应对内部职能部门和分支机构房地产贷款进行年度专项稽核，并形成稽核报告。

(6)商业银行对于介入房地产贷款的中介机构的选择，应着重于其企业资质、业内声誉和业务操作程序等方面的考核，择优选用，并签订责任条款，对于因中介机构的原因造成的银行业务损失应有明确的赔偿措施。

(7)商业银行应建立房地产行业风险预警和评估体系，对房地产行业市场风险予以关注。

(8)商业银行应建立完善的房地产贷款统计分析平台，对所发放贷款的情况进行详细记录，并及时对相关信息进行整理分析，保证贷款信息的准确性、真实性、完整性，以有效监控整体贷款状况。

(9)商业银行应逐笔登记房地产贷款详细情况，以确保该信息可以准确录入银行监管部门及其他相关部门的统计或信贷登记咨询系统，以利于各商业银行之间、商业银行与社会征信机构之间的信息沟通，使各行充分了解借款人的整体情况。

三、房地产开发贷款风险管理的具体内容

（一）土地储备贷款的风险管理

（1）商业银行对资本金没有到位或资本金严重不足、经营管理不规范的借款人不得发放土地储备贷款。

（2）商业银行发放土地储备贷款时，应对土地的整体情况进行调查分析，包括该土地的性质、权属关系、测绘情况、土地契约限制、在城市整体综合规划中的用途与预计开发计划是否相符等。

（3）商业银行应密切关注政府有关部门及相关机构对土地经济环境、土地市场发育状况、土地的未来用途及有关规划、计划等方面的政策和研究，实时掌握土地价值状况，避免由于土地价值虚增或其他情况而导致的贷款风险。

（4）商业银行应对发放的土地储备贷款设立土地储备机构资金专户，加强对土地经营收益的监控。

（二）房地产开发贷款的风险管理

（1）商业银行对未取得国有土地使用证、建设用地规划许可证、建设工程规划许可证、建筑工程施工许可证的项目不得发放任何形式的贷款。

（2）商业银行对申请贷款的房地产开发企业，应要求其开发项目资本金比例不低于35％。

（3）商业银行在办理房地产开发贷款时，应建立严格的贷款项目审批机制，对该贷款项目进行尽职调查，以确保该项目符合国家房地产发展总体方向，有效满足当地城市规划和房地产市场的需求，确认该项目的合法性、合规性、可行性。

（4）商业银行应对申请贷款的房地产开发企业进行深入调查审核，包括企业的性质、股东构成、资质信用等级等基本背景，近三年的经营管理和财务状况，以往的开发经验和开发项目情况，与关联企业的业务往来等。对资质较差或以往开发经验较差的房地产开发企业，贷款应审慎发放；对经营管理存在问题、不具备相应资金实力或有不良经营记录的房地产开发企业，贷款发放应严格限制；对于依据项目而成立的房地产开发项目公司，应根据其自身特点对其业务范围、经营管理和财务状况，以及股东和关联公司的上述情况、彼此间的法律关系等进行深入调查审核。

（5）商业银行应严格落实房地产开发企业贷款的担保，确保担保真实、合法、有效。

（6）商业银行应建立完备的贷款发放、使用监控机制和风险防范机制。在房地产开发企业的自有资金得到落实后，可根据项目的进度和进展状况，分期发放贷款，并对其资金使用情况进行监控，防止贷款挪作他用。同时，积极采取措施应对项目开发过程中出现的项目自身的变化、房地产开发企业的变化、建筑施工企业的变化等，及时发现并制止违规使用贷款情况。

（7）商业银行应严密监控建筑施工企业流动资金贷款的使用情况，防止用流动资金贷款为房地产开发项目垫资。

（8）商业银行应对有逾期未还款或有欠息现象的房地产开发企业销售款进行监控，在收回贷款本息之前，防止将销售款挪作他用。

（9）商业银行应密切关注房地产开发企业的开发情况，确保对购买主体结构已封顶住房

的个人发放个人住房贷款后，该房屋能够在合理期限内正式交付使用。

(10)商业银行应密切关注建筑工程款优于抵押权受偿等潜在的法律风险。

(11)商业银行应密切关注国家政策及市场的变化对房地产开发项目的影响，利用市场风险预警预报机制、区域市场分类的指标体系，建立针对市场风险程度和风险类型的阶段监测方案，并积极采取措施化解因此产生的各种风险。

(三)"三不贷"和"三挂钩"

2010年4月，中国银监会为抑制房地产市场泡沫，要求银行业金融机构对于房地产开发贷款和土地储备贷款实行"三不贷"和"三挂钩"。

"三不贷"是指对国土管理部门查处的，有闲置土地、有炒地倒卖行为的房地产企业不予贷款；对建设部门查处的捂盘惜售、囤积房源、哄抬房价的房地产商不予贷款；对有挪用银行贷款来缴纳土地出让金的房地产企业不予贷款。

"三挂钩"是指"地贷挂钩"、"建贷挂钩"和"房贷挂钩"，即银行发放土地储备贷款要将"地贷挂钩"，只有银行在合理评估房地产企业整治的土地价格后，才会予以贷款；"建贷挂钩"是指房地产企业需要将在建工程抵押给银行，由银行监督销售；"房贷挂钩"是指房地产企业需要按照销售房屋进度来偿还银行贷款。

"三不贷""三挂钩"首次明确强调银行监管房地产开发商在土地、开发、销售中的各个环节，对于开发商利用贷款将起到规范的作用。

四、"三个办法、一个指引"

中国银监会借鉴国际先进的信贷管理经验和良好做法，结合我国银行业实际情况，制定了《固定资产贷款管理暂行办法》、《流动资金贷款管理暂行办法》、《个人贷款管理暂行办法》和《项目融资业务指引》，对贷款管理全流程进行规范。其主要内容和特点是：

1. 实行"贷放分控"。贷款的获批和发放并不同步。改变过去传统的贷款获批后即将贷款资金发放到借款人账户的做法，借款人只有在向商业银行提出贷款使用申请后，商业银行再发放贷款，从而有助于减少贷款资金闲置、提高贷款资金使用效率和防止贷款被借款人挪用。

2. 实行"实贷实付"

一方面，借款人必须按照实际需求申请贷款，商业银行则按照实际需求发放相应金额的贷款；另一方面，贷款支付将改变过去支付给借款人的方式，而原则上采取贷款人受托支付的方式，即由贷款人直接支付给第三方。这样既能够满足借款人的实际贷款需求，又能够监控贷款的最终用途，确保贷款不被借款人挪用。

3. 强化贷款合同或协议的约束作用

强化贷款合同或协议约束借贷双方权利、义务和责任的作用，借款人申请贷款应恪守诚实守信原则，全面、及时地向贷款人提供真实财务信息，不得挪用贷款；贷款人应通过合同或协议条款加以明确和防范，并根据合同或协议中借贷双方的承诺追究相关责任。

4. 实施贷款全流程管理

贷款人应按照要求对贷款流程的尽职调查、风险评价、审批、合同签订、贷款发放和支付、贷后管理、不良贷款处置等各个环节提出管理要求，建立问责机制，对贷款实施全流程管理，提高贷款管理的精细化程度，促进商业银行"流程银行"建设。

5. 明确贷款管理的法律责任

根据《中华人民共和国银行业监督管理法》的有关审慎监管规定，对贷款管理中未按规定进行贷款支付、超越权限或不按规定审批贷款和违法违规发放贷款等未尽职和违法违规行为，明确相应的处罚规定，以督促商业银行落实贷款全流程管理的有关要求。

"三个办法、一个指引"是我国信贷管理制度中的一项制度性、革命性变革，是对我国银行业监管法规体系的进一步完善。它有助于改变商业银行传统的粗放型信贷管理方式，提高贷款管理水平，有效防范信用风险，促进银行业平稳健康发展。

【资料3-1】

中国工商银行关于房地产开发贷款的简要规定

住房开发贷款

一、产品概念

住房开发贷款是指银行向借款人发放的用于住房及其配套设施建设的贷款。

二、借款人条件

(一)经工商行政管理部门核准登记的企业法人；

(二)产权清晰、法人治理结构健全、经营管理规范、财务状况良好；

(三)具有贷款证，并在我行开立基本账户或一般账户；

(四)借款人为综合性房地产开发企业的，房地产开发资质应为三级(含)以上，实收资本不低于1000万元；

(五)借款人为项目公司的，应具备房地产开发资质，实收资本不低于1000万元；

(六)借款人为外商投资企业的，注册资本应符合国家相关规定；

(七)信用良好，具有按期偿还贷款本息的能力；

(八)我行要求的其他条件。

三、贷款项目条件

(一)已纳入国家或地方建设开发计划，其立项或备案文件合法、完整、真实、有效；

(二)具备"国有土地使用证""建设用地规划许可证""建设工程规划许可证""建设工程施工许可证"；

(三)普通商品住房项目的资本金不低于项目总投资的20%，其他商品住房项目的资本金不低于项目总投资的30%，且能够在使用银行贷款之前投入项目建设；

(四)我行要求的其他条件。

四、贷款方式

住房开发贷款应采取抵押、质押担保方式，对无法提供抵(质)押担保或抵(质)押担保能力不足的部分可采取保证担保方式，贷款担保须合法、充足、有效。

五、贷款期限与利率

(一)贷款期限一般不超过 3 年。

(二)贷款利率执行中国人民银行的有关规定。

商用房开发贷款

一、产品概念

商用房开发贷款是指银行向借款人发放的用于宾馆(酒店)、写字楼、商场等商用项目及其配套设施建设的贷款。

二、借款人条件

(一)经工商行政管理部门核准登记的企业法人;

(二)产权清晰、法人治理结构健全、经营管理规范、财务状况良好;

(三)具有贷款证,并在我行开立基本账户或一般账户;

(四)借款人为综合性房地产开发企业的,房地产开发资质应为二级(含)以上,实收资本不低于 10000 万元或所有者权益不低于 20000 万元;

(五)借款人为项目公司的,应具备房地产开发资质,实收资本或所有者权益不低于 5000 万元,其控股公司实收资本或所有者权益应符合上述第(四)款规定;

(六)借款人为外商投资企业的,注册资本金应符合国家相关规定;

(七)信用良好,具有按期偿还贷款本息的能力;

(八)我行要求的其他条件。

三、贷款项目条件

(一)已纳入国家或地方建设开发计划,其立项或备案文件合法、完整、真实、有效;

(二)具备“国有土地使用证”“设用地规划许可证”“建设工程规划许可证”“建筑工程施工许可证”;

(三)项目资本金不低于项目总投资的 30%,且能够在使用银行贷款之前投入项目建设;

(四)地处商业繁华地段或中心商务区,地理位置优越,交通便利,规划设计合理,配套设施齐全;

(五)项目预期市场前景良好,项目预期净现金流量充裕,贷款还款来源稳定、可靠;

(六)我行要求的其他条件。

四、贷款方式

商用房开发贷款应采取抵押、质押担保方式,对无法提供抵(质)押担保或抵(质)押担保能力不足的部分可采取保证担保方式,贷款担保须合法、充足、有效。

五、贷款期限与利率

（一）项目全部用于出租、自营的，贷款期限最长不得超过15年(含)；项目全部或部分用于出售、转让的，贷款期限最长不得超过8年(含)。

（二）贷款利率执行中国人民银行的有关规定。

土地储备贷款

一、产品概念

土地储备贷款是指银行向借款人发放的用于土地收购、整理和储备的贷款。

二、借款人条件

（一）借款人为土地储备中心等事业法人的，须同时符合以下条件：

1. 经省、市级人民政府批准成立，经工商行政管理部门或主管部门核准登记，专门从事土地收购、整理和储备的事业法人；
2. 经营管理规范，财务状况良好，信用良好，具备按期偿还贷款本息的能力；
3. 具有贷款卡，并在我行开立基本账户或一般账户；
4. 我行要求的其他条件。

（二）借款人为房地产开发公司等企业法人的，须同时符合以下条件：

1. 受政府委托依法承担土地收购、整理及储备职能，经工商行政管理部门核准登记的企业法人；
2. 具备二级(含)以上房地产开发资质；
3. 企业净资产5亿元(含)以上，实收资本5000万元(含)以上；
4. 经营管理规范，财务状况良好，信用良好，具备按期偿还贷款本息的能力；
5. 具有贷款卡，并在我行开立基本账户或一般账户；
6. 借款人为新建房地产开发企业的，其控股股东应符合上述规定条件，同时借款人应具备房地产开发资质，实收资本5000万元(含)以上；
7. 我行要求的其他条件。

三、贷款项目条件

（一）符合有权部门批准的城市规划和土地利用总体规划，已纳入当地政府的年度土地储备计划，项目实施方案报经同级人民政府批准；

（二）贷款用于收购、整理和储备的土地应为有偿出让土地；

（三）项目地理位置优越，具备开发建设条件，有较大增值潜力，具有良好的出让前景；

（四）项目资本金不低于土地收购、整理和储备总成本的30%，且在贷款发放前足额到位；

（五）我行要求的其他条件。

四、贷款方式

借款人申请土地储备贷款应提供我行认可的有效担保。

五、贷款期限与利率

(一)贷款期限原则上不超过 2 年。
(二)贷款利率执行中国人民银行的有关规定。

经济适用住房开发贷款

一、产品概念

经济适用住房开发贷款是指银行向借款人发放的专项用于经济适用住房项目开发建设的贷款。

二、借款人条件

(一)经工商行政管理部门核准登记的企业法人;
(二)产权清晰、法人治理结构健全、经营管理规范、财务状况良好;
(三)具有贷款证,并在我行开立基本账户或一般账户;
(四)具备房地产开发资质,实收资本不低于 1000 万元;
(五)信用良好,具有按期偿还贷款本息的能力;
(六)我行要求的其他条件。

三、贷款项目条件

(一)已列入当地经济适用住房年度建设投资计划和土地供应计划,能够进行实质性开发建设;
(二)已取得建设项目所需的“国有土地使用证”“建设用地规划许可证”“建设工程规划许可证”“建设工程施工许可证”;
(三)项目资本金不低于项目总投资的 20%,且能够在使用银行贷款之前投入项目建设;
(四)我行要求的其他条件。

四、贷款方式

借款人申请经济适用住房开发贷款应提供我行认可的有效担保。

五、贷款期限与利率

(一)贷款期限一般不超过 3 年,最长不超过 5 年。
(二)贷款利率执行中国人民银行的有关规定。

廉租住房建设贷款

一、产品概念

廉租住房建设贷款是指银行向借款人发放的用于支持廉租住房新建、改建的贷款。

二、借款人条件

（一）经工商行政管理部门核准登记的企业法人；
（二）产权清晰、法人治理结构健全、经营管理规范、财务状况良好；
（三）具有贷款证，并在我行开立基本账户或一般账户；
（四）具备房地产开发资质；
（五）信用良好，具有按期偿还贷款本息的能力；
（六）我行要求的其他条件。

三、贷款项目条件

（一）已纳入政府年度廉租住房建设计划，并按规定取得政府有关部门的批准文件。

（二）已与政府签订廉租住房回购协议。

（三）新建廉租住房建设项目已取得所需的"国有土地使用证""建设用地规划许可证""建设工程规划许可证""建设工程施工许可证"；改建廉租住房建设项目已取得有关部门颁发的许可文件。

（四）新建廉租住房项目资本金不低于项目总投资的 20%；改建廉租住房项目资本金不低于项目总投资的 30%。

（五）我行要求的其他条件。

四、贷款方式

廉租住房建设贷款采取抵押、质押担保方式，对无法提供抵（质）押担保或抵（质）押担保能力不足的部分可采取保证担保方式，贷款担保须合法、充足、有效。

五、贷款期限与利率

（一）贷款期限最长不超过 5 年；
（二）贷款利率执行中国人民银行的有关规定。

本章小结

房地产开发贷款是指金融机构对房地产开发企业发放的用于地产、房产（包括住房、商业用房和其他房产）开发建设的中长期项目贷款。

房地产开发贷款的贷款人是各类银行业金融机构。房地产开发贷款的借款人为经工商行政管理机关（或主管机关）核准登记的房地产开发企业和利用单位自有土地建设经济适用住房的企（事）业法人。

按照开发内容的不同，房地产开发贷款可以划分为地产开发贷款和房产开发贷款；按照房产开发对象的不同，房地产开发贷款可以划分为住房开发贷款、商用房开发贷款、经济适用住房开发贷款、廉租住房建设贷款；按照贷款有无担保，房地产开发贷款可以划分为信用贷款、担保贷款。房地产开发贷款按期限长短划分为短期贷款、中期贷款和长期贷款。房地产开发贷款期限一般不超过 3 年，个别种类的贷款期限最长不得超过 15 年。

银行开展房地产开发贷款业务的操作程序可分为受理、调查评价、审批、贷款发放、贷后管理五个环节。受理阶段主要包括客户申请、资格审查、提交材料、初步审查等操作环节。调查评价包括客户信用评级、项目评估、担保评价三部分内容。审批包括报批材料合规性审查和审批。贷款发放包括五个步骤:一是落实贷前条件;二是签订合同;三是落实用款条件;四是支用;五是信贷登记。贷后管理包括对信贷资产的检查、回收、贷款展期、不良信贷资产经营管理及信贷档案管理等内容。

根据风险形成的原因,可将房地产开发贷款的风险分为市场风险、技术性风险、项目质量风险、道德风险和政策性风险。

关键概念

房地产开发贷款 Real estate development loan

信用贷款 Fiduciary loan 担保贷款 Guaranteed loan 正常贷款 Normal loan

房地产开发贷款风险 Real estate development loan risk

课堂讨论

1. 商业银行向开发商发放房地产开发贷款,借款人(开发商)可能有哪些原因会拖欠归还贷款?

2. 从房地产开发贷款角度谈谈如何控制商品房价格过快上涨。

思考与练习

一、填空题

1. 按照开发内容的不同,房地产开发贷款可以划分为________开发贷款和________开发贷款。

2. 在贷款期限截止日前,信贷人员应向借款人发送“________”,督促借款人主动归还贷款。

3. 因不可抗拒的灾害或意外事故无法按期偿还贷款的,银行可受理借款人提出的________申请。

4. 短期贷款展期期限累计不得超过________,中期贷款展期期限累计不得超过________,长期贷款展期期限累计不得超过________年。

5. 根据风险形成的原因,可将房地产开发贷款的风险分为________、________、________、________和________。

二、单项选择题

1. 下列不具备房地产开发贷款资格的银行是( )。

A. 中国建设银行 B. 中国农业银行 C. 中国银行 D. 中国进出口银行

2. 中国工商银行规定:住房开发贷款的贷款期限一般不超过( )年。

A. 2 B. 3 C. 4 D. 5

3. 下列贷款中出现贷款损失的概率为3%的是(　　)。

A. 正常贷款　B. 次级贷款　C. 关注贷款　D. 可疑贷款

4. 下列贷款中出现贷款损失的概率为60%的是(　　)。

A. 正常贷款　B. 关注贷款　C. 次级贷款　D. 可疑贷款

5. 房地产开发贷款的受理过程应在(　　)个工作日内完成。

A. 3　B. 5　C. 7　D. 10

三、多项选择题

1. 按开发对象的不同，房地产开发贷款可以划分为(　　)。

A. 住房开发贷款　B. 商用房开发贷款

C. 经济适用住房开发贷款　D. 廉租住房建设贷款

2. 根据新的贷款分类管理方法，不良贷款是指(　　)。

A. 次级贷款　B. 关注贷款　C. 可疑贷款　D. 损失贷款

3. 房地产开发类贷款的调查评价包括(　　)三部分内容。

A. 客户信用评级　B. 项目评估　C. 资格审查　D. 担保评价

4. 贷后管理包括(　　)等内容。

A. 对信贷资产的检查　B. 回收贷款

C. 贷款展期　D. 不良资产管理

5. "三挂钩"是指(　　)。

A. "地贷挂钩"　B. "建贷挂钩"　C. "信贷挂钩"　D. "房贷挂钩"

四、简答题

1. 房地产开发贷款的发放包括哪些步骤?

2. 房地产开发贷款的贷后管理应包括哪些方面?

3. 房地产开发贷款风险如何分类?

实践与训练

实训项目:作为房地产开发商，完成一项房地产开发贷款的申请。

实训目的:通过房地产开发贷款的模拟，了解和熟悉申请房地产开发贷款的程序及要注意的事项。

实训步骤:

(1)同学分组。分为两个大组，甲组为房地产开发商，乙组为银行，各组内部再作细的分工。

(2)进行房地产开发贷款模拟操作。甲组主要流程:组织材料—提交申请—接受贷款—使用贷款—贷款本利偿还。乙组主要流程:受理申请—调查评价—审批—发放贷款—贷后管理。

(3)各组总结贷款流程的特点和注意事项。

案例分析

房地产开发贷款案例介绍——北京新大都房地产

一、企业基本情况

北京新大都房地产开发公司的注册资本为2亿元人民币，公司年销售额突破100亿元，成为大型综合类房地产开发企业。其自成立以来，开发建设了商品房、经济适用房、写字楼及别墅等多种类型项目，积累了丰富的开发经验，在北京房产市场中占有一定的市场份额。其开发建设的商品房有新大都花园、新大都总部公寓、天坛新大都公馆等；开发建设的公寓写字楼有新大都国际、新大都科技中心、新大都国际公寓、新大都大厦、新大都之星、新大都世纪，公司目前现有土地储备超过100万平方米。

北京新大都房地产开发公司正在开发的项目——北京新大花园介绍如下。

(1)项目规模：北京新大花园项目位于北京南三环刘家窑环岛，项目总规划建筑面积约为40万平方米，其中一期两栋楼的总建筑面积为5.29万平方米，已全部售罄。本次向银行申请开发贷款为二期工程，共两栋楼，总建筑面积为5.9万平方米。

(2)位置及周边设施：北京新大花园项目位于丰台区宋家庄，项目地理位置优越，周边商业设施有中国建设银行、中国工商银行、大中电器、苏宁电器等；距方庄核心餐饮街仅500米，有顺峰酒楼、金山城酒楼、元太祖烤肉城、金鼎轩酒楼等许多著名老字号饭庄及肯德基、必胜客、麦当劳、好伦哥等现代快餐店，商务环境较佳。

(3)项目资金情况分析：该项目总投资25亿元，其中企业自筹资金16亿元，尚有9亿元资金缺口，通过银行贷款解决。该项目已取得四证，公司累计投入9.3亿元，已完成全部地下部分和地上一层主体结构。

二、银行切入点分析

(一)项目收益分析

1. 可以带来可观按揭业务

北京新大都房地产开发公司凭借其自身雄厚的实力和优异的业绩，在北京地区成功打造出了“新大”品牌，在同行业中具有明显领先地位。

北京新大花园项目A9、A12、A3、A5可销售面积达到4万平方米，销售价格总计为6亿元，足以覆盖银行开发贷款额度。为配合银行此笔开发贷款投放，北京新大都房地产开发公司承诺将其下属公司——北京新大蓝天房地产开发公司开发建设的富丁堡写字楼指定给银行进行按揭。该项目的建筑面积为8.8万平方米，销售均价为2.2万元/平方米，销售总价为19.36亿元，目前该项目已经封顶，预计仅富丁堡项目银行可获得10亿元按揭贷款业务。

2. 可以促进储蓄业务

同时北京新大都房地产开发公司旗下一项目公司获批在菜市口进行一级土地开发项目，占地面积为6.5万平方米，涉及拆迁户1200户，拆迁居民2500人、房屋1600间，总共拆迁面积为4.25万平方米，预计发放拆迁款8亿元，可以争取将拆迁款发放由银行承担，银行可以增加2亿～3亿元个人储蓄存款。

（二）风险控制分析

该公司为规范大型房地产开发公司，创建伊始即从事住宅及相关房地产项目的开发建设，在业内具有较好市场声誉，经过多年的市场磨砺，年开复工面积超过百万平方米，销售额超过350亿元。公司具备完善的财务机制，管理规范，可以按银行要求进行财务监管。

银行通过提供一定开发贷款切入企业，撬动可观按揭贷款。为控制融资风险，需要整个项目封闭运作，开发商将项目土地及地上建筑物全部抵押给银行。在达到按揭贷款条件后，银行发放按揭贷款，归还银行开发贷款，银行同步对抵押部分进行解押，由开发商作为抵押主体变更为购房客户抵押，顺利将开发贷款转换成按揭贷款，银行贷款实现低风险运行。

银行经办人员对项目周边同等品质楼盘进行了解，贷款项目在售价上具有一定优势。周边楼盘平均销售价格为8000元/平方米左右，项目销售计划价格为7000元/平方米，价格优势明显，该地段交通便利、周边设施完善，因此对该项目销售持乐观态度。

综上所述，凭该公司自身实力及良好信用，结合项目预期销售状况以及贷款封闭运作的安全性，可以保证公司如期归还银行贷款。

三、业务流程

1. 北京新大都房地产开发公司向银行提出流动资金借款申请，双方约定北京新大都房地产开发公司在银行办理按揭贷款，授权银行可以扣划按揭贷款归还开发贷款。

2. 银行对北京新大都房地产开发公司进行审查，同时要求对拟抵押的土地（房屋）进行评估；担保方式下，审查担保人的履约能力。

3. 银行同意贷款，北京新大都房地产开发公司对拟抵押的土地（房屋）办理保险，受益人为贷款银行。

4. 北京新大都房地产开发公司在房屋土地管理局办理抵押登记手续。在房屋有承租人的情况下，北京新大都房地产开发公司须将此情况告知承租人。

5. 银行发放开发贷款并监督北京新大都房地产开发公司对信贷资金的使用。

6. 等到房地产项目具备销售条件，符合银行按揭贷款要求时，北京新大都房地产开发公司指定银行为按揭银行，北京新大都房地产开发公司提供按揭购房人信息。

7. 银行对购房客户发放住房按揭贷款，资金直接进入北京新大都房地产开发公司账户。

8. 根据协议约定，银行从北京新大都房地产开发公司账户扣收一部分款项用于归还本行开发贷款。

银行通过为公司提供2年期人民币1亿元贷款，可获得一定的按揭业务，收益显著。开始合作一年后，仅5个月时间该项目就为银行带来了8000万元的按揭业务。

思考题：

1. 银行在发放房地产开发贷款时主要考虑的是什么？
2. 在本案例中，银行是如何将房地产开发贷款与商品房按揭贷款有机结合起来的？

第四章 住房抵押贷款

学习目标

1. 掌握住房抵押贷款的含义及住房抵押合同的构成要素。
2. 掌握住房抵押贷款的种类。
3. 理解住房抵押合同中的各项重要条款。
4. 了解一手楼住房抵押贷款的运作。
5. 掌握二手楼住房抵押贷款的运作。

第一节 住房抵押贷款的原理与种类

一、住房抵押贷款的原理

(一)抵押与住房抵押贷款的含义

1. 抵押与抵押权的概念

抵押是指债务人或者第三方在不转移对其合法拥有的财产占有的前提下,将该财产作为保证履行债务的担保从而取得融资支持的行为。抵押是在债务人和债权人都认为比较公平合理的前提下,为确保债务按时清偿而实行的一种有价担保行为。抵押物一般为易于保存或变卖的商品,如股票、债券、房地产等。在约定的偿债期(抵押期)内,债务人拥有财产的占有使用权,可以从事生产经营和消费活动。债权人在债务清偿之前拥有限制性物权,即并不能实际占有和支配抵押财产,只有当债务人不能按期还清债务时,债权人才有权依照有关法律的规定,从抵押财产折价或者拍卖、变卖价款中优先受偿,这种权利被称作抵押权。因此,在财产抵押关系中,债权人又被称为抵押权人,而债务人或者第三人即财产所有人则被称为抵押人,作为担保之用的财产被称为抵押物。

抵押权具有如下特征:

(1)它是从属于主债权的担保物权。抵押权的成立以所担保的债权的成立为前提,随所担保的债权的转移而转移,随所担保的债权的消失而消失。

(2)不可分割性。一是当债权的一部分受偿时,抵押权人仍可就其余未受偿的债权对抵押物的全部行使抵押权;二是抵押物发生分割或部分转让时,抵押权人仍可对抵押物的全部行使抵押权;三是被担保债权发生分割时,抵押权不因此而分割。

(3)优先受偿性。当同一债务有多项债权时,抵押权所担保的债权必须优先清偿。即只有在抵押权人受偿后,抵押物仍有剩余变现价值时,无抵押权的债权人才可受偿。

(4)追及性。若抵押人擅自转让抵押物,抵押权人可以追及该抵押物并继续行使抵押权。

2. 住房抵押贷款的概念

住房抵押贷款，即我国所谓的住房按揭贷款，是指具有完全民事行为能力的自然人购买城镇住房时，以其所购买的住房为抵押物，作为偿还贷款的担保而向银行或其他房地产金融机构申请的住房商业性贷款。

购房人向银行等金融机构申请长期贷款，并承诺以年金的形式定期偿付贷款本息。当借款人违约时，贷款人有权取消借款人对抵押住房的赎回权，并将抵押住房拍卖，从中获得补偿。

（二）住房抵押贷款合同的构成要素

住房抵押贷款合同涉及的问题较复杂，其构成要素主要有如下几个：

1. 抵押物

随着土地使用权的取得方式不同，房地产抵押对抵押物的要求也不同。《中华人民共和国城市房地产管理法》规定："依法取得的房屋所有权连同该房屋占有范围内的土地使用权，可以设定抵押权。以出让方式取得的土地使用权，可以设定抵押。"从上述规定看，房地产抵押中可以作为抵押物的条件包括两个基本方面：一是依法取得的房屋所有权连同该房屋占用范围内的土地使用权同时设定抵押权。对于这类抵押，无论土地使用权来源于出让还是划拨，只要房地产权属合法，即可将房地产作为统一的抵押物同时设定抵押权。二是以单纯的土地使用权抵押的，也就是在地面上尚未建成建筑物或其他地上定着物时，以取得的土地使用权设定抵押权。对于这类抵押，设定抵押的前提条件是土地必须是以出让方式取得的。

《中华人民共和国担保法》及其他相关法律规定，以下房地产不能设定抵押：

（1）权属有争议或不清的房地产；

（2）用于教育、医疗、市政等公共福利事业的房地产；

（3）列入文物保护的建筑物和有重要纪念意义的其他建筑物；

（4）已依法公告列入国家建设征用拆迁范围的房地产；

（5）被依法查封、扣押、监管或者已采取其他形式限制的房地产；

（6）未依法登记领取权属证书的房地产；

（7）未经中国注册会计师确认已缴足出资额的外商投资企业的房地产；

（8）行政机构所有的房地产，政府所有、代管的房地产；

（9）耕地、宅基地、自留地、自留山等集体所有的土地使用权，但法律允许抵押的除外；

（10）划拨土地使用权。

2. 抵押率

银行在承办住房抵押贷款业务时，一般都要求借款人按照抵押住房价值的一定比例事先缴存一笔首期款，余下的再用贷款补足。银行的实际贷款额度占抵押物价值的比例称为抵押率。

银行在确定抵押率时通常会考虑以下因素：一是被抵押住房的新旧程度。住房越新，抵押率越高；反之则越低。二是抵押住房所处的区位环境，包括地理位置、交通、公共设施以及自然和人文条件等。区位环境好的住房，增值能力强，比较容易变现，抵押率一般就会较高。三是楼房单位特征。一般分散的小单位楼房易于处分，风险小，银行愿意给予较高的抵押率。

银行的抵押率一般都有上限规定，如我国香港地区新建住房的抵押率一般可达90%，按揭年限在5年以下者可达85%，5～10年者可达80%；经济发达国家的抵押率大多数在80%左右；目前我国内地规定抵押率不超过80%。

3. 贷款利率

贷款利率是住房抵押贷款价格的直接表现形式。在市场经济环境下，住房抵押贷款的利率是供求双方市场竞争的结果。决定抵押贷款利率的因素包括融资成本、贷款条件、借款人的信用水平等。

(1)融资成本是银行信贷资金的成本，它包括存款的利息支出和有关融资费用等。贷款利息必须高于融资成本，否则银行就会亏损。

(2)贷款条件包括贷款额度、期限、抵押物状况、还款方式等。不同的贷款条件对应的风险程度不同，银行要求的贷款利率也就不同，如贷款期限越长，贷款利率要求越高。

(3)借款人的收入稳定、个人信用优良，贷款利率一般就低。

我国的个人住房抵押贷款利率是按中央银行颁布的法定利率进行调整而得来的。

4. 贷款期限

贷款期限由借贷双方协商确定。贷款期限长短的确定取决于购房者的还款能力及其投资偏好。对于购房者而言，应根据实际情况合理选择贷款期限。贷款期限越长，则每月还款额越低，负担相对轻；反之，期限越短，则每月还款额越高，负担相对较重。对银行而言，年人均收入水平和住房价值等都是商业银行设计贷款期限的主要参考指标。根据有关法规，我国贷款期限最长不超过30年。

银行在具体确定每笔贷款的还款期限时考虑的因素主要有：

(1)预期购房者的每月收入水平。根据发达国家住房贷款的经验，月均还款额占月收入水平的15%～50%比较合适，超过50%以后，购房者的日常生活及消费水平将受到不利影响。

(2)抵押住房价值。抵押住房自身的特征和价值与贷款期限有着密切的关系。一般来说，新房或者位置、环境、设施等各方面条件较好的住房的市场价值较高，贷款期限也就比较长；反之，贷款期限较短。

(3)楼龄。楼龄越长，贷款期限越短。

(4)借款人的年龄。商业银行一般不会向35岁以上的人提供25年以上(不含)的贷款，这是因为考虑到借款人退休年龄一般为60岁，60岁以后就不再有稳定的工资收入，而35岁时获得25年期的贷款，还清贷款正好是60岁。至于借款人方面，多数人都希望尽量缩短还款期限，以减轻利息负担和心理压力。

5. 还款方式

还款方式主要是指贷款本金和利息的偿付方式。在贷款利率相同的情况下，还款方式不同，不仅借款人的利息成本会有所差异，借贷双方承担的风险也会不同。

还款方式多种多样，归纳起来主要有以下几种：分期偿还利息，到期一次还清本金；分期固定还本法；分期本息完全均付法；分级递增(或递减)偿付法；等等。采取何种还款方式，要综合考虑借款人的要求、偿付能力、通货膨胀与利率预期等因素，由借贷双方共同协商确定。

6. 抵押物的占管与处分

占管包含占用和管理两方面内容。房地产的不可移动性决定了房地产只能由抵押人占管，抵押权人保管房地产的产权证书及其他证明文件。在抵押期内，若抵押人有减损所占管的房地产价值的行为，抵押权人有权要求其提供其他等价财产充当抵押物。如果抵押物的灭失或价值降低是因第三人违法行为所致，抵押权人有权享有从第三人支付的赔偿中优先受偿的权利。在抵押期内，抵押人未征得抵押权人的同意，不得擅自将抵押物拆除、出售、出租、赠与、再抵押或以其他方式处置；只有在征得抵押权人同意，而且明确了偿还抵押贷款本息的责任和方式之后，才可处置。

抵押权人在下列情形下可以行使处分或提前处分抵押物的权利：

(1)贷款合同期届满，抵押人未按期还清债务；

(2)抵押人死亡或被宣告死亡或失踪而无人代其履行债务；

(3)继承人或受赠人或代管人拒不履行债务；

(4)抵押人被宣告解散或破产。

抵押权人可以对抵押物采取以下处分方式：

(1)申请在当地房地产市场公开拍卖；

(2)委托房地产交易市场出售；

(3)经当地房地产管理部门同意的其他方式。

其中拍卖是最常见的方式。

处分收入按以下顺序进行分配：

(1)支付处分抵押物的费用；

(2)扣除抵押物应缴纳的税费；

(3)偿还所欠抵押权人的贷款本金、利息以及违约金；

(4)退还抵押人已付首付款部分；

(5)最后仍有剩余则交还抵押人。

若处分收入不足以偿还所欠债务本息，抵押权人有权向抵押人另行追索。

二、住房抵押贷款的种类

根据房地产金融的发展，可将住房抵押贷款分成常见的住房抵押贷款与创新的住房抵押贷款两大类。

(一)常见的住房抵押贷款

根据贷款利率是否可以调整，住房抵押贷款可以分为固定利率抵押贷款(Fix Rate Mortgage，FRM)和可调利率抵押贷款(Adjustable Rate Mortgage，ARM)两种类型。其中，由于具体的还款方式不同，这两类住房抵押贷款各自又衍生出许多中间品种。

1. 固定利率抵押贷款

固定利率抵押贷款是指预先确定了利率和分期还款期限的抵押贷款方式。如果还款额本身锁定的话，这个类型的贷款大多数都实行“等额还款”，这也是长期商业贷款中最常见的抵押贷款类型。固定利率抵押贷款主要有两种：固定还本抵押贷款(Constant Amortization Mortgage，CAM)和完全均付抵押贷款(Constant Payment Mortgage，CPM)。

国内将固定还本的抵押贷款称为“等额本金还款”，将完全均付的抵押贷款称为“等额本息还款”。按照我国商业银行的规定：贷款期限在 1 年以内(含 1 年)的，实行到期一次还本付息，利随本清；贷款期限在 1 年以上的，可选择等额本息法、等额本金法来归还贷款本息。借款人可以根据需要选择还款方法，但一笔借款合同只能选择一种还款方法，合同签订后，不得更改。

(1)固定还本抵押贷款(CAM)

CAM 的主要特点是定期、定额还本，利息因本金的递减而递减，也就是在贷款后，每期还款的本息和由高而低逐期减少。其还款公式为：

$$每月还款额=\frac{贷款本金}{还款期数}+(贷款本金-累计已还本金)\times 月利率 \tag{4-1}$$

假定贷款 20 万元，贷款期限为 10 年，年利率为 5.04%，则还款期限为 120 个月，月利率为 0.42%，每月归还本金 1666.67 元，每月还款额见表 4-1。

表 4-1 固定还本抵押贷款本息摊还表

单位：元

期限	月利率(%)	每月归还本金	累积归还本金	每月归还利息	累积归还利息	每月还款额	累积归还本息
1	0.42	1667	1667	840	840	2507	2507
2	0.42	1667	3334	833	1673	2500	5007
3	0.42	1667	5001	826	2499	2493	7500
4	0.42	1667	6668	819	3318	2486	9986
5	0.42	1667	8335	812	4130	2479	12465
6	0.42	1667	10002	805	4935	2472	14937
7	0.42	1667	11669	798	5733	2465	17402
8	0.42	1667	13336	791	6524	2458	19860
9	0.42	1667	15003	784	7308	2451	22311
10	0.42	1667	16670	777	8085	2444	24755
…	…	…	…	…	…	…	…
111	0.42	1667	185037	70	50496	1737	235533
112	0.42	1667	186704	63	50559	1730	237263
113	0.42	1667	188371	56	50615	1723	238986
114	0.42	1667	190038	49	50664	1716	240702
115	0.42	1667	191705	42	50706	1709	242411
116	0.42	1667	193372	35	50741	1702	244113
117	0.42	1667	195039	28	50769	1695	245808
118	0.42	1667	196706	21	50790	1688	247496
119	0.42	1667	198373	14	50804	1681	249177
120	0.42	1667	200000	7	50811	1674	250811

CAM 不太受借款人欢迎，原因主要是：每月偿付的本息和不固定，给计算和偿付带来诸多不便；初始还款额过高，对大多数家庭而言还贷压力大。大多数刚刚购房的家庭，因需要一次性支付贷款首付款以及住房装修等费用，家庭经济情况比较紧张，可能无法承受高额本息，而随着时间的推移，家庭收入增加，偿付能力会不断提高。CAM 还款的多少正好与借款方的经济能力呈反方向变动。

但是，对贷款银行而言，CAM 的还本速度较快，风险小。只要伴随经济发展，借款方的收入保持相应增长，则随着时间的推移，违约的风险会逐渐减小。而且，在房价上涨较快的地区，银行持有的抵押物会不断增值，因此即便出现违约，银行的利益也有保障。

(2)完全均付抵押贷款(CPM)

CPM 的主要特色是每期支付贷款本金与利息的总和都相同，计算和偿付都比较简便。其计算公式为：

$$每月还款额=\frac{贷款本金\times月利率\times(1+月利率)^{还款期数}}{(1+月利率)^{还款期数}-1} \tag{4-2}$$

假定贷款 20 万元，贷款期限为 10 年，年利率为 5.04%，则还款期限为 120 个月，月利率为 0.42%，每月还款额为 2125 元，每月归还本金和利息见表 4-2。

表 4-2 完全均付抵押贷款本息摊还表

单位：元

期限	月利率(%)	每月归还本金	累积归还本金	每月归还利息	累积归还利息	每月还款额	累积归还本息
1	0.42	1285	1285	840	840	2125	2125
2	0.42	1290	2575	835	1675	2125	4250
3	0.42	1296	3871	829	2504	2125	6375
4	0.42	1301	5172	824	3328	2125	8500
5	0.42	1307	6479	818	4146	2125	10625
6	0.42	1312	7791	813	4959	2125	12750
7	0.42	1318	9109	807	5766	2125	14875
8	0.42	1323	10432	802	6568	2125	17000
9	0.42	1329	11761	796	7364	2125	19125
10	0.42	1334	13096	791	8154	2125	21250
…	…	…	…	…	…	…	…
111	0.42	2038	181237	87	54638	2125	235875
112	0.42	2046	183283	79	54717	2125	238000
113	0.42	2055	185338	70	54787	2125	240125
114	0.42	2063	187402	62	54849	2125	242251
115	0.42	2072	189474	53	54902	2125	244376
116	0.42	2081	191554	44	54946	2125	246500
117	0.42	2090	193644	35	54981	2125	248625
118	0.42	2098	195742	27	55008	2125	250750
119	0.42	2107	197849	18	55026	2125	252875
120	0.42	2151	200000	9	55035	2160	255035

注：最后一期应归还的本金为 20 万元减去已归还本金的余额，相应的最后一期还款本息和为 2160 元。

在贷款初期，所支付的贷款本息大部分是利息。随着还本的增加，每期所欠贷款逐月减少，因而所支付的利息也随之减少。在同样的条件下，在贷款初期的 CPM 每月支付总额低于 CAM 每月支付总额，在末期则相反。因此，CPM 更能吸引一些贷款初期收入较低而以后收入增长潜力大的购房者。

2. 可调利率抵押贷款

可调利率抵押贷款是一种允许贷款利率在贷款期限内依据市场利率指数不断调整的长期抵押贷款。允许调整贷款利率的目的是将利率浮动的一部分贷款风险转移给借款人。同时,这种方法可以调整贷款收益,也就可以使贷款机构的资金浮动成本与其贷款收益之间建立很好的匹配关系。

固定利率抵押贷款对于提高居民的住房购买力,拓展金融机构的业务范围起到了重要的作用。但是,无论哪一种固定利率抵押贷款方式,在贷款发放后的十几年甚至几十年的还贷期限内,贷款利率和还款方式都将保持不变。对贷款机构而言,固定利率抵押贷款只有在利率长期保持稳定、波动幅度较小而且短期利率低于长期利率的情况下才能获得稳定收益;而在利率剧烈波动或通货膨胀严重的时期,市场环境的变化会给借贷双方带来多种风险,贷款机构的实际收益将大大降低甚至产生严重亏损。贷款利率由预期的真实利率、风险补偿和预期通货膨胀率三部分组成,三者中的任何一个发生变化,都将引起贷款资金成本的变化,从而导致贷款机构的财务损失。为了防范和化解风险,金融市场上出现了可调利率抵押贷款,这种贷款可以防范多种金融风险。

可调利率抵押贷款要求贷款利率与借贷双方共同接受的一些公开指标挂钩。合同签订时双方需要就初始利率、调整间隔、利率边际、综合利率、利率波动幅度、还款额波动幅度、负分期付款、利率下限、贷款的可继承性、贷款费率、提前付款特权等条款达成协议,这些条款是可调利率抵押贷款协议的主要内容。

(1)初始利率

可调利率抵押贷款的初始利率通常是由发放贷款时的市场条件决定的。但是,由于此时贷款人承担的利率风险较小,贷款利率通常应低于固定利率抵押贷款的利率水平,在整个贷款期内的预期收益率也应较低。

(2)调整间隔

调整间隔是指付款额调整的周期,通常为 6 个月或 1 年。当然,理论上调整间隔可以长达 3 年、5 年,也可以短到 1 个月。

(3)利率边际

利率边际也可以称作利差。每个调整周期到来时,贷款机构都会在参照利率指数的基础上额外增加一定的百分点(利率边际),得出该周期的新利率。这个“边际”的大小在贷款人之间存在差异,因为他们对营业成本的测算和利润目标各不相同。如果一笔贷款的起始利率为 6%,利率边际为 2%,则下一调整期的利率就变成 8%。

(4)综合利率

综合利率是指每一个付款周期的贷款利率,数值上等于当期利率指数与利率边际之和。由于利率指数受市场机制的调节,因此,每一个付款周期的利率都可以不同。

(5)利率波动幅度

大多数可变利率贷款对利率调整设一个每年利率波动幅度,从而限制了规定时期内利率的上下波动范围。各贷款机构规定的每年利率波动幅度是不一样的,但大致都在 1%～2%之间。有些贷款机构还规定了整个贷款期内的利率波动幅度,通常是 6%。这两种利率波动幅度的规定,能保护借款人免受还款额剧增可能带来的影响。

(6)还款额波动幅度

有些贷款机构用年还款额波动幅度来代替利率波动幅度。最常用的还款额波动幅度为首次还款额度的7.5%，这与利率变化1%所导致的增减值相等。这意味着月支付750元本息，在1年后其上下波动幅度不能超过56.25元。有些还款合同除了规定每个调整期的还款额波动幅度外，还规定了整个贷款期内的还款额波动幅度。

(7)负分期付款

当综合利率超过利率或每月付款额超过贷款合同中规定的上限时，该付而未付的利息就会以当期利率进行复利计算，并加总到贷款余额当中，这就是负分期付款。

(8)利率下限

在贷款合同中同样要对整个贷款期内或每一次调整期内的每月付款额和利率的调低下限做出相应的规定。

(9)贷款的可继承性

贷款的可继承性是指在抵押贷款房地产出售时，现在的借款人可以(或不可以)让买方继承现有贷款条件。

(10)贷款费率

与固定利率抵押贷款相同，贷款合同中也对贷款费率作了明确规定。

(11)提前付款特权

提前付款特权是指借款人提前清偿贷款的权利。通常在提前付款时免收罚金。

综合上述内容，金融贷款机构利用可调利率抵押贷款向借款人转移了风险，但由于对上述内容中如利率调整周期、幅度等的规定，实际上借款人所承担的利率风险被控制在一定范围之内，并且借款人的初始利率是比较低的。

(二)创新的住房抵押贷款

以下介绍几个住房抵押贷款的创新品种。

1. 逆向年金抵押贷款

在发达的市场经济国家里，居民住宅主要是通过各种长期抵押贷款形式取得的，因此，为了拥有属于自己的住宅，人们通常需要工作几十年。一般而言，住宅基本上是人们一生中最主要的财产，许多老人可能拥有一个属于自己的漂亮的住宅，但是退休之后的收入水平与年轻时的收入水平相比大大降低，生活水平受到很大影响。为了帮助消费者实现跨时预算平衡，使普通消费者在一生中实现大致均衡的消费水平，盘活老年人的住宅资产，人们设计了一种“逆向年金抵押贷款”方式。

逆向年金抵押贷款方式实际上是把房子抵押给金融机构，由金融机构每月向老人提供生活费用。这类贷款的期限一般不超过10年，如果在此期间老人去世，则可以提前清偿贷款；如果10年之后老人仍然健在，则可以通过出售住宅或其他办法清偿贷款。

逆向年金抵押贷款的优点是可以在没有立即改变房产所有权的前提下，解决退休老人“有房没钱”的问题，而且贷款人的贷款风险很低，贷款收益具有很强的可预测性。当然，发达的二手房市场是发放这类贷款的关键所在。

2. 双周还款抵押贷款

传统方式是每月还款一次，双周还款则是每两周还款一次。这种改进表面上似乎没有什么意义，但由于存在货币的时间价值，实际效果却是相当明显的。例如，一宗1万元30年的按揭贷款，按基准利率6.12%计算，采用双周还款可以比按月等额还款节省利息2303.72

元，节省比例高达19.42%；缩短还款期64个月（近5年半），即30年的月还款采用双周还款，贷款将在24.7年还清。如果按优惠利率5.51%计算，采用双周还款可以比按月等额还款节省利息1846.06元，节省比例高达17.64%；缩短还款期59个月（近5年），即30年的月还款采用双周还款，贷款将在25.1年还清。

显然，采用双周还款制的优点是明显的。首先，对于购房者，这种方式缩短了还款的实际年限和所要支付的贷款本息额，尤其是当购房者的贷款年限在20年以上时，采用双周还款制对购房者是很有吸引力的。其次，由于还款期限的缩短，降低了金融机构的风险，加快了资金的周转速度。金融机构的年投资收益率也可以计算出来，并没有由于采用双周还款制而下降，基本是保持不变甚至略有增加。

3. 次级抵押贷款

根据借款人的信用记录和由此反映出的贷款风险，可将抵押贷款分为A、B、C、D四个等级。信用等级好、不存在信用问题的借款人享受A类贷款；信用存在一定问题的借款人只能获得B类贷款；信用较差的获得C类贷款；如果贷款是D类，那么这个贷款的风险极高。B、C、D类贷款被称为次级抵押贷款。获得次级抵押贷款的借款人在信用记录上存在瑕疵，因此这种贷款的利率和费用较A类优级贷款高，但首付要低于A类优级贷款。在当前美国房地产金融市场上，优级抵押贷款的利率为7%，而次级抵押贷款的利率在8%～12%之间。

次级抵押贷款有三种具体类型，包括只付利息贷款、可选择月供贷款以及固定利率转浮动利率贷款。这三种类型又以固定利率转浮动利率贷款在实际中最受欢迎，其中最常见的工具是“2/28”贷款，即贷款人发放30年期贷款，先在最初的2年中采取较低的固定利率，然后在剩余的28年中采取较高的浮动利率。类似的还有“3/27”贷款和“5/25”贷款。2000年以来，美国次级抵押贷款的发展十分迅速，到2006年，次级抵押贷款总额已经占全美住房抵押贷款市场总量的1/5。

4. 漂浮式抵押贷款

漂浮式抵押贷款又称部分分期付款，即借贷双方商定一个名义贷款期限和一个实际贷款期限，在名义贷款期限内按等额本息法每月还款；当实际贷款期限到期时，按照当时的市场利率一次性付清所有的贷款余额。此方法一般适用于实行固定利率的金融市场中。

例如，贷款10万元，利率10%，实际贷款期限10年，名义贷款期限30年。前10年每月还款额按30年期计算约884元，而若按10年期计算则为1356元，也就是说每月减少了472元的还款额度。10年期满时贷款余额约90312元必须一次还清。

这种贷款的特点是在固定利率机制下，如果发生通货膨胀导致利率上调，贷款方要求最后一次还款按照当时的市场利率计算，可以借此转嫁利率风险；对于借款方来说，每月还款额度相对较少，前期还款压力较小，利于灵活使用资金，但期满时要求一次还清贷款余额，负担过重、风险较大，一般需要再次融资。

第二节　住房抵押合同中的重要条款

在进行住房抵押贷款的过程中，借贷双方必须签订一份抵押贷款合同，抵押贷款合同实际上规定了借贷双方各自的权利义务。以下将阐述住房抵押贷款合同中的重要条款。

一、借款人交费项目条款

在住房抵押贷款合同中，有一些条款明确规定了抵押人缴纳各种与抵押房地产相关税费的义务，从贷款人的角度看，制定这类条款的目的在于实现贷款风险部分向借款人的转移。一般的，抵押贷款合同中所规定的借款人的交费项目有：

（1）与抵押住房相关的各种税费、评估费、杂费等。将这些费用纳入交费项目的范围，原因在于贷款人想通过这样的规定规避抵押物权可能受到的损害。

（2）意外保险费用。为了防范抵押贷款的风险，贷款人一般会要求借款人办理可能会对抵押房地产造成价值损害的意外风险保险，并要求借款人按照保险合同的规定按时交纳保险费用。

二、抵押住房转让条款

一般情况下，抵押贷款合同允许抵押住房的再次转让，但是会对这种转让做出明确的约束。这类约束主要包括：

（1）在抵押贷款尚未完全清偿的情况下，抵押住房的转让原则上需要经过抵押权人的书面同意。在没有获得书面同意的情况下，如果抵押人擅自转让抵押住房，则抵押权人有权要求抵押人立即偿还全部未清偿款项，并要求一定的赔偿。否则，抵押住房的转让在法律上是无效的。

（2）如果抵押人决定将抵押住房进行转让，抵押权人则有权根据市场现行的利率水平适当提高抵押贷款的利率水平。进行这一约束的目的在于，减少抵押住房的受让者申请在利率方面更具吸引力的新贷款的可能性。这种限制将有利于贷款人规避利率波动的不利影响。

三、提前还款条款

在市场利率水平变动的情况下，为了减少不必要的利息支出，借款人可能会实施提前还款，出现这种情况，贷款人的利益无疑将遭受损失。因此，在抵押合同中，贷款人一般会对提前还款的行为加以一定的限制。一些抵押贷款合同可能完全排除了提前还款的可能性，而一些抵押贷款合同虽然允许提前还款，但是会对提前还款行为实施一定的处罚，这种处罚主要是通过收取一定数额的罚款来实现的。在具体的执行中，罚款额度一般将随提前还款数额的不同而不同。

此外，贷款人也可能不对提前还款行为实施任何限制，此时贷款人一般是出于应对竞争压力的考虑。

四、抵押贷款合同违约条款

发放抵押贷款的主要风险之一是借款人可能会以这样或那样的形式违约，因此，在抵押贷款合同中，有许多条款是专门针对违约而制定的。

1. 对抵押贷款违约的认定

在抵押贷款合同中，一些条款对违约行为做出了明确的界定。抵押贷款违约行为是指违背抵押贷款合同规定的行为。抵押贷款违约最常见的形式是借款人没有按期偿还抵押贷款本金和利息。此外，如果借款人没有按时交纳与持有抵押住房相关的税费、保险费，也属于违约行为。借款人的以上违约行为，只需要承担相应的民事责任，但是如果借款人在获得抵押贷款的过程中实施了金融诈骗行为的话，则需要承担相应的刑事责任。

2. 罚息条款

所有的抵押贷款合同中都包含了罚息条款。按照罚息条款的规定，当借款人出现逾期还贷时，借款人将因此支付相应的违约罚金。一般来说，罚金的数额取决于三个因素：其一是逾期还贷的时间；其二是逾期还贷的金额；最后一个是对逾期还贷资金的处罚利息。

3. 取消抵押品赎回权

在住房抵押贷款中，借款人虽然将住房抵押权转移给了贷款人，但仍然合法享有重新赎回抵押权的权利，这种权利就是抵押品赎回权。抵押品赎回权实际上给予了借款人随时重新享有抵押住房完全产权的权利，因此，从法律上看，如果贷款人出于风险控制的考虑而想对抵押住房进行处置的话，就必须首先取消借款人所合法享有的重新赎回抵押品的权利，不然的话，法律将不允许贷款人对抵押住房进行处置。因此，所有的抵押贷款合同都赋予了贷款人取消抵押品赎回权的权利。

通常有以下两种方法可以达到取消抵押品赎回权的目的：

(1)贷款人请求法院裁决。在这种方法中，贷款人可以借款人拖欠债务为由向法院提起诉讼，由法院受理，并下达判决。法院的判决将规定对抵押人及其财产的处理方法。

(2)贷款人申请取消抵押品赎回权并直接拍卖抵押品。如果拍卖的收入超过未清偿贷款额，则超过部分归借款人所有。尽管从法律关系上看，取消抵押品赎回权与拍卖抵押品是两个独立的行为，但通常两者是同时进行的。

尽管法律赋予了贷款人取消抵押品赎回权，但在现实生活中，贷款人总是谨慎地运用这种权利，原因主要有三：一是取消抵押品赎回权通常伴随着较高的执行成本；二是在借款人缺乏偿还能力的情况下，采用这种方法未必能取得理想的效果；三是取消抵押品赎回权的行为通常将对多方当事人的利益产生影响，而考虑到这种影响，贷款人可能也不愿意采取取消抵押品赎回权的行动。

因此，作为一种替代，在贷款人需要对抵押住房进行资产处置时，贷款人通常运用测试法来处理违约行为。测试法是指除取消抵押品赎回权方法之外所有处理违约行为方法的总称。测试法意味着当事人双方达成在今后一段时间内都须执行的一份协议，在该协议中，贷款人同意不诉诸法律，但作为交换条件，借款人则同意贷款人所提出的解决方案。测试法通常包括重新构造抵押贷款、抵押贷款转让和自愿转让产权等具体方法。

五、贷款人占有抵押住房条款

在抵押贷款合同中可能还包括贷款人占有抵押住房条款。该条款规定：在作为抵押品的房地产委付期间，贷款人(或法定接受人)可接管该房地产并收取租金，直到取消抵押品赎回权为止。按照该条款的规定，所收取的租金首先要用于支付房地产的管理费用和营业费用，然后才是用于偿还抵押贷款、房地产税、房地产保险费以及其他抵押贷款合同中所要求抵押人支付的费用。

六、解除债务关系条款

所有抵押贷款合同都对解除债务关系做出了明确的规定。当抵押人偿还了全部抵押贷款债务后，贷款人将及时解除这一债务关系并向抵押人发出书面通知，该书面通知被称为解除证明书。解除证明书应在有关部门进行登记，以注明抵押人房地产的产权已不再受抵押贷款债务的约束，抵押人也不必因此继续履行还款义务。但是，按照惯例，解除债务关系的相关费用由抵押人承担。

第三节　一手楼住房抵押贷款的运作

一、银行开展一手楼住房抵押贷款业务的流程

以中国农业银行的规定为例，介绍个人住房一手楼贷款（以下简称“一手楼贷款”）操作流程。

一手楼指售房人为开发商的住房。一手楼贷款是指贷款人向借款人发放的、用于其购买一手楼、借款人以所购住房作为抵押物、开发商提供阶段性保证担保的贷款。

（一）操作流程

一手楼贷款操作流程包括楼盘审查和发放贷款两部分。

在借款人提出申请之前，经办行需要对拟提供个人住房贷款的楼盘进行审查。楼盘审查操作流程为：

①房地产开发公司（以下简称“开发商”）申请→②项目调查→③审查、审批→④签订项目合作协议书。

发放贷款操作流程为：

①借款人申请→②贷前调查→③审查、审批→④签订借款合同→⑤办理保险、公证、担保等手续→⑥发放贷款→⑦资料归档→⑧贷款偿还→⑨贷后管理→⑩清户撤押。

按照房屋是否经过竣工验收，将房屋分为现房（竣工验收合格的房屋）和期房（尚未通过竣工验收的房屋），分别按相关流程办理。

（二）现房楼盘审查

1. 开发商提出申请

经办行要求开发商提交下列资料：

（1）书面申请书。内容包括开发商概况、项目情况、拟申请贷款金额等。

（2）公司资料。包括企业法人营业执照、税务登记证、法人代码证、法定代表人或授权代理人证明书；房地产开发经历（经办行不得对有欺诈经营行为或业绩不佳的开发商开发的楼盘提供个人住房贷款）；董事会（没有成立董事会的为企业法定代表人）同意就该楼盘为借款人承担阶段性连带保证责任的承诺。

（3）项目资料。包括项目的可行性研究报告及发改委立项批复、“建设用地规划许可证”、“建设工程规划许可证”、“建设工程施工许可证”、“国有土地使用证”、竣工验收合格证明。上述资料原件经经办行审核无误后留存复印件。

2. 项目调查

经办行收到上述资料后，经初步审查，资料齐全的同意受理，2个工作日内安排调查部门进行调查，并在5个工作日内完成调查。主要调查以下内容：

(1)手续的合法性。核实上述项目资料是否完整、有效、合法，内容是否前后一致。

(2)项目基本情况。调查项目的地理位置、社区环境、交通条件、环保指数、配套工程、市政设施、物业管理情况等；了解和掌握项目占地面积、建筑面积、容积率、绿化率、楼宇结构与栋数、户型设计等。

(3)项目市场前景。调查项目的市场定位和销售情况，进行简单的项目评估、同等位置项目的比较分析与市场预测，判断项目的销售前景及抗风险能力。

(4)项目效益。调查开发商与我行的合作诚意和对我行产生的效益，如存款、代收代付、中间业务的代理等。

(5)银行同业竞争。调查其他银行为该楼盘提供的个人住房贷款情况和服务手段等。

经调查，确认该楼盘符合个人住房贷款条件后，经办行认为有必要的，可以委托具有房地产估价资质的房地产估价机构对拟提供贷款的楼盘分楼层、分朝向进行价格评估或自行评估。调查部门签署调查意见后送交贷款审查部门。

3. 审查、审批

贷款审查部门收到调查部门提交的项目调查报告和有关资料以后，要对其真实性、完整性、有效性及贷款项目的合法性和可行性进行审查，在3个工作日内签署审查意见。经审查同意的，按照权限上报审批，贷款审批人在5个工作日内签署是否同意的意见。

对现房楼盘贷款合作的审批认定权集中在二级分行及以上。对由我行发放开发贷款的楼盘，调查、审查环节可以视情况适当简化。

4. 签订项目合作协议书

经审批同意的，经办行与开发商签订"住房按揭合作协议书"。

(三)期房楼盘审查

1. 开发商提出申请

经办行要求开发商提交下列资料：

(1)书面申请书。内容包括开发商概况(含经营财务状况)、项目情况、工程进度、投资完成情况、拟申请贷款金额等。

(2)公司资料。包括：①企业法人营业执照、税务登记证、法人代码证、法定代表人或授权代理人证明书；②公司章程、成立批文；③经会计师事务所审核的前一年度财务报表(资产负债表、损益表、现金流量表)；④房地产企业开发资质等级证书；⑤房地产开发经历(经办行不得对有欺诈经营行为或业绩不佳的开发商开发的楼盘提供个人住房贷款)；⑥董事会(没有成立董事会的为企业法定代表人)同意就该项目向我行申请个人住房抵押贷款及配套服务，并为借款人承担阶段性连带保证责任的承诺。上述第①、②、④项资料原件经经办行审核无误后留存复印件，其他资料留存原件。

(3)项目资料。包括项目的可行性研究报告及发改委立项批复；"建设用地规划许可证"；"建设工程规划许可证"；"建设工程施工许可证"；"国有土地使用证"；工程概预算资料；项目资金来源及落实情况、房地产开发贷款情况；项目投资完成情况；商品房预售许可证。上述资料中的证件和批件原件经经办行审核无误后留存复印件。

2. 项目调查

经办行在收到上述资料后，经初步审查，资料齐全的同意受理，2 个工作日内安排调查部门进行调查，10 个工作日内完成调查。主要调查以下内容：

(1)开发商基本情况。调查开发商注册资本、法定代表人素质、经济实力、经营管理机制、财务管理和经济核算制度、业务范围、开发经历、完成项目建设的能力及其自身具备的优势等；分析财务报表，估测其营运能力及盈利状况。

(2)手续的合法性。核实上述项目资料是否完整、有效、合法，内容是否前后一致。

(3)项目投资情况。调查项目投资构成与各项费用支出明细，并与工程概预算报告中的有关数据进行核对。分析资金投入时间与工程进度是否一致；工程后续资金来源是否已经落实，如果后续资金是通过预售房款再投入，在未能按计划回笼资金的情况下，是否有应变措施。

(4)项目情况。调查地理位置、社区环境、交通条件、环保指数、配套工程、市政设施、物业管理等；了解和掌握项目占地面积、容积率、绿化率、建筑面积、楼宇结构与栋数、户型设计及工程进展情况。

(5)项目市场前景和销售情况。调查项目的市场定位和销售情况，进行简单的项目评估、同等位置项目的比较分析与市场预测，判断项目的销售前景及抗风险能力。

(6)项目效益。调查开发商与我行的合作诚意和对我行产生的效益，如存款、代收代付、中间业务的代理等。

(7)开发商负债状况。特别是其他银行为该楼盘提供开发贷款的情况，准确掌握其贷款的到期日，以免在工程建设中出现新的资金缺口。

(8)银行同业竞争情况。调查其他银行为该楼盘提供的个人住房贷款情况和服务手段等。

经调查，确认该楼盘符合个人住房贷款条件后，经办行认为有必要的，可以委托具有房地产估价资质的房地产估价机构对拟提供贷款的楼盘分楼层、分朝向进行价格评估或自行评估。调查部门签署调查意见后送交贷款审查部门。

3. 审查、审批

贷款审查部门收到调查部门提交的项目调查报告和有关资料以后，要对其真实性、完整性、有效性及贷款项目的合法性和可行性进行审查，在 5 个工作日内签署意见。经审查同意的，按照权限上报审批。有权审批人在 5 个工作日内签署意见。

对期房楼盘贷款合作的审批认定权原则上集中在一级分行，一级分行也可以在转授权权限内将审批权下放到业务开展较好、管理规范的二级分行。对由本行发放开发贷款的楼盘，调查、审查环节可以视情况适当简化。

4. 签订项目合作协议书

经审批同意的，经办行与开发商签订“住房按揭合作协议书”。

经办行还必须与开发商签订“预售房款监管协议”，由经办行监督预售房款的使用，确保预售房款不被挪用，专项用于该项目。

(四)发放个人住房贷款

1. 借款人申请

借款人申请个人住房贷款，所购住房必须为现房或多层主体结构封顶、高层完成总投资 2/3 以上的期房。经办行要求借款人填写个人住房借款申请表并提供下列资料：

(1)借款人身份证件(居民身份证、户口簿或其他有效居留证件)。

(2)婚姻状况证明(已婚的提供结婚证或婚姻登记机关出具的夫妻关系证明书;未婚的提供未婚证明)。

(3)不低于房价20%的首付款的付款凭证。

(4)房地产主管部门统一印制的、具有法律效力的商品房买卖合同。

(5)共有权人同意以所购住房作为抵押物的证明。

(6)借款人家庭财产和经济收入证明(包括由借款人所在单位人事部门出具的个人收入证明或纳税凭证、银行存单、不动产证明、有价证券等);如果属于借款人家庭成员共同还款,则各方要签订共同还款责任确认书,明确在一方无力偿还贷款的情况下,其他方仍要继续承担还款责任。

(7)经办行要求提供的其他文件或资料。

2. 贷前调查

条件具备的分行可以按照《中国农业银行个人住房贷款借款人资信等级评定指导意见》(农银函〔2000〕1065号)的要求,对借款人资信等级进行评定,并依据评定结果确定是否同意贷款。同意贷款的,初步确定贷款期限和额度。

经办行收到借款人提交的资料后,经初步审查同意受理的,1个工作日内安排调查部门进行贷前调查,调查部门3个工作日内完成贷前调查。调查的主要内容包括:借款人是否已支付20%以上的首付款,并存入开发商在经办行开立的售房款专用账户上;贷款年限加上借款人年龄是否超过65年;借款人偿还贷款本息的能力;借款人所购房屋的价格与当地同类物业的市场价格水平是否相符;抵押担保是否足额有效;共有人是否出具同意抵押的合法文件。

调查部门签署调查意见后送交贷款审查部门。

3. 审查、审批

贷款审查部门在收到贷款调查部门的意见后,1个工作日内完成贷款审查,主要从以下几个方面加以审查:购房行为的真实性,防止借款人和开发商串通骗取银行贷款;所购住房价格与当地同类物业的市场价格是否相当,必要时可委托具有房地产估价资质的机构进行价格评估;共有人是否出具同意抵押的合法的书面意见;借款人还款能力。

经审查同意的,提出贷款额度(严格控制贷款成数达80%的贷款,一人购买多套住宅的要严格控制贷款成数)、贷款期限,直接报有权审批人审批。有权审批人1个工作日内完成审批。

4. 签订借款合同

经审批同意的,经办行与借款人、开发商签订"个人住房按揭合同"。

签订借款合同时,经办行主动向借款人、担保人提示合同中用黑体字标注或有下画线的条款。

5. 办理保险、公证、担保等手续

(1)保险。借款人必须办理财产保险,明确经办行为第一受益人,保险单正本交由经办行保管。保险金额不得低于贷款金额;保险费用由借款人支付;可以采用一次性或分次投保两种方式,保险期限不得短于贷款期限,贷款未清偿之前不得中断或撤销保险。可由经办行代办保险业务。

(2)公证。经办行认为有必要的，可以要求对借款合同进行公证，公证费用由借款人承担。

(3)抵押预登记。以所购住房为抵押物的，经办行和借款人凭借款合同到当地房地产管理部门办理房地产抵押预登记。

6. 发放贷款

以所购住房作为抵押物的，在借款人办妥房屋保险、公证和抵押预登记手续后，方可发放贷款；若当地房地产管理部门尚未开办抵押预登记业务，在借款人办妥房屋保险、公证并将购房合同、首付款付款凭证等办理房屋产权证明必需的资料移交经办行后，方可发放贷款。

发放贷款时，由信贷员填写借据，借款人签章或按指印认定，同时借款人签署“划款扣款授权书”，经办行将款项直接划入开发商在经办行开立的售房专户上，同时通知借款人贷款已经发放，开发商出具收款证明。

从受理借款人申请到贷款发放，在经办行内的运转时间不得超过7个工作日。

7. 资料归档

经办行主管信贷员应在贷款发放后10个工作日内完成资料归档。个人住房贷款业务档案实行支行集中管理、专人单独保管，房屋他项权利证书等重要凭证须按照会计制度有关规定入库保管，个人住房贷款业务终结后的档案仍需保管5年。具体操作详见《中国农业银行个人住房贷款业务档案管理规定》(农银办〔2001〕58号)。

8. 贷款偿还

贷款期限在1年以内(含1年)的，实行到期一次性还本付息；贷款期限在1年以上的，实行按月分期还款。还款方式可以按照《中国农业银行个人住房贷款还款方式计算模式》(农银函〔2000〕575号)列出的还款方式，如等额本息、等额本金、等额递增(减)、等比递增(减)、等偿还贷款本息等。

9. 贷后管理

贷款发放后，经办行要加强贷后管理，定期进行贷款检查。项目竣工验收合格后，督促开发商和借款人及时办理正式的抵押登记手续。

(1)贷后检查。经办行每月进行一次综合性个人住房贷款贷后检查，掌握全行个人住房贷款的资产质量状况并研究对策。检查的内容主要有：按时归还贷款本息情况；借款人有无骗取银行信用的行为；借款人职业、收入和住所等影响还款能力的因素变化情况；保证人保证资格和保证能力变化情况；抵押物保管及其价值变化情况；项目工程进度(限于期房贷款)；有关合同及相关资料的完整性与有效性，有无与法律、法规和制度相抵触，需要变更、修改和补充之处；其他贷款人债权实现和保障的内容。

检查方式：正常类贷款可采取抽查方式进行；关注类、次级类、可疑类和损失类贷款采取全项检查。关注类贷款的检查时限为2个月不少于1次(含)；次级类、可疑类贷款的检查时限为1个月不少于1次(含)。对于发生突发性、严重性问题的贷款应随时检查。

检查程序：对违约贷款通过电话提示、约见借款人、现场核验、走访借款人所在单位等方式了解借款人违约的原因；根据借款人违约情况，判断贷款的风险状况，确定贷款形态；对借款人违约行为提出催收贷款或强制清收贷款的处理方案，报主管领导批准实施。登记贷后检查台账，撰写贷后检查报告。

(2)贷款利率调整。根据中国人民银行规定,目前个人住房贷款利率采用5年以下(含)和5年以上两个档次。在贷款期限内如遇法定利率调整,按以下规定执行:

①贷款期限1年以内(含1年)的,实行合同利率,不分段计息。

②贷款期限1年以上的,实行一年一定,于每年1月1日开始,按相应利率档次执行新的利率规定。贷款利率调整后,应按剩余贷款本金、调整后的利率水平、剩余还款年限计算出利率调整后借款人每月需偿还的贷款本息。

(3)提前还款处理。借款人可以申请部分或全部提前还款。部分提前还款后可以采取下列两种方式:一是月还款额不变,缩短还款期限;二是还款期限不变,减少月还款额。

(4)贷款风险的识别与判断

①借款人未按合同约定的日期和金额归还贷款本息;

②借款人有违法、违纪等不良行为,受到法律、行政、经济制裁或处罚;

③借款人收入明显下降(如借款人从业单位或行业属于关、停、并、转范围;借款人处于失业、半失业状态,失去稳定收入来源或仅依靠最低生活保障或社会救济金生活等);

④借款人健康状况恶化或遭受重大人身伤害,丧失或部分丧失劳动能力;

⑤借款人死亡、失踪或宣告死亡及丧失民事行为能力,且无合法继承人、受遗赠人或法定继承人、受遗赠人拒绝履行合同;

⑥借款人有套取银行信用、挪用贷款行为;

⑦借款人或抵押人未经经办行同意,擅自将设定抵押权的房屋拆迁、出租、出售、转让、馈赠或重复抵押;

⑧借款人拒绝或阻挠经办行的贷后检查或提供虚假材料、信息;

⑨借款人居所和联系方式经常变动,经办行不能有效判断借款人情况和贷款实际使用情况;

⑩因抵押物贬值,抵押物价值趋于或低于贷款金额及抵押物或抵押权益受到损害,抵押权难以或不能实现。

(5)违约贷款的催收与处理。贷款催收指信贷员按规定程序,对未按期还款的借款人发出催收提示和催收通知,督促借款人清偿违约贷款的过程。

①借款人首次未按合同约定时间归还贷款本息时,信贷员应在5个工作日内对客户进行电话提示。

②借款人连续2次未按期归还贷款本息时,信贷员要向客户发出催收通知书。

③借款人连续3次未按期归还贷款本息时,信贷员要约见客户或上门催收,督促客户落实可行的还款计划。

④借款人连续6次未按期归还贷款本息时,经办行依法处理抵押物。

⑤违约贷款的其他处理方式,包括依法纠正借款人的违约行为;对逾期贷款本息计收罚息;从借款人账户中扣收贷款本息;依法追索保证人的连带责任;依法要求保险人履行保险责任;依法行使债权人其他权利。

10. 清户撤押

借款人偿还全部本息后,经办行会计部门出具贷款结清凭证给信贷部门。信贷部门通知借款人,持其有效身份证件、贷款结清凭证领回由我行保管的有关法律凭证及文件,借款人签署收到文件的回执。采取抵押担保方式的,经办行和借款人共同办理抵押注销登记手续。

二、房地产企业代为办理抵押贷款业务的流程

一手楼抵押贷款是指贷款人向借款人发放的用于购买自用普通住房的贷款。贷款人在发放该项贷款时，借款人必须已交付规定比例的首期购房款，并以所购住房作抵押，在所购住房的房地产权证未颁发且办妥住房抵押登记之前，由开发商提供连带责任保证，并承担回购义务。这种贷款一般由房地产开发企业代为办理，业务流程如下：

(1)开发商向贷款行提出抵押贷款合作意向。

(2)贷款行对开发商的开发项目、建筑资质、资信等级、负责人品行、企业社会商誉、技术力量、经营状况、财务情况进行调查，并与符合条件的开发商签订抵押贷款合作协议。开发商同意为借款人提供连带责任保证，并承担回购义务。

(3)借款人(即购房人)与开发商签订购房协议，并缴纳30%以上的房款(营业房为40%)。

(4)借款人持购房协议、30%购房收据、身份证、婚姻状况证明向贷款行申请住房抵押贷款，并在贷款行开立存款账户或银行卡。

(5)经调查、审查、审批同意后，贷款行与借款人签订住房抵押贷款合同，贷款行代理办妥登记、公证手续后，将款项存入开发商账户(保险采取客户自愿原则)，并通知借款人取合同。借款人同意先办理预购商品房抵押登记，并承诺在所购买的住房竣工并取得房地产权证后，以购买的住房作为贷款抵押且重新办理抵押登记手续。

(6)借款人每月(每季)20日前在存款账户或银行卡上留足每期应还款额，贷款银行会从借款人账户中自动扣收，到期全部结清。

(7)贷款行代理缴纳契税、领取契证、办妥房地产权证及住房抵押登记手续，收费严格按各有关办理机关的收费标准执行，不收取任何代理费，借款人必须提供办理以上手续所需的一切材料。贷款归还后，贷款行注销抵押登记，并将有关材料退还给借款人。

三、购房者获得抵押贷款的流程

对于一手楼，购房者获得抵押贷款的流程大致如下：

1. 选择房产

购房者如果想获得住房抵押贷款服务，在选择房产时应着重了解这方面的内容。购房者在广告中或通过销售人员的介绍得知一些项目可以办理抵押贷款时，还应进一步确认开发商开发建设的房产是否获得银行的支持，以保证抵押贷款的顺利取得。

2. 办理抵押贷款申请

购房者在确认自己选择的房产得到银行抵押贷款支持后，应向银行或银行指定的律师事务所了解银行关于购房者获得抵押贷款支持的规定，准备有关法律文件，填报“抵押贷款申请书”。

3. 签订购房合同

银行收到购房者递交的抵押贷款申请有关法律文件，经审查确认购房者符合抵押贷款的条件后，发给购房者同意贷款通知或抵押贷款承诺书。购房者即可与开发商或其代理商签订“商品房预售、销售合同”。

4. 签订抵押贷款合同

购房者在签订购房合同,并取得交纳首期房款的凭证后,持银行规定的有关法律文件与开发商和银行签订的"商品房抵押贷款合同",明确抵押贷款数额、年期、利率、还款方式及其他权利义务。

5. 办理抵押登记、保险

购房者、开发商和银行持"商品房抵押贷款合同"及购房合同到房地产管理部门办理抵押登记备案手续。对于期房,在竣工后应办理变更抵押登记。在通常情况下,由于抵押贷款期间相对较长,银行为防范贷款风险,要求购房者申请人寿、财产保险。购房者购买保险,应列明银行为第一受益人,在贷款履行期内不得中断保险,保险金额不得少于抵押物的总价值。在贷款本息还清之前,保险单交由银行执管。

6. 开立专门还款账户

购房者在签订"商品房抵押贷款合同"后,按合同约定,在银行指定的金融机构开立专门还款账户,并签订授权书,授权该机构从该账户中支付银行与抵押贷款合同有关的贷款本息和欠款。银行在确认购房者符合抵押贷款条件,履行"商品房抵押贷款合同"约定义务并办理相关手续后,一次性将该贷款划入开发商在银行开设的银行监管账户,作为购房者的购房款。

第四节　二手楼住房抵押贷款的运作

一、银行开展二手楼住房抵押贷款业务的流程

以中国农业银行为例,介绍个人住房二手楼贷款(以下简称"二手楼贷款")操作流程。

二手楼是指已取得完全产权、可以进入房地产三级市场流通交易的住房。二手楼贷款是指贷款人向借款人发放的用于其购买二手楼的贷款。

(一)贷款操作流程

①提出申请→②调查、评估→③审查、审批→④签订借款合同→⑤办理保险、公证、担保手续→⑥发放贷款→⑦资料归档→⑧贷款偿还→⑨贷后管理→⑩清户撤押。

(二)借款人申请

经办行要求借款人填写个人住房借款申请表并提供下列资料:

(1)身份证件(居民身份证、户口簿或其他有效居留证件)。

(2)婚姻状况证明(已婚的提供结婚证或当地婚姻登记机关出具的夫妻关系证明书;未婚的提供未婚证明)。

(3)不低于所购房屋价格30%的首付款付款凭证。

(4)房地产主管部门统一印制的、具有法律效力的商品房买卖合同。

(5)所购住房产权证明。

(6)共有权人同意以所购住房作为抵押物的证明。

(7)若售房人为自然人,提供售房人(含共有权人)身份证件;如售房人为法人,须提供有效的法人营业执照、法定代表人证明书等有关文件。

(8)购买已出租的房屋,须提交租户同意搬迁的证明。

(9)借款人家庭财产和经济收入证明(包括由借款人所在单位人事部门出具的个人收入证明或纳税凭证、银行存单、不动产证明、有价证券等);如果属于借款人家庭成员共同还款,则各方要签订共同还款责任确认书,明确在一方无力偿还贷款的情况下,其他方仍要继续承担还款责任。

(10)经办行要求提供的其他文件或资料。

(三)调查、评估

条件具备的分行,可以按照《中国农业银行个人住房贷款借款人资信等级评定指导意见》(农银函〔2000〕1065号)的要求,对借款人资信等级进行评定,并依据评定结果确定是否同意贷款。同意贷款的,初步确定贷款期限和额度。

经办行收到上述资料后,经初步审查符合贷款条件的同意受理,在1个工作日内安排调查部门进行贷前调查。调查部门2个工作日内完成贷前调查。以所购住房作为抵押物的委托一级分行认可的、具有房地产估价资质的机构进行价格评估。

贷前调查的内容包括:

(1)借款人是否支付30%以上的首付款,并存入售房人在经办行开立的售房款账户上。

(2)贷款年限加上借款人年龄是否超过65年;贷款年限加上所购二手楼已使用年限是否超过30年。

(3)借款人偿还贷款本息的能力。

(4)借款人所购买二手楼的价格与当地同类物业的市场价格水平是否相符。

(5)抵押担保是否足额有效,共有权人是否出具同意抵押的合法文件。

(6)所购房屋是否有租约在先。若有,调查租约起止日期,租金是否合理及租户是否同意搬迁等。

调查部门签署调查意见后送交贷款审查部门。

(四)审查、审批

贷款审查部门收到调查部门提交的调查报告和有关资料后,1个工作日内完成贷款审查。审查的主要内容有:房屋的产权是否明晰;房屋交易价格是否与市场价格基本相符,是否存在高估抵押物价格、变相提高贷款成数的风险;贷款期限、额度、还款方式是否与借款人还款能力相符。

贷款审查部门提出贷款额度、期限、利率、担保方式的建议或不能贷款的理由。经审查同意的,直接报有权审批人批准,有权审批人在1个工作日内签署审批意见。

(五)发放贷款

二手楼贷款的发放分以下三种情况:

(1)借款人不需要房屋交易中介机构提供担保,直接向贷款人申请贷款。其操作程序为:

①贷款经审批同意的,经办行与借款人签订"个人住房抵押借款合同",办理保险、公证等手续;

②经办行出具"个人住房贷款承诺书",承诺在借款人完成所购房屋产权过户和抵押登记手续后,按合同约定发放贷款;

③售房人与借款人办理产权过户登记,借款人同时办理抵押登记,并将已办妥抵押登记手续的房屋所有权证和他项权利证书交由经办行收执;

④借款人签署“划款扣款授权书”；

⑤经办行填写借据，经借款人签章或按指印认定后，根据“划款扣款授权书”的约定，将贷款划到售房人在经办行开立的账户上，同时通知借款人贷款已经发放，售房人出具收款凭证。

(2)由房屋交易中介公司担保的二手楼贷款。其操作程序为：

①借款人与同意为贷款提供阶段性保证担保的房屋交易中介公司(以下简称“交易中介”)签订担保协议；

②交易中介在经办行处开立专户，经办行在接到借款人的申请和有关资料并审核无误后，与借款人签订“个人住房抵押借款合同”，与交易中介签订阶段性担保合同，同时借款人、售房人、交易中介与经办行签订售房款委托划转协议；

③办理房屋保险、合同公证；

④经办行将贷款划到交易中介在经办行开立的专户上，同时通知借款人贷款已经发放，交易中介出具收款凭证；

⑤借款人与售房人到当地房地产管理部门办理产权过户和抵押登记手续；

⑥经办行收到借款人交来的房屋他项权证后，将售房款由专户转入售房人在经办行开立的账户。

(3)由住房置业担保公司(以下简称“置业担保公司”)等保证人提供保证担保的贷款，经办行要严格审查置业担保公司的担保能力，其担保的贷款不得超过其实有资本的30倍。操作程序为：

①经办行、借款人与同意为该贷款提供保证担保的置业担保公司签订“个人住房保证借款合同”；

②办理借款合同公证；

③借款人签署“划款扣款授权书”，授权经办行将购房首付款和贷款划入售房人在经办行开立的账户上，同时通知借款人贷款已经发放，售房人出具收款凭证。

从受理到贷款发放，在银行内部的运转时间不得超过5个工作日。

(六)资料归档、贷款偿还、贷后管理、贷款利率调整的处理、提前还款处理、贷款风险的识别与判断、违约贷款的催收与处理和清户撤押参照一手楼贷款相关程序办理。

二、房地产中介代为办理抵押贷款业务的流程

房地产中介代为办理抵押贷款，一般是由专门的房地产按揭机构代理，其业务流程大致如下：

1. 按揭机构代办抵押贷款、银行审批同贷

由借款人委托房地产按揭机构代理向银行申请抵押贷款，经银行审查、批准后，出具同贷书。

2. 按揭机构代办交易递件

由二手楼交易双方委托按揭机构代办递件手续。

3. 交税、交易过户

由二手楼交易双方履行纳税义务，并办理有关过户手续。

4. 出新房产证

旧业主的房产证需交给房地产交易机关予以销毁，且重新制作新房产证。

5. 房管局归档

房管局将有关交易材料归档。

6. 办理抵押登记手续

按揭机构代理当事人到登记机关办理房地产抵押登记手续。

7. 出具他项权利证明

由房地产管理部门出具“房地产他项权利证明”。

8. 银行放款

银行收到“房地产他项权利证明”后，即可放款。

三、购房者获得抵押贷款的流程

对于二手楼，购房者获得抵押贷款的流程大致如下(每一步都需要若干个工作日，整个流程约需 30 个工作日)：

1. 签三方合约

一般由卖方、买方和经纪方签署三方成交合约。

2. 贷款申请

委托经贷款行认可的依法成立的房地产评估机构对房屋价值进行评估，出具评估报告。根据评估价的 30%确定首期购房款。借款人向贷款行提交申请个人住房贷款的相关材料。

3. 银行出具同意贷款证明

银行对购房人提交的资料进行审查，符合条件的予以批准，出具同意贷款证明书。

4. 办理交易递件手续

交易双方到房地产交易机关办理交易递件手续，一般此时卖方收取 30%的首期款。

5. 查税、交税，交易过户

交易双方到交易机关查询所需纳税数额，并完成纳税义务(可各付各税或按约定由一方承担所有税款)，同时办理各项交易过户手续。

6. 出新房产证

旧房产证交回，由房管部门销毁，并重新制作新房产证。

7. 新证归档

新证材料归档工作是房管部门内部进行房屋产权产籍管理的重要内容。

8. 办理抵押登记手续

借款人与贷款行签订借款合同和抵押担保合同，并办理抵押登记、公证、保险等手续，保险单正本交贷款银行保管。

9. 银行放款

贷款银行发放贷款，按贷款合同约定将贷款直接汇入售房人账户。

本章小结

住房抵押贷款合同的构成要素主要有：抵押物、抵押率、贷款利率、贷款期限、还款方式、抵押物的占管与处分。根据房地产金融的发展，住房抵押贷款可分为常见的住房抵押贷款与创新的住房抵押贷款两大类。根据贷款利率是否可以调整,住房抵押贷款可以分为固定利率抵押贷款和可调利率抵押贷款两种类型。固定利率抵押贷款主要有两种:固定还本抵押贷款和完全均付抵押贷款。

住房抵押贷款合同中的重要条款包括借款人交费项目条款、抵押住房转让条款、提前还款条款、抵押贷款合同违约条款、贷款人占有抵押住房条款和解除债务关系条款。

银行开展一手楼住房抵押贷款的业务流程包括楼盘审查和发放贷款两部分。楼盘审查操作流程为:开发商申请、项目调查、审查和审批、签订项目合作协议书。发放贷款操作流程为:借款人申请、贷前调查、审查和审批、签订借款合同、办理保险(及公证、担保等)、发放贷款、资料归档、贷款偿还、贷后管理、清户撤押。

关键概念

住房抵押贷款　Housing mortgage　　固定利率抵押贷款　Fix Rate mortgage

固定还本抵押贷款　Constant amortization mortgage

完全均付抵押贷款　Constant payment mortgage

可调利率抵押贷款　Adjustable rate mortgage

课堂讨论

假如你是某房地产抵押贷款服务机构(即按揭机构)的业务人员,你会如何为市民申请住房抵押贷款提供优质服务?

思考与练习

一、填空题

1. 抵押权是从属于________的担保物权,它的成立以所担保的________的成立为前提。

2. 房地产的不可移动性决定了房地产只能由________占管,________保管房地产的产权证书及其他证明文件。

3. 允许调整贷款利率的目的是将利率浮动的一部分贷款风险转移给________。

4. 提前付款特权是指借款人提前________的权利。通常在提前付款时免收________。

5. 逆向年金抵押贷款方式实际上是把________抵押给金融机构,由金融机构每月向老人提供________。

二、单项选择题

1. 在房地产抵押贷款的抵押期内,抵押品使用权归属(　　),但未经(　　)同意,不得变卖抵押品。

A. 抵押人,抵押权人　　B. 抵押人,抵押人

C. 抵押权人,抵押人　　D. 抵押权人,抵押权人

2. 通常情况下,设定抵押权的房地产价值要大于(　　)。

A. 应付利息　　B. 贷款额度　　C. 股票价值　　D. 市场价格

3. 债务人如不按期偿还贷款本息，就称之为违约，贷款银行有权依照法律程序取消住房抵押的(　　)。

A. 处分权　　B. 赎回权　　C. 抵押权　　D. 赠与权

4. 某人申请住房贷款 60 万元，贷款期限为 10 年，贷款年利率为 6%，若采用按月等额本金还款方式，则第 11 个月的还款额为(　　)元。

A. 7775　　B. 7700　　C. 7750　　D. 7725

5. 某人计划购买 100 平方米的商品房一套，单价为 1 万元/平方米，贷款条件是首付 20%，其余向银行贷款，20 年还清。假设年贷款利率为 7%。若采用按月等额本息还款方式，则每月的还款额为(　　)元。

A. 6200.39　　B. 6202.39　　C. 6244.03　　D. 6266.67

三、多项选择题

1. 下列房地产可以设定抵押权的是(　　)。

A. 国有土地上依法取得的房屋　　B. 以出让方式取得的土地使用权

C. 集体土地使用权　　D. 乡、村企业的厂房

2. 以房地产作为抵押物进行贷款时，在(　　)的情况下，贷款人可对借款人追究违约责任。

A. 借款人按期归还借款本息

B. 借款人擅自改变贷款用途而挪用贷款

C. 借款人未经贷款人同意，将设定抵押权的财产出售

D. 设定抵押权的财产遭受台风等自然灾害而破损

3. 个人住房贷款的还款方式有(　　)。

A. 一次性还款　　B. 等额本金还款　　C. 等额本息还款　　D. 质押担保

4. 房地产抵押贷款的利率由(　　)等组成。

A. 贷款期限　　B. 承担的风险

C. 资金的投资收益　　D. 安排抵押贷款所发生的运营成本

5. 采用按月等额本金还款方式还款，借款人每月(　　)。

A. 支付的本金是均等的　　B. 支付的利息是均等的

C. 偿还的利息越来越少　　D. 偿还的利息越来越多

四、简答题

1. 住房抵押贷款合同的构成要素包括哪些？

2. 住房抵押贷款的种类有哪些？

3. 住房抵押贷款合同中的重要条款包括哪些？

4. 简述银行开展一手楼住房抵押贷款的业务流程。

5. 简述购房者获得二手楼抵押贷款的流程。

实践与训练

实训项目：住房抵押贷款合同的填写。

实训目的：通过模拟填写住房抵押贷款合同，了解和熟悉住房抵押贷款合同的内容及签订的注意事项。

实训步骤：

(1)由学生自己寻找或由教师给定一份当地现用的“住房抵押贷款合同”。

(2)分小组熟悉这份合同的各项重要条款。

(3)分小组进行抵押贷款合同的填写实训。

(4)各组总结签订住房抵押贷款合同的注意事项。

案例分析

深圳楼市怪现象：20张信用卡套现凑首付

《证券日报》记者在深圳调查时发现，在疯狂的房地产热潮下，购房客为凑齐首付款花招百出，无奇不有，甚至有人用20张信用卡套现凑首付。

与此同时，此前被监管部门叫停的“首付贷”市场，在更换马甲后，同样展现出一派繁荣景象。实际上，有业内人士指出，“首付贷”的本质是个人信贷和抵押贷款，“以各种噱头吸引客户抵押贷款，是银行常用的一种推广手段 ，这一次，只不过是披上首付的外衣”。

一、市场恐慌，信用卡套现买房

进入2016年，一线城市的房价不断攀升，动辄千万元的标价再次挑动了大家敏感的神经。在这轮涨价潮中，保持领涨的城市——深圳，格外引人关注。2015年，深圳利好政策频出，房价直线飙升，有不少媒体解读认为，杠杆资金和“炒房客”趁机杀入市场，形成新一轮的房价推手。近日，《证券日报》记者赶赴深圳，对房地产市场进行了实地调查，发现购房主力依然是刚需人群。

“此轮房价上涨，主要是由刚需推动的，炒房客所占的比例很小。”一位福田区金大地房地产的中介经理告诉记者，近些年，深圳的房价几乎没有经历过大幅上涨。但是去年以来，利好政策不断出台，刚需入场，直接推高了房地产市场需求。“首先，从2014年11月份到2015年底，央行四次降准，六次降息，房贷利率直接由6.15%下调到4.9%；其次，‘3·30’政策刺激，营业税‘5改2’，原本购房不满5年的房子再次出售时需要征收营业税，现在缩短到2年；此外，二套房商业贷款从此前的六成首付降低为四成首付，公积金贷款首套最低首付降为二成。”在这样的背景下，深圳房地产遭遇恐慌性抢购。国家统计局数据显示，深圳房价在2014年11月份开始止跌，2015年全年累计上涨近50%，领涨全国。

“在深圳工作的外地人，大部分都没有房子，对于普通老百姓来说，房子是无法忽视的。去年，在国家政策支持下，明显能感受到房地产市场开始躁动。”一位福田区链家地产的中介人员在接受《证券日报》记者的采访时表示，“开始是有积蓄的外地人买，后来没有积蓄的年轻人也着急了，眼看涨的比挣的多，就开始想各种办法，这时候有人建议买二套房的人可以用‘首付贷’或者二次抵押贷款；没有房子的人，有人担保也可以贷款；甚至连担保人都没有的，就用信用卡套现，我见过一家四口人，一共办了20张信用卡，凑了60多万元，付清首付款后，每个月还几千元最低额，过几个月把房子二次抵押后，信用卡债务就能一次性还清。”

二、"首付贷"外衣下，抵押贷款才是"真凶"

与此同时，市场恐慌和场外配资也引起了监管部门的重视，近日"首付贷"被公开叫停。但是，记者在走访中发现，"首付贷"不但仍然存在，还被换上"消费贷""小额贷"的马甲。

一位曾操作过"首付贷"的中介人员告诉记者，通常大家说的"首付贷"，在实际操作过程中有三种情况。第一，就是抵押贷款，即用已有的房子做抵押，向银行申请贷款，用这笔钱交首付；第二，就是大额的信贷，也就是个人信用贷款，办理这个贷款，通常需要在深圳工作一段时间，并且有良好的信用记录；第三，就是二次抵押，这个操作比较复杂，先借钱凑齐首付，然后贷款买房子，等房产证到手后，给房子做二次抵押，再用抵押来的钱还首付。

抵押贷款和个人小额贷款都是银行贷款体系中最基础的项目，一位北京农行的工作人员在接受记者采访时表示，"理论上，没有抵押物和担保人，纯凭信用也可以进行贷款，但是现实操作中，个人小额贷款实行困难，如果没有抵押或担保，银行几乎不会放款；生活中，抵押贷款比较常见，做抵押贷款时主要考量三个方面，一是贷款主体的经营能力，二是贷款主体的征信记录，三是看抵押物价值。一般来说，贷款额度大约是抵押物估值的70%。虽然抵押贷款比较容易，但是按照国家要求，贷款获得的资金是不允许用于买房的。"

实际上，在贷款的过程中，只要不提买房或炒股，银行方面就不会有异议。一位从事贷款业务的工作人员告诉记者："即使银行知道（贷款用途），也会假装不知道，毕竟银行也是需要盈利的。其实，'首付贷'只是抵押贷款的一种由头，还有一些银行，为了争客户，推出了许多奇葩的贷款，比如'精英贷''卡易贷''二胎贷''个人快速消费贷'等等。这一次，只不过是抵押贷款披上首付的外衣。"

（资料来源：中国经济网，2016-03-29）

思考题：

假如你是一名置业顾问，面对现实中的"首付贷"和"抵押贷款"问题，你会给客户怎样的建议？

第五章　住房公积金制度及公积金贷款

学习目标

1. 理解住房公积金的含义、性质与特点。
2. 了解我国住房公积金制度的发展状况。
3. 掌握我国建立住房公积金制度的作用。
4. 了解我国住房公积金制度的实施条件。
5. 了解住房公积金的缴存与归集。
6. 掌握住房公积金的支取与使用。
7. 了解住房公积金的管理。
8. 理解住房公积金贷款的概念与特点。
9. 掌握住房公积金贷款的运作程序。
10. 理解政策性置业担保的概念及特点。
11. 掌握政策性置业担保的主要内容。

第一节　住房公积金制度概述

一、住房公积金的含义、性质与特点

(一)住房公积金的含义

住房公积金是根据政府的专门规定或法规要求，在职职工及其单位各自按照规定比例缴存的归职工个人所有的具有保障性和互助性的一种长期住房储金。我国住房公积金制度规定，国家机关、国有企业、城镇集体企业、外商投资企业、城镇私营企业及其他城镇企业、事业单位、民办非企业单位、社会团体等单位及其职工一律要每月按职工工资收入的一定比例提取公积金，并存入职工个人专门账户，归职工个人所有。在缴存期内职工可以用住房公积金购买、建造住房，用于维修自己的住房，也可以按规定缴纳房租，住房公积金的本息结余，在职工离退休、彻底脱离单位(企业)、出国定居和死亡后等可一次性支取。

(二)住房公积金的性质

住房公积金作为一种专项用于住房消费的义务性长期个人住房基金，本质上是企业给自己员工的一种奖励和福利制度，其外在表现形式是由住房公积金内在的本质属性决定的。

住房公积金的本质属性是工资性。单位按职工工资的一定比例，为职工缴存住房公积金，实质是把低工资时单位用于住房实物分配的工资，以货币形式分配给职工，从而达到转换住房分配机制的目的。将住房实物分配转换为以按劳分配为主的货币工资分配的方式是多种多样的，如直接提高工资、增发住房补贴等。但在中国社会经济发展、住房建设发展以

及房改推进力度等内外条件的制约下，采取住房公积金的方式转换住房分配机制，同直接提高工资、增发住房补贴相比较，具有更好的经济效益和社会效益。这主要体现在以下两个方面：

(1)直接提高工资，即使同步提高房租，也难以避免资金分散、沉淀的现象，而以住房公积金的方式提高职工工资，是化零为整，有利于住房资金的积累、周转和政策性住房抵押贷款制度的建立。

(2)在租金改革难以大步推进的情况下，以住房公积金的方式提高职工工资有利于引导职工家庭消费结构合理化，有利于增强职工购房、建房、租房的能力和自我保障的意识。

(三)住房公积金的特点

1. 形成的强制性

住房公积金的归集基础主要是政府信用，这种政府信用或者表现为有关住房公积金的行政规定，或者表现为有关住房公积金的特定法规。一旦实施这些行政规定或特定法规，其中规定的应参加住房公积金的个人和单位(企业)就必须参加住房公积金的缴交。

2. 权属的个人性

住房公积金的所有权属于职工个人，尽管住房公积金中有一部分是来自职工所在单位(企业)，但它仍计入职工个人专门账户归职工个人所有。

3. 资金属性的工资性

住房公积金每月随职工工资发放时提取缴存，而且住房公积金来自职工所在单位(企业)的部分实际上是对职工用于住房消费的一种劳动报酬，所以具有明显的工资性。

4. 用途的专用性

它不同于职工的医疗基金、养老基金、失业保险基金等其他社会保障基金。住房公积金只能用于职工的住房消费，不能用于生、老、病、死所需的费用支出。因此住房公积金的使用有严格的方向性，而且具体用于何种形式的住房消费和投资往往还有具体规定。只有在参加住房公积金的职工离退休或死亡等情况下，其住房公积金才能被提取并可能用于非住房消费和投资行为。

5. 服务对象的普遍性

住房公积金涵盖了城镇所有在职职工，包括国家机关、国有企业、城镇集体企业、外商投资企业、城镇私营企业及其他城镇企业、事业单位、民办非企业单位、社会团体等在职职工，无论其工作单位的性质如何，无论其家庭收入的高低，无论其是否已有住房，都必须按照国家的有关规定缴存住房公积金。

6. 福利性

住房公积金是互助性的基金，具有明显的职工福利性。这种福利性主要表现在两个方面：一是职工个人公积金除职工个人缴纳一定金额外，职工所在单位也要缴纳一定的金额，两者都归职工个人所有，也就是说，职工单位为职工提供了福利补贴；二是职工住房公积金贷款利率低于同期银行贷款利率，具有明显的福利性，这样在很大程度上减轻了职工的购房经济负担。

7. 长期性

住房公积金是一种长期的住房储蓄金。《住房公积金管理条例》规定，每一个城镇职工自参加工作第二个月起至法定离退休或者终止劳动关系的这一段时间内，都必须缴交个人住房公积金。

(四)住房公积金与一般的居民储蓄存款的区别

(1)居民储蓄存款实行的是“存款自愿,取款自由,为储户保密”的原则;而住房公积金是一种强制缴存的“储金”,只要符合参加住房公积金制度的对象,都必须按月缴存住房公积金。

(2)居民储蓄存款没有存款时间的要求,随时随地都可存款;而住房公积金则是按月缴存的。

(3)居民储蓄存款可以在存单约定的时间内随时提取,以体现取款自由的原则;而住房公积金提取有严格的政策规定,只有在符合规定的条件下,缴存人才能提取自己缴存的住房公积金。

(4)居民储蓄存款根据期限实行不同的利率政策;而住房公积金实行低利率政策。

二、住房公积金制度

(一)我国住房公积金制度的发展状况

我国的住房公积金制度是在学习和借鉴新加坡经验的基础上,于1991年率先在上海实行,后逐步在全国推广的政策性住房金融形式。职工缴存的公积金是单位对职工住房分配从实物分配制度向货币分配制度的转化,二者都归职工个人所有。因此,中国的住房公积金制度是城镇住房制度改革的产物,其目的是在国家、企业、个人三者共同负担的情况下筹集住房资金,并在筹集住房资金的过程中通过长期的储蓄积累逐步增强职工个人住房支付能力。

由于住房公积金在住房资金的筹集方面发挥的现实的和潜在的作用,这一制度得以在全国各地迅速推广。1992年住房公积金制度被扩展到北京、天津、江苏、浙江等地,1993年陆续扩展到辽宁、吉林、黑龙江、河北和湖北等地。1994年7月,国务院转发的《国务院关于深化城镇住房制度改革的决定》(国发〔1994〕43号)明确指出要“全面推行住房公积金制度”。该决定发布之后,全国35个大中城市、213个地级以上城市建立了住房公积金制度。国务院房改领导小组批准独立运行的解放军、煤炭、铁路、石油系统也已于1995年年底以前建立了住房公积金制度,中央机关于1996年10月建立了住房公积金制度。在面上推广的同时,公积金归集的数额也在稳步增加。

1996年8月,国务院办公厅转发了国务院房改领导小组《关于加强住房公积金管理的意见》(国发〔1996〕35号),进一步明确了住房公积金是职工个人住房基金,不属于财政预算资金,按“房委会决策、中心运作、银行专户、财政监督”的原则进行管理,规范了住房公积金的管理体制,进一步推动了我国公积金制度的发展。

1999年4月,国务院颁布了《住房公积金管理条例》(国务院令第262号),并于2002年3月下发了《国务院关于修改〈住房公积金管理条例〉的决定》,通过立法对公积金制度进行规范。

2002年5月,国务院下发了《国务院关于进一步加强住房公积金管理的通知》(国发〔2002〕12号),进一步强调要调整和完善住房公积金决策体系,规范住房公积金管理机构设置以及公积金银行专户和个人账户管理,健全和完善住房公积金监督体系。随着管理政策的完善和住房制度改革的深化,住房公积金制度目前已成为中国主要的住房金融形式。

（二）建立住房公积金制度的目的及作用

住房制度改革的核心，是建立适应社会主义市场经济体制的住房资金分配运行机制，住房公积金制度充分体现了这一要求。全面推行住房公积金制度，对于融通建房资金和提高居民的支付能力具有十分重要的作用。

1. 有利于刺激职工住房有效需求，促进住房商品化的实现

改变原有的无偿分配、低租金使用的住房制度，形成新的住房机制，逐步实现住房商品化，这是住房制度改革的要求，但是相对于现在的房地产市场，中国城镇职工的住房购买力明显不足，而住房公积金的建立为解决住房问题找到了一条捷径。因为住房公积金制度通过个人努力、国家和单位支持，以长期储蓄的形式，不仅能为职工购房准备好一笔相当规模的首期付款，同时，由于公积金的来源稳定、成本较低，使得发放长期、低利率的政策性抵押贷款成为可能。因此住房公积金制度不仅能够提高住房的支付能力，刺激职工住房的有效需求，而且还能加快住房商品化的实现。

2. 有利于筹集建房资金，扩大建房规模，从而提高职工居住质量

我国几十年的实践表明，要较好地解决广大城镇居民的住房问题，单纯依靠国家投资和企业投资是远远不够的。目前我国人均居住面积相对较小，若要尽快改善居民的住房条件，需要庞大的投资规模，客观上也需要多种融资渠道并行。而住房公积金制度的建立能够较好、较快地解决住房建设资金问题，扩大筹资数额，而且住房公积金筹资成本低，因而降低了住房建设成本。全面推广公积金制度之后，每年归集的住房公积金总额将达到数千亿元，这将是城镇建房资金的最重要的来源。据统计，至 2004 年年底，全国住房公积金缴存余额为 4893.5 亿元，实际缴存职工人数为 6138.5 万人，占在岗职工人数的 58.4%（引自中国人民银行《2004 中国房地产金融报告》）；截至 2008 年年末，全国住房公积金缴存总额增至 20699.78 亿元，实际缴存职工人数达 7745.09 万人，占在岗职工人数的 69.25%（信息来自 2009 年 03 月 24 日 14:28 金羊网——羊城晚报）。

2015 年 6 月，住房和城乡建设部、财政部、中国人民银行联合首次发布《全国住房公积金 2014 年年度报告》，2014 年全年住房公积金缴存额 12956.87 亿元，比上年增长 12.41%。2014 年年末缴存总额 74852.68 亿元，全年住房公积金实缴单位 206.50 万个，实缴职工 11877.39 万人，分别比上年增长 14.05%和 9.19%。全年新开户单位 22.68 万个，新开户职工 1575.70 万人，净增实缴单位 25.44 万个，净增实缴职工 999.53 万人。《全国住房公积金 2015 年年度报告》显示，2015 年全年住房公积金缴存额 14549.46 亿元，比上年增长 12.29%。年末，住房公积金缴存总额 89490.36 亿元，缴存余额 40674.72 亿元，分别比上年末增长 19.56%和 9.79%。2015 年全年住房公积金实缴单位 231.35 万个，实缴职工 12393.31 万人，分别比上年净增 24.85 万个、515.92 万人，增长 12.03%和 4.34%。《全国住房公积金 2016 年年度报告》显示，2016 年全年住房公积金缴存额 16562.88 亿元，比上年增长 13.84%。年末，住房公积金缴存总额 106091.76 亿元，缴存余额 45627.85 亿元，分别比上年末增长 18.55%和 12.18%。2016 年全年住房公积金实缴单位 238.25 万个，实缴职工 13064.50 万人，分别比上年增长 2.98%、5.42%。新开户单位 31.81 万个，新开户职工 1612.87 万人。住房公积金制度大大提高了广大城市居民的居住水平和居住质量。

3. 有利于推动住房货币化进程，促进住房信贷机制的完善

通过单位资助职工建立住房公积金，把实物分配全部转化为职工货币工资收入，有利于

推进住房分配的货币化进程，在很大程度上调动职工生产积极性，增强职工个人购房能力，加快实现住房商品化。同时通过住房公积金的积蓄，为实施个人住房长期抵押贷款提供了资金保证，有利于住房信贷机制的完善。

4. 有利于优化家庭消费结构，抑制通货膨胀

在低租金制度下，由于住房消费占居民生活消费的比例过低，居民将用于住房的消费转向住房以外的消费领域，不仅严重扭曲了租房结构，致使住宅产业及其相关产业的发展畏缩不前，而且使不合理的社会消费资金加大，增加通货膨胀的压力。建立住房公积金，就是强制性地使居民的住房支出维持一个合理的比例，有利于整个国民经济的协调运行，促进国民经济健康发展，这也是广大居民的根本利益所在。

三、住房公积金制度的实施条件

总结近些年各地推行住房公积金制度的经验，借鉴新加坡建立中央公积金制度的成功做法，住房公积金制度的顺利推行必须满足一定的社会条件：

1. 要保障各利益主体的合法权益

住房公积金制度中的利益主体包括：

(1)住房公积金的所有人，即职工个人。其利益主要体现在存储期间住房公积金的存款利率如何规定，其利息收益与银行一般储蓄存款的差异以及与有效投资差异等各方面。

(2)住房公积金的使用人，亦称借款人。其包括职工个人和具备申请条件借用住房公积金的企业、行政事业单位等，其利益主要体现在借款利率、期限及借款数量的组合关系上。数量一定时，低息、短限和高息、长限之间形成的利益差异很大；而利率、期限一定时，数量多少也反映出利益上的差别。

(3)住房公积金管理机构。其利益主要体现为政策性规定下的存贷款利差、负债结构、偿还能力等方面。

(4)国家或政府。其利益主要体现在减轻财政负担，至少是在不新增财政负担的情况下，从社会总量上增加建房投入，加快住房建设发展，带动社会消费结构、产业结构的调整，促进国民经济健康、快速、持续地发展。

(5)单位。其利益主要体现在新的分配机制下，能够加快解决本单位职工的住房问题。

2. 要把握好实施过程中的关键变量，实现最佳效益组合

(1)住房公积金的缴存率。这涉及职工个人消费结构、心理因素和单位的经济承受能力，应找好均衡点。

(2)住房公积金的存储时间和资金使用者的借款期限。这主要涉及职工有效工作的年限。消费结构的调整是个长期的过程，职工的购房能力不仅取决于现有支付能力，而且取决于职工未来的收入。住房价值量大，消费也是长期的，住房公积金的存储时间和借款时间的确定必须充分注意这一点。

第二节　住房公积金的缴存、支取和管理

住房公积金制度是关于住房公积金的提取、存储、使用和管理等住房公积金运行的一整套的行为准则和工作方式。它主要由住房公积金的缴存制度、使用制度和管理制度三部分

组成。住房公积金制度的核心问题就是资金。资金的筹集牵涉千家万户的利益，牵涉政府部门、职工所在单位和职工个人等多方面的协调，因此建立一整套完善的住房公积金缴存和支取系统是公积金制度发挥作用的一个关键性问题。

一、住房公积金的缴存与归集

（一）住房公积金的缴存

单位扣缴职工个人住房公积金后连同单位提供部分，一并缴存到所在市住房公积金管理中心的整个过程称为汇缴，由单位每月进行一次。单位在首次汇缴住房公积金时，应先确定缴交住房公积金的范围、职工工资基数及住房公积金缴交额，然后在发放职工的月工资时代为扣缴职工个人的住房公积金，连同单位提供的住房公积金，一并缴交给市住房公积金管理中心。经办银行和所在市住房公积金管理中心将单位缴来的住房公积金分别记入单位名下的职工个人的住房公积金户名内。每个职工只能有一个住房公积金账户。住房公积金管理中心应当建立职工住房公积金明细账，记载职工个人住房公积金的缴存、提取等情况。

单位首次汇缴住房公积金后，以后各月的汇缴只需根据单位职工及其住房公积金变动情况，填写“公积金汇缴变更清册”，并相应调整住房公积金汇缴额，然后按首次汇缴缴交住房公积金。职工住房公积金的月缴存额等于职工本人年度月平均工资乘以职工住房公积金缴存比例。单位和职工每月应分别按不低于职工上一年度月平均工资的5%缴存住房公积金，最高缴存比例原则上不高于12%。缴存住房公积金的月工资基数，原则上不应超过职工工作地所在设区城市统计部门公布的上一年度职工月平均工资的2倍或3倍。单位和职工个人缴存的住房公积金均属于职工个人所有。住房公积金管理中心按人民银行规定利率向缴存职工计付利息。具体标准由各地根据实际情况确定。职工月平均工资应按国家统计局规定列入工资总额统计的项目计算。

（二）住房公积金的补缴

如果单位职工住房公积金因故未缴纳，则应进行补缴。另外，一部分职工提取住房公积金后需要归还复缴时，也通过补缴办法缴存住房公积金。补缴的情况包括：

（1）新增加职工或调入职工未按时汇缴住房公积金时；

（2）单位职工因故漏缴住房公积金时；

（3）职工提取住房公积金用于购建住房后，原住房出售或需另购住房，而将原动用的住房公积金重新复缴时；

（4）职工错提住房公积金需要复缴时。

单位补缴住房公积金（包括单位自行补缴和人民法院强制补缴）的数额，可根据实际采取不同方式确定；单位从未缴存住房公积金的，原则上应当补缴自《住房公积金管理条例》（国务院令第262号）发布之月起欠缴职工的住房公积金。单位未按照规定的职工范围和标准缴存住房公积金的，应当为职工补缴。单位不提供职工工资情况或者职工对提供的工资情况有异议的，管理中心可依据当地劳动部门、司法部门核定的工资，或所在设区城市统计部门公布的上年职工平均工资计算。

（三）住房公积金的归集

1. 住房公积金归集的含义

住房公积金归集是指住房公积金管理的法定机构，依据国家和政府授予的职权，将每个职工个人缴存的住房公积金及所在单位资助的职工缴存的住房公积金，归于每个职工个人的住房公积金账户，并集中管理运用的行为。

对于住房公积金缴存，住房公积金的归集还意味着职工个人及其所在单位缴存住房公积金是在国家法律或地方政府政策的规定下的一种义务性行为，住房公积金在存储期限内，定向用于个人住房消费，到期结算给予补偿。

住房公积金归集的上述特点是住房公积金性质的必然要求，做好住房公积金的归集工作是全面推行住房公积金制度的基础。

2. 住房公积金归集的一般程序

住房公积金归集的一般程序主要是指住房公积金管理机构、实施住房公积金的单位、缴存住房公积金的职工之间的缴存归集程序。

根据各地推行住房公积金制度的时间，住房公积金归集的一般程序包括以下几个方面：

(1)单位住房公积金户的开设和职工个人住房公积金账户的设立

实行住房公积金制度的单位首先应在住房公积金管理机构制定的归集部门或归集网点(包括受委托代办归集业务的金融机构确定的网点)开设本单位住房公积金户，并在单位住房公积金户下设立职工个人住房公积金账户；其次应设立住房公积金户的单位一般要填报住房公积金开户情况登记表和本单位职工住房公积金汇交清册，进行登录建账。登录建账后的单位，在每年规定的时间内，向归集部门报下一年度本单位具备福利核算的条件。单位因撤销、变更、合并、破产而发生变动后，需及时向住房公积金归集部门申请撤销账户。

(2)住房公积金的汇交

职工住房公积金一般逐月缴存，并由职工所在单位汇交。职工个人缴存部分，可以由单位在每月发工资时代扣，连同单位资助部分一并在单位每月发工资日后 5 日内缴存归集部门。单位汇交时，要填写住房公积金汇交书和转账支票，送交归集部门，然后由归集部门将公积金分别记入缴存单位户内每个职工个人的住房公积金账户。

(3)职工单位公积金变动后的汇交处理

单位因职工调入、调出、离退休等情况引发汇交情况变动时，由单位在每月填写住房公积金汇交书时，同时向归集部门填写职工住房公积金汇交变更清册，并相应地记入单位住房公积金户下每个职工的住房公积金个人账户。

(4)工作变动后个人住房公积金账户的处理

职工离退休、调离本城市、出国定居时，可持单位开具的住房公积金支取书到归集部门支取全部住房公积金本息，同时办理销户手续；职工在本城市内调动工作，可持单位开具的住房公积金转移通知书到归集部门办理转移手续。职工因离职、停薪等各种原因中断缴存住房公积金时，依据单位住房公积金汇交变更清册，将其住房公积金本息结余封存在原账户，恢复缴存时再启封。

(5)职工住房公积金的查询和对账

职工缴存住房公积金后，可以随时依据单位和职工本人填写的住房公积金查询书向归集部门查询。住房公积金归集部门需在每年 6 月 30 日结息后，向职工发送对账单对账。

二、住房公积金的使用与支取

（一）住房公积金的使用

1. 住房公积金使用的含义

职工个人对缴存住房公积金的使用，就其法律特征而言，是住房公积金所有权人对其个人资产占有、使用、收益和处分权利的体现。住房公积金的使用，专指职工个人在住房公积金缴存期间，依法使用住房公积金的行为。其行为特点一是体现了职工个人享有支配、处分本人所有住房公积金的主体性；二是体现了职工个人支配、处分本人所有住房公积金的无偿性；三是体现了职工个人支配、处分本人所有住房公积金的专项性。

住房公积金管理机构依法定职责，以归集住房公积金为基础，发放单位和个人购建、大修房的委托贷款，应界定为使用行为。

2. 住房公积金的使用范围

在缴存期间，职工的住房公积金可用于以下几个方面：其一，支付职工购买自住住房的费用，以及购买自住住房发生的交易手续费、产权登记费等相关费用。其二，支付职工个人或通过集资合作方式建造自住住房的费用。其三，支付职工为修缮自住住房发生的费用。其四，支付职工为购买、建造自住住房和修缮自有住房借用的贷款及相关的保险费、公证费等费用。其五，按规定用住房公积金支付的房租。

（二）住房公积金的封存

职工因故不缴纳住房公积金，且不能支取住房公积金时，其结余的住房公积金作为封存挂在职工的账户中。封存的情况有以下几种：

（1）职工停薪；

（2）职工辞职；

（3）职工因长病假、生育假、下岗而领取折扣工资，并征得本人同意停缴住房公积金；

（4）职工旷工、劳动收容停缴住房公积金。

封存的住房公积金目前暂存在职工原有单位名下的职工账户内。一旦该职工进入新的工作单位，即可办理公积金转移手续；或者职工恢复缴交住房公积金时，即可办理住房公积金复缴手续。

（三）住房公积金的转移

职工变动工作时，其住房公积金本息转入新调单位名下的职工公积金账户名内，职工住房公积金账号也作相应调整。职工因故脱离工作单位，中断工资关系时，其住房公积金缴存随之中断，其结余的住房公积金本息仍保留在原单位名下的职工住房公积金账户名内，职工住房公积金账号不变。职工恢复工作时，如在原单位发工资的，则继续在原单位缴交住房公积金；如变动单位的，可办理住房公积金转移手续。职工转移住房公积金时，须由调出单位办理调出手续，由受托银行进行转移以后再通知调入单位。

（四）住房公积金的支取

1. 住房公积金支取的含义

住房公积金的支取是指职工按规定的条件和程序，提取个人缴存的住房公积金本息。根据各地实践，办理住房公积金的支取主要有三种情况：一是职工在住房公积金的缴存期间，为使用住房公积金而发生的支取。二是按规定职工进行住房公积金本息余额的结算，同时办理销户手续时发生的支取。三是有关规定允许的特殊情况下办理的支取。

2. 住房公积金支取的条件

住房公积金的支取是有限制条件的，这与缴存住房公积金的长期性和互助性直接关联。根据金国务院《住房公积金管理条例》和当地《住房公积金管理实施办法》的相关规定，职工有下列情形之一的，可以支取职工住房公积金账户内的存储余额：

(1)购买、建造、翻建、大修自住住房的；

(2)离休、退休的；

(3)完全丧失劳动能力，并与单位终止劳动关系的；

(4)户口迁出本地或出境定居的；

(5)偿还购房贷款本息的；

(6)房租超出家庭工资收入的规定比例的；

(7)职工死亡或被宣告死亡的。

上述七条可以归纳为两类情况：

一类是职工住房消费的支取，包括第(1)、(5)、(6)条。对于房租是否超出家庭工资收入的比例，由当地住房公积金管理委员会确定，目前这一比例一般为10%～15%。

另一类是职工丧失缴存条件的支取，包括第(2)、(3)、(4)、(7)条。其中对于职工死亡，却无继承人也无受赠人的，职工住房公积金账户的存储余额纳入住房公积金的增值收益。

(五)住房公积金的复缴

职工使用住房公积金购买和建造的住房出售后，或职工用住房公积金为其家属成员和直系亲属购买和建造住房后本人需另购、建住房时，应将当时支取的住房公积金如数归还，存入职工住房公积金户名。

职工将原支取的住房公积金如数复缴给单位，然后由单位以补缴住房公积金的方式缴入单位名下职工住房公积金户名内，并记入账册。职工如不主动缴款，单位可核扣其售房款或在其工资中代扣。

三、住房公积金的支取程序

(一)个人住房公积金贷款提取住房公积金的相关材料

1. 购买商品房提取住房公积金要出具的证明材料

购买商品房的职工提取住房公积金需出具以下证明材料：

(1)经产权部门登记有效的“商品房购房合同”原件、复印件；

(2)购买住房首期付款发票或收据原件、复印件；

(3)住房公积金缴存余额；

(4)本人身份证原件、复印件；

(5)提取配偶住房公积金的，须提供结婚证原件、复印件。

2. 购买“二手房”申请提取住房公积金要出具的证明材料

(1)房产交易所鉴证的购房合同原件、复印件；

(2)首期款发票原件；

(3)契税缴款收据原件、复印件；

(4)本人身份证原件、复印件；

(5)盖有单位住房公积金预留印鉴的住房公积金支取申请书。

3. 偿还住房贷款本息的提取住房公积金要出具的证明材料

(1)住房公积金存款余额；

(2)本人身份证原件、复印件；

(3)商品房或集资建房或自建房相关手续或房屋所有权证原件、复印件；

(4)购买商品房或集资建房或自建房“借款合同”、“购房合同”或“集资建房协议”原件、复印件；

(5)提取配偶住房公积金的，须提供结婚证原件、复印件；

(6)贷款银行出具的借款余额清单。

4. 房租超出家庭工资收入规定比例的提取住房公积金要出具的证明材料

(1)住房公积金存储余额；

(2)本人身份证原件、复印件；

(3)房产管理部门登记备案的租赁合同原件、复印件；

(4)住房租金收款发票(或收据)；

(5)提取配偶住房公积金的，须提供结婚证原件、复印件；

(6)家庭收入证明。

(二)公积金提取程序

公积金提取申请审批制度，一方面可以保证住房公积金按照《住房公积金管理条例》规定的用途使用，避免住房公积金流失；另一方面可以防止冒领或不符合条件提取等情况的发生。职工提取住房公积金按规定依次要经过以下程序：

(1)个人申请

凡符合住房公积金提取规定，申请提取住房公积金的职工，应持各种提取情形的相应材料首先向所在单位提出申请。

(2)单位初审

所在单位住房公积金管理部门应对申请人是否职工本人，是否符合提取情形，所提供材料是否真实等情况进行初审，材料不齐的应及时通知申请人补齐。经核实无误后由单位经办人填写“住房公积金提取申请书”，并签署意见、加盖单位公章或单位财务专用章。

(3)单位申请

单位公积金经办人在规定的住房公积金提取办理期限内(各地住房公积金管理中心有不同的提取期限)，将经初审后的职工申请材料连同“住房公积金提取申请书”统一向住房公积金管理中心办理提取申请。

(4)住房公积金管理中心核准

住房公积金管理中心在受理单位上述提取申请后，对申请人的提取情形与所提供的证明材料是否属实进行查验。凡申请情形相符，材料属实、齐全的，一般当场核定提取金额，转入支付程序；凡申请材料不符、不全或申请提取人数较多、当场难以核准的，则由住房公积金管理中心于受理申请之日起3个工作日内做出是否准予提取的决定，并通知申请单位至申请人。

(5)办理支付

住房公积金管理中心在收妥需留存的材料后，按核定提取的金额转账支付给申请单位或申请人储蓄账户；对非销户提取的，在退还申请人提供的原材料做出记录和加盖住房公积金管理中心业务章，并由单位向申请人支付其所提取的住房公积金，返回有关申请材料原件。

四、住房公积金的管理

建立规范、严密、高效、便捷的住房公积金管理体制，是实现住房公积金安全运用和保值、增值，以及实现住房公积金政策保障性和社会互助性的根本保证。住房公积金是职工个人工资性住房基金，实施统一归集管理后，社会积累额大，积累增加速度快。因此，对住房公积金的管理，各级政府十分关心，社会公众极其关注，财政、金融、建设、房改等政府部门更加重视。

(一)管理原则

(1)责、权、利一致；

(2)地方政府和银行是委托与被委托的关系；

(3)住房公积金管理机构不能成为金融机构；

(4)住房公积金只能用于住房建设和住房改革，严禁挪作他用；

(5)房改领导小组或房委会决策，住房资金管理部门负责运营，银行接受委托设立专户，财政部门实施监督。

(二)管理机构的设置和职责

1. 住房制度改革领导小组及其职责

住房制度改革领导小组是在地方政府领导下实施住房制度改革的决策机构。其主要职责是研究和决定住房公积金制度的重大政策，审议住房公积金的归集、使用计划和发展规划，审核住房公积金的财务预决算。

2. 住房资金管理中心及其职责

住房资金管理中心是在当地住房制度改革领导小组领导下的一个事业单位，实行独立核算，具体负责住房公积金的管理工作。其主要职责是：

(1)负责住房公积金制度的组织实施。

(2)负责住房公积金的归集、管理、使用、偿还、核算。

(3)会同有关部门拟订住房公积金的缴存率和存贷利率，保障缴存人的权益。

(4)协同有关部门制定住房公积金的财务、会计、统计和内部审计制度。

(5)对住房公积金进行统一管理，按年度拟订住房公积金的运用和偿还计划。

(6)执行住房制度改革领导小组决定的其他事项。

3. 住房资金管理中心内部机构的设置及制度建设

根据上述职责，住房资金管理中心一般设置政策指导处(科)、公积金管理处(科)、综合处(科)、归集处(科)、资金处(科)等几个职能处(科)室。

住房资金管理中心成立以后，应建立住房公积金的一整套规章、制度，如《住房资金财务会计处理规定》《住房资金计划管理试行办法》《住房资金财务会计处理规定》《住房资金管理中心个人住房抵押(委托)贷款办法》《住房资金管理中心单位住房(委托)贷款办法》等及其相关的“抵押合同”“房产收押合同”“个人住房抵押(委托)贷款合同”“贷款承诺合同”等文本，使住房资金管理中心能规范、有序地运行。

（三）住房资金管理机构与相关机构的关系

1. 住房资金管理机构与住房制度改革办公室的关系

住房制度改革办公室作为同级人民政府的职能部门，或住房制度改革领导小组的常设办事机构，负责落实同级人民政府或房改领导小组确定的改革任务，包括研究拟订改革方案，协调相关部门拟订有关的政策规定，组织房改的宣传工作，指导基层单位房改工作的实施等。住房公积金的管理运用，是住房制度改革的重要内容，是建立城镇住房新制度的关键环节。住房公积金管理的运用成效，直接体现房改的社会效益和经济效益，关系到房改的成败。因此，住房制度改革办公室日常应代表同级人民政府或房改领导小组对住房资金管理中心实行领导监督。同时，住房资金管理中心作为事业单位，只执行同级人民政府授予的归集等专项行政职能，有关建立和推动住房公积金制度的行政职能应由房改办公室负责执行，包括对住房资金管理运用中发生的问题及时进行调查研究，协调有关部门完善政策制度，为住房资金管理中心开展工作提供支持和保证等。

2. 住房资金管理机构与受托银行的关系

住房资金管理中心作为住房公积金运营、管理的主体，与银行之间是一种委托与被委托的关系。住房公积金的归集业务与储蓄业务有本质上的区别，不属于金融业务，可以由住房资金管理中心自己办理，也可以委托银行代办。

住房公积金统一归集后，是一笔数额巨大的资金，必须进行有效的融通，最大限度地支持住房建设，以增加住房供给，这也是住房资金管理中心的首要任务。根据《国务院关于深化城镇住房制度改革的决定》，住房资金管理中心只是资金管理机构，不是金融机构，因此，归集后住房公积金的存贷款业务和结算业务均需委托银行代办。

商业银行是以效益性、安全性、流动性为经营原则，实行自主经营、自担风险、自负盈亏、自我约束。效益性是其首要经营原则，而住房资金管理中心是不以营利为目的的事业单位，其首要任务是推进职工建立住房公积金，并使之保值增值，增加住房的有效供给。

面对收入不同的家庭，银行理所当然地选择收入水平高的家庭作为房贷对象；而住房资金管理中心则把住宅信贷的资助重点面向中低收入家庭。住房资金管理中心的这种政策性信贷和银行信贷的反向运动，能产生一种互补作用。因此，中心和银行不是一种竞争关系，而是一种合作互补关系。有关委托和承办住房公积金业务的具体方式，由住房公积金管理中心和受托银行协商确定并签订协议。

受托银行的职责一是承办住房公积金的存贷和结算业务；二是按照住房资金管理中心确定的向个人贷款的计划指标，向个人发放住房长期抵押贷款；三是按照国家的有关规定及住房资金管理中心确定的贷款规模，向单位发放购建房贷款并监督其使用；四是承办住房公积金的融通业务，并接受住房资金管理中心的监督；五是按规定定期向住房资金管理中心报送所需的各类数据。

3. 住房资金管理机构与财政部门的关系

住房资金管理中心是一个事业单位，必须接受财政部门的监督。由于住房资金管理中心管理的住房公积金不是财政预算的钱，因此不宜也不需要采取设财政专户的形式。目前实践中的做法是，住房资金管理中心在受托银行开设专户，接受财政监督。

住房资金管理中心接受财政监督的内容包括机构的开支来源、列支渠道以及住房公积金的管理成本、资金结构、负债、损益、盈余分配等一系列财务管理制度和会计制度。

在住房资金管理机构运行的初期，财政监督的重点是住房资金管理中心管理费用的核定和列支。由于归集模式不同，住房资金管理中心管理费用的来源和列支方式可有两种选择：一是由同级财政部门核定各项费用，然后在住房公积金增值收益中列支。住房公积金业务收支和管理机构的管理费用分账管理。二是住房资金管理中心作为自收自支的事业单位，其具体财务管理制度和会计制度比照金融企业的规定执行。

(四)住房公积金管理的社会监督机制

住房资金管理中心接受社会监督的形式主要有以下三个方面：

1. 公告

住房资金管理中心每年向社会公布一次工作报告，内容包括归集住房公积金多少、单位基金多少、支持多少项建房计划、个人贷款多少、资金增值多少以及中心的收入、成本、费用等情况。

2. 审计

接受社会审计部门的审计。审计内容包括住房资金的收支情况、住房资金的运用情况、住房资金管理中心的成本费用开支情况、住房资金管理中心的纳税情况等。

3. 查询

住房资金管理中心随时接受住房公积金个人的查询。

第三节　个人住房公积金贷款

一、个人住房公积金贷款的含义及特点

(一)个人住房公积金贷款的含义

个人住房公积金贷款，也称委托行住房公积金贷款，是指贷款银行受住房公积金管理中心的委托，以住房公积金为资金来源，向缴存住房公积金的职工发放的，定向用于购买、建造、翻建、大修自有住房的专项住房消费贷款。职工购买的自有住房包括商品住房、经济适用住房、私产住房、集资建造住房、危改还迁住房、公有现住房。

(二)个人住房公积金贷款的特点

(1)互助性。个人住房公积金贷款的资金来源为单位和个人共同缴存的住房公积金。

(2)普遍性。只要是具有完全民事行为能力、正常缴存住房公积金的职工都可申请住房公积金贷款。

(3)利率低。个人住房公积金贷款的利率比同期商业性个人住房贷款的利率低。

(4)期限长。目前个人住房公积金贷款的最长期限为 30 年(贷款年限不得超过法定离退休年龄后 5 年)。

(三)个人住房公积金贷款与商业性住房贷款的区别

个人住房公积金贷款与商业住房性贷款的不同点主要表现在以下五个方面：

1. 贷款主体不同

个人住房公积金贷款的主体是住房公积金管理中心。职工申请个人住房公积金贷款

的，需要向住房公积金管理中心提出贷款申请，再由住房公积金管理中心委托受托的银行发放个人住房公积金贷款。商业性个人住房贷款的主体是各商业银行，借款人需直接向发放贷款的商业银行提出贷款申请，由银行对借款人的条件进行审核。

2. 贷款对象不同

商业性个人住房贷款的对象是经资信考察合格，具有还款能力的自然人；个人住房公积金贷款的对象除具备商业性个人住房贷款所要求的条件外，还必须是正常足额缴存公积金满一定年限的在职职工，或者是缴存了住房公积金的单位的离退休职工。

3. 贷款资金来源不同

商业性个人住房贷款的资金来源是各商业银行的自营资金（居民或单位存款），而个人住房公积金贷款资金的来源是职工个人及所在单位缴存的住房公积金。

4. 贷款利率不同

个人住房公积金贷款实行低存低贷的原则。低存低贷是指职工和单位缴存住房公积金和申请住房公积金贷款时，实行低利率，其存贷款利率较之普通的银行存贷款业务的利率要低。

5. 贷款风险的承担主体不同

商业性个人住房贷款的风险由发放贷款的商业银行承担，个人公积金贷款的风险由确定发放贷款的住房公积金管理机构承担。

二、个人住房公积金贷款的条件

（一）个人住房公积金贷款的适用范围

1. 购买自住住房

购买以下住房时可以申请个人住房公积金贷款：公有住房；集资建房或合作建房；经济适用住房；商品住房；上市出售的已购公有住房和经济适用住房。

2. 建造、翻建、大修自住住房。

（二）个人住房公积金贷款的申请条件

申请个人住房公积金贷款必须符合住房公积金管理部门有关住房公积金贷款的规定。应具备的基本条件有：

（1）具有城镇常住户口或有效居留身份；

（2）按时足额缴存住房公积金并具有个人住房公积金存款账户；

（3）有稳定的经济收入，信用良好，有偿还贷款本息的能力；

（4）有合法有效的购买、大修住房的合同、协议以及贷款行要求提供的其他证明文件；

（5）有当地住房公积金管理部门规定的最低额度以上的自筹资金，并保证用于支付所购（大修）住房的首付款；

（6）有符合要求的资产进行抵押或质押，或有足够代偿能力的法人、其他经济组织或自然人作为保证人；

（7）符合当地住房公积金管理部门规定的其他借款条件。

三、个人住房公积金贷款的程序及金额

（一）个人住房公积金贷款的程序

具体来讲，个人住房公积金贷款的程序如下：

1. 申请一手房个人住房公积金贷款的程序

（1）提出申请。借款申请人需提出书面贷款申请，并提交有关资料，由贷款银行负责受理后交住房公积金管理部门或直接向住房公积金管理部门申请，等待住房公积金管理部门审批。

（2）签订合同，开立存款账户。借款申请经住房公积金管理部门审批通过后，由贷款银行通知借款人签订借款合同和担保合同。选用委托扣款方式还款的借款人，须在贷款银行开立储蓄卡或信用卡扣款账户。

（3）办理抵押登记、住房保险。签订合同后，应根据国家和当地法律法规办理抵押登记及其他必需的手续，抵押登记费用由借款人负担，抵押期间保险单正本由贷款银行保管。

（4）支用贷款。借款人在贷款银行填制贷款转存凭据，贷款银行按借款合同约定，将贷款资金一次或分次划入售房人在贷款银行开立的售房款账户内，或将贷款资金直接转入借款人在贷款银行开立的存款账户内。

（5）按期还款。借款人按借款合同约定的还款计划和还款方式，委托贷款银行分期扣款，或到贷款银行柜面按期归还个人公积金住房贷款本息。

（6）贷款结清。在贷款到期日前，借款人如提前结清贷款，须按借款合同约定提前向贷款银行或住房公积金管理部门提出申请，由住房公积金管理部门审批。贷款结清后，借款人从贷款银行领取"贷款结清证明"，取回抵押登记证明文件及保险单正本，并持贷款银行出具的"贷款结清证明"到原抵押登记部门办理抵押登记注销手续。

2. 申请二手房住房公积金贷款的程序

（1）咨询→（2）受理申请→（3）"中心"审批→（4）办理"房屋所有权证"及"国有土地使用证"的过户→（5）与贷款银行签订借款合同、抵押合同→（6）房产部门办理抵押登记→（7）办理房屋财产保险→（8）贷款资金转账至卖方账户→（9）借款人按月还款→（10）还清贷款，注销抵押登记。

（二）个人住房公积金贷款金额的确定

（1）不得高于按照借款人住房公积金账户储存余额的倍数确定的贷款限额。

（2）不得高于按照房屋总价款的比例确定的贷款限额，个人住房贷款比例应不高于房屋全部价款的80%。

（3）不得高于按照还款能力确定的贷款限额。

（4）不得高于最高贷款额度。申请金额不超过以上所有限额的，以申请金额作为贷款金额；申请金额超过任意一项限额的，以其中最低的限额作为贷款金额。其中的倍数、规定比例和最高贷款额度，每年由各地住房委员会确定并向社会公布执行。

四、个人住房组合贷款

个人住房组合贷款是指住房公积金管理中心运用住房公积金、商业银行利用信贷资金向同一借款人发放的，用于购买同一套自住住房的个人住房贷款，是公积金贷款和商业性贷

款组合的总称。当个人通过住房公积金贷款不足以支付购房款时，可以向受委托办理住房公积金贷款的经办银行申请组合贷款。两部分贷款要同时办理申请和审批手续，两部分贷款审批完成后，经办银行将两笔资金同时拨付到售房单位账户。在组合贷款中，住房公积金贷款和商业贷款的贷款期限、借(还)款日期和还款方式都应是相同的，但执行不同的借款利率。一般组合贷款的贷款总额不得超过借款人所购房屋价款的80%。组合贷款要分别签署住房公积金贷款和商业贷款两份借款(担保)合同。组合贷款出现风险时，对抵押物(质物)进行处置或向保证人求偿后所得款项应首先用于清偿住房公积金贷款本息及相关费用。

【案例5-1】

广州公积金提取周期有望缩至1个月

目前广州的公积金提取率为77.24%，全国其他一线城市的公积金提取率均远低于这一数值。同时，广州还在研究推出按月还贷业务，届时市民可以申请按揭自动转账公积金去还按揭贷款。昨日记者从广州公积金管理中心获悉，按揭购房市民提取公积金周期有望从半年缩短至1个月。

在2016年的广州市第十四届人大第六次会议上，谭石力等代表提出《关于放宽公积金提取条件的建议》。经研究，广州住房公积金中心对该建议做出详细回复。

据了解，代表们建议加快研究缩短提取周期，以减轻缴存职工还贷压力。对此，广州住房公积金管理中心表示，按规定，广州现行的住房公积金提取周期为每半年一次。

提取周期的设定主要基于住房公积金的使用除满足缴存职工的提取需求外，还要有资金储备用于向购房资金不足的缴存职工提供低息贷款支持。而在资金总额既定的情况下，提取总额与可用于发放贷款的资金额成反比。

目前广州的提取政策相对比较宽松，例如:在提取情形方面，非本市户口职工与单位终止劳动关系的，在广州市可以提取;在提取频次方面，职工非按揭购买住房的，广州市的规定是在实际支付的购房款总额内可每半年提取一次;在可提取额度方面，职工按揭购买住房的，在广州市可以提取首付款。

这些政策比全国其他一线城市的政策都要宽松。宽松的提取政策导致提取资金过多，2015年广州市的提取率为77.24%，全国其他一线城市的提取率均远低于这一数值。因此，设定提取时间间隔是支撑资金储备的一项必要措施。

广州住房公积金管理中心同时透露，该中心目前正在研究推出按月还贷便民政策与技术措施，职工申请提取住房公积金偿还个人购房贷款本息的，可申请按月自动转账用于偿还按揭贷款。届时，按揭购房市民提取公积金周期有望从半年缩短至1个月。

买外地房，公积金不能自动转账。代表们还提出:能否简化提取手续，实现首次提交资料后自动转账提取?

对此，广州住房公积金管理中心称，对于在本市购房的职工来说，公积金提取手续已经十分简便，除了纯公积金贷款的职工可申请办理自动转账提取外，以非按揭或者商业贷款方式在本市购房的职工申请二次及以上提取且提取信息不变更的，无需再提供提取材料，可仅凭身份证原件前往前台窗口办理，或直接登录网上业务大厅、手机APP、微信公众号等平台申请提取，也可以通过支付宝、广东发布、中国广州发布、广州通等平台链接登录办理业务。

但对于购买本市以外住房的职工申请提取住房公积金的，暂时不能做到自动转账或网上办理。主要原因在于，本市以外的房产信息暂未实现联网共享，难以核实购房行为真伪。为保证住房公积金专款专用，职工每次申请提取时均需提供房屋资料的原件用于核查。

（资料来源：信息时报，田桂丹，2016-10-23）

第四节　政策性住房置业担保

一、政策性住房置业担保的概念

为了支持城镇个人住房消费，发展个人住房贷款业务，丰富个人住房贷款担保形式，一些地方推出了住房贷款的保证担保来保障贷款人债权的实现。政策性住房置业担保就是其中的一种保证担保形式。政策性住房置业担保是指政策性住房置业担保机构为借款人申请政策性住房贷款而与贷款人签订保证合同，提供连带责任保证担保的行为。目前政策性住房置业担保就是为个人申请住房公积金贷款提供担保，是个人住房公积金贷款抵押担保的一种补充或替代形式。

二、政策性住房置业担保的特点

政策性住房置业担保的特点主要表现在三个方面：

（1）由专业性个人住房置业担保机构为申请个人住房公积金贷款的借款人提供保证担保，并且是连带责任保证；

（2）借款人将所购住房抵押给个人住房置业担保机构，作为个人住房置业担保机构承担连带责任保证的反担保；

（3）相对于商业保险公司提供的个人住房贷款方面的保险而言，尽管保障内容会存在差异，但借款人可以花费比较少的支出通过政策性住房置业担保获得个人住房公积金贷款，节省支出，降低借款成本。

当购房借款人偿还贷款的时间逾期时，由个人住房置业担保机构履行连带责任保证，偿还应还贷款本息。个人住房置业担保机构同时可以与住房公积金管理中心、受托银行以及借款人进行协商，帮助借款人进行债务重组，就借款人的违约债务的归还进行重新安排，减轻借款当期还款压力，并与当事人就有关事宜达成债务重组的协议。在债务重组协议未达成一致意见之前，借款人与个人住房置业担保机构仍应按原个人住房公积金贷款合同承担还款义务和连带责任保证，个人住房置业担保机构可按照保证担保合同的约定，依法行使抵押权，落实还款责任。

三、政策性住房置业担保的机构

从目前的实践来看，从事政策性住房置业担保的机构主要有两种：一种是住房置业担保公司，是为借款人办理个人住房贷款提供置业担保，收取服务费用，具有法人地位的房地产中介服务企业，组织形式为有限责任公司或者股份有限公司；另一种是住房置业担保中心，也收取服务费用，但是专门为借款人办理个人住房公积金贷款提供专业担保的不以营利为目的的事业单位。

四、政策性住房置业担保的主要内容

（一）政策性住房置业担保的对象

政策性住房置业担保的对象应该与前述个人住房公积金贷款的对象一致，但是住房置业担保机构承担了个人住房公积金贷款还款的连带责任保证，从保障住房置业担保机构安全、减少依法行使抵押权的角度考虑，住房置业担保机构会适当增加一些对担保对象的考察要求，如明确担保的对象没有尚未还清的数额比较大并且可能影响贷款偿还能力的债务等。

（二）设立保证担保和反担保

住房置业担保机构作为保证人，与符合条件的住房置业担保对象签订住房公积金购房担保借款合同，为借款人向公积金管理中心申请个人住房公积金贷款提供连带责任保证，保证责任的范围包括贷款本金及利息、违约金、损害赔偿金和实现债权的费用；住房置业担保机构同时要求借款人将用住房公积金贷款资金所购买的住房及其相应的土地使用权抵押给住房置业担保机构，作为住房置业担保机构提供连带责任保证的反担保。保证担保的期限从借款合同生效之日起至住房公积金贷款债务全部清偿时止，反担保的期限与贷款保证担保的期限一致。

（三）追偿权和反担保权的行使

住房置业担保机构按公积金购房担保借款合同的约定履行承担保证责任后，应向借款人进行追偿，追偿的金额包括住房置业担保机构承担连带责任的金额及利息。住房置业担保机构承担借款人违约连带责任保证连续6个月的，并且与借款人就债务重组补充协议达成一致意见之前，住房置业担保机构可以行使抵押权，对抵押物采取拍卖、变卖、协议作价等方式进行处置。住房置业担保机构行使抵押权期间，仍按原公积金购房担保借款合同按月履行保证还款责任。住房置业担保机构处分抵押物所得价款，先向公积金管理中心结清借款人剩余贷款本息之和后再偿还住房置业担保机构履行保证责任期间的债务的总额和实现抵押权费用，包括诉讼费、律师费和处分抵押物费用，剩余部分归还借款人。如有不足，住房置业担保机构可再向借款人追偿。

（四）债务免除的规定

为了体现政策性住房置业担保的优势，住房置业担保机构可以提供一些社会性保障待遇，规定一些债务免除的条件。如规定享有意外事故债务免除待遇：在还款期间，主借款人因意外事故造成死亡或因意外事故致残完全丧失劳动能力的，由其继承人、受遗赠人提出书面申请，经住房置业担保机构查证情况属实的，由住房置业担保机构承担连带保证责任。对于生活特困的借款人给予罚息减免待遇：在还款期内，主借款人均无生活来源的，由借款人向政府置业担保机构提出书面申请，并提供有关证明，经住房置业担保机构查证属实的，住房置业担保公司可以酌情减免或缓收应收取的逾期罚息。对于抵押物灭失给予借款债务免除待遇：借款人由于下列情形之一造成抵押物灭失，经住房置业担保机构查证属实的，免除尚欠借款债务，由住房置业担保机构代为偿还。这些情形有：

（1）火灾、爆炸；

（2）暴风、暴雨、雷击、冰雹、地面突然塌陷、龙卷风等公积金购房担保借款合同列明的自然灾害；

（3）空中运行物体坠落，以及外界建筑物和其他固定物体的倒塌。

有的住房置业担保机构对于借款人履行债务期间因见义勇为致残且完全丧失劳动能力的，规定借款人可以向住房置业担保机构书面提出免除申请，经查证属实的，住房置业担保机构承担借款人剩余贷款本息的偿还义务，并不向借款人追偿。对于就业困难影响正常还款的借款人，住房置业担保机构帮助提供就业培训等，以提高借款人的还款能力或者在处置抵押物时帮助提供周转安置住房等。

办理个人住房公积金贷款担保的收费标准为：

$$\text{担保费} = \sum \text{年度贷款本息余额} \times \text{规定比例(如 } 1/‰) \tag{5-1}$$

担保费的收取方式通常为趸缴。如果被担保人一次性提前偿还贷款，一般可以凭提前偿还债务的凭证，向住房置业担保机构申请退还部分担保费。

政策性住房金融除了住房公积金贷款等住房公积金制度和政策性住房置业担保外，还涉及其他方面的内容，如国际金融组织为地方政府提供的住房贷款资金的管理，地方政府政策性住房建设债券资金的筹集，地方政府或者公积金管理机构对于个人商业性住房贷款提供贴息、商业性保险公司不愿意承做或者无力承做的某些政策性保险（如政策性住房地震保险）等方面的内容。

五、担保机构的业务流程

1. 担保申请和受理

借款人到贷款机构查询是否符合贷款担保条件及贷款担保最高限额和最低期限。若可以，填写个人住房公积金借款申请书。借款申请人提供相关资料，经初审后符合担保借款条件的，借款申请人凭“个人住房公积金贷款担保受理单”，按借款金额和年限支付担保费，并在“个人住房公积金购房担保借款合同”上签字。

2. 办理房地产公司有关手续

如借款申请人购买期房，需房地产公司在个人住房公积金购房担保借款合同上盖章。申请人还需办理委托还款协议。

3. 办理抵押登记

借款申请人持相关资料到购房所在地的区县房地产交易中心办理住房抵押登记手续。

4. 通知银行放款

借款申请人凭办妥抵押登记手续的凭证及经合同各方当事人承诺的“个人住房公积金购房担保借款合同”向担保机构递交相关资料。担保机构审批同意后，向贷款银行发出“放款通知书”通知其放款。

5. 领取个人资料

所有手续办完后，担保机构通知借款人来领取个人保管资料，进入正常还款过程。

担保机构为住房贷款提供担保是一些国家成功的做法，已经有较长的历史，为住房金融业务和住房市场的发展提供了有力的保证。这种机构一般都有政府支持，实力和担保能力较强。相比之下，我国的担保机构为住房贷款提供担保才刚刚起步，而且都是地方性公司，其实力和市场信誉还较差，还不能为大规模住房贷款业务提供有可靠保证的担保，存在较大的业务运作风险。

本章小结

住房公积金是具有保障性和互助性的一种长期住房储金。住房公积金的本质属性是它的工资性。住房公积金制度目前已成为中国主要的住房金融形式。

住房公积金制度是关于住房公积金的提取、存储、使用和管理等住房公积金运行的一整套行为准则和工作方式。它主要由住房公积金的缴存制度、使用制度和管理制度三部分组成。住房公积金制度的核心问题就是资金。

个人住房公积金贷款是贷款银行受住房公积金管理中心的委托,以住房公积金为资金来源,向缴存住房公积金的职工发放的,定向用于购买、建造、翻建、大修自有住房的专项住房消费贷款。个人住房公积金贷款与商业性个人住房贷款在贷款主体、贷款对象、贷款资金来源、贷款利率、贷款风险承担主体方面不同。

为了支持城镇个人住房消费,发展个人住房贷款业务,丰富个人住房贷款担保形式,一些地方推出了住房贷款的保证担保来保障贷款人债权的实现。政策性住房置业担保就是其中的一种保证担保形式。

关键概念

住房公积金　Housing accumulation fund

住房公积金制度　Housing accumulation fund institution

住房公积金贷款　Housing accumulation fund mortgage

住房公积金的缴存　Disposition of housing accumulation fund

住房公积金的支取　Extraction of housing accumulation fund

住房公积金的管理　Administration of housing accumulation fund

政策性住房置业担保　Guarantee to policy-related housing purchasing

课堂讨论

查找相关资料(上网或图书馆),分析我国现行的住房公积金制度实施是否存在需要改进的地方。应该怎样改进?

思考与练习

一、填空题

1. 住房公积金只能用于职工的________消费,不能用于生、老、病、死所需的费用支出。

2. 我国的住房公积金制度是在学习和借鉴________经验的基础上,于________年率先在________实行、后逐步在全国推广的政策性住房金融形式。

3. 职工个人对缴存住房公积金的使用,就其法律特征而言,是住房公积金所有权人对其个人资产________、________、________和________权利的体现。

4. 住房资金管理中心作为住房公积金运营、管理的主体，与银行之间是一种________与________的关系。

5. 政策性住房置业担保是为个人申请________提供担保，是个人________抵押担保的一种补充或替代形式。

二、单项选择题

1. 住房公积金的所有权属于(　　)。

A. 职工个人　　B. 公积金的使用人　　C. 贷款银行　　D. 公积金管理机构

2. 职工住房公积金的月缴存额为职工本人上一年度(　　)乘以职工住房公积金缴存比例。

A. 月平均工资　　B. 月实发工资　　C. 月应发工资　　D. 月基本工资

3. 根据国家规定，每笔公积金贷款的最长期限不得超过(　　)年，并不得长于借款人法定离休或退休以后的(　　)年。

A. 20，5　　B. 20，10　　C. 30，5　　D. 30，10

4. 住房公积金是为了推行住房商品化，实施房改政策而推行的政策性储蓄，它的一个重要特征是(　　)。

A. 风险性　　B. 自愿性　　C. 强制性　　D. 惩罚性

5. 缴存住房公积金的职工，在购买自住商品房时，可以向住房公积金管理中心申请住房公积金贷款。住房公积金管理中心应当自受理申请之日起(　　)日内作出准予贷款或者不准贷款的决定，并通知申请人。

A. 5　　B. 10　　C. 15　　D. 30

三、多项选择题

1. 缴存住房公积金的职工，在(　　)自住住房时，可以向住房公积金管理中心申请住房公积金贷款。

A. 购买　　B. 建造　　C. 翻建　　D. 小修

2. 按照有关规定，个人住房公积金贷款金额不得高于(　　)。

A. 按照借款人住房公积金账户储存余额的倍数确定的贷款限额

B. 按照还款能力确定的贷款限额

C. 最高贷款额度

D. 按照房屋总价款的比例确定的贷款限额，个人住房贷款比例应不高于房屋全部价款的80%

3. 目前我国的住房贷款主要来源于(　　)。

A. 公积金　　B. 国家财政预支出　　C. 政府收入　　D. 储蓄存款

4. 下列说法错误的是(　　)。

A. 每个职工只能有一个住房公积金账户

B. 单位应当于每月发放职工工资之日起10日内将单位缴存的和为职工代缴的住房公积金汇缴到住房公积金专户内

C. 单位新调入的职工从调入单位发放工资之日起缴存住房公积金，月缴存额为职工本人当月工资乘以职工住房公积金缴存比例

D. 新参加工作的职工从参加工作的当月起开始缴存住房公积金，月缴存额为职工本人

当月工资乘以职工住房公积金缴存比例

5. 下列说法正确的是(　　)。

A. 职工个人缴存的住房公积金，由所在单位每月从其工资中代扣代缴

B. 住房公积金贷款的风险，由提供贷款的商业银行承担

C. 住房公积金管理中心应当为缴存住房公积金的职工发放缴存住房公积金的有效凭证

D. 住房公积金自存入职工住房公积金账户之日起按照国家规定的1年期定期存款基准利率计息

四、简答题

1. 什么是住房公积金？住房公积金的性质和特点各是什么？
2. 什么情况下应进行住房公积金的补缴？
3. 住房公积金的支取条件是什么？
4. 个人住房公积金贷款的含义是什么？它与商业性个人住房贷款有何区别？
5. 购买商品房和二手房，提取住房公积金要出具的证明材料有哪些？
6. 政策性住房置业担保的含义及特点是什么？

实践与训练

实训项目：作为购房者，了解住房公积金贷款的办理手续及公积金支取条件和应提交的资料。

实训目的：通过模拟购房者，熟悉申请住房公积金贷款的程序及注意事项，了解住房公积金支取条件和应提交的资料。

实训步骤：

(1)同学分组。3～5人一组，走访当地住房公积金管理中心、房地产中介机构或银行。

(2)每个小组各提交一份调查报告。

案例分析

小杨是湖南永州人，2017年大学毕业后在广州的一家单位从事法务工作，已经工作快一年了。小杨和男友想在广州买一套属于自己的住房。经过慎重考虑，小杨选择了一套价值200万元的商品房，两个人凑齐了首付款，其他的房款想申请住房公积金贷款，这样贷款利息会少一点，家里的负担也轻一些。

思考题：

小杨能否申请住房公积金贷款？为什么？

第六章　房地产保险

学习目标

1. 了解风险、保险与房地产业存在的风险类型。
2. 了解房地产保险的概念及作用。
3. 掌握房地产保险的各个构成要素。
4. 掌握房地产财产保险、房地产责任保险、房地产人身保险、房地产信用保证保险。
5. 理解房地产保险的运作过程。

第一节　房地产业风险与房地产保险

一、风险、保险与保险业

风险是指在一定条件下和一定时期内，由于各种结果发生的不确定性而导致行为主体遭受损失的大小以及这种损失发生可能性的大小。为减少各类风险带来的危害，商界在长期经营过程中创立了保险服务，逐渐建立了保险业。

保险是指投保人根据合同约定，向保险人支付保险费，保险人对于合同约定的可能发生的事故因其发生所造成的财产损失承担赔偿保险金责任，或者当被保险人死亡、伤残、疾病或者达到合同约定的年龄、期限等条件时承担给付保险金责任的商业保险行为。

政府也逐渐建立了相应的社会保障机制和保险行业管制措施以及行业救济措施。我国的保险行业是在《中华人民共和国保险法》(简称《保险法》)的规范下运作的。现行《保险法》是 1995 年制订实施的，之后于 2002 年、2009 年、2014 年、2015 年四次修订。《保险法》包括保险合同、保险公司、保险经营规则、保险代理人和保险经纪人、保险业监督管理五个方面。它规范了保险活动，以法律武器保护保险活动当事人的合法权益，使政府机构对保险业的监督管理有法可依，维护了社会经济秩序和社会公共利益，促进了保险事业在内的社会和经济的健康发展。

保险业和银行业、证券业、信托业实行分业经营、分业管理，保险公司与银行、证券、信托业务机构分别设立。国务院下属的中国保险监督管理委员会(简称保监会)，依法对保险业实施监督管理，是我国金融业的三个监管机构之一；另外两个分别是负责银行业和信托业监管的中国银行业监督管理委员会(简称银监会)和负责证券业监管的中国证券监督管理委员会(简称证监会)。作为金融业监管机构，它们都是国务院下属事业单位，与作为国务院核心部门之一的中国人民银行(即我国的中央银行)俗称“一行三会”。“三会”参与中国人民银行货币政策委员会，协调金融宏观管理。

为应对保险公司可能存在的经营问题，我国《保险法》规定了一定的监管措施，同时作为危机应对机制，《保险法》做出制度安排，《保险法》第一百条具体规定了保险保障基金机制。国务院依据《保险法》的规定设立了中国保险保障基金。2008 年 9 月，中国保监会、财政部、中国人民银行共同颁布《保险保障基金管理办法》，中国保险保障基金管理有限公司正式挂牌成立，负责中国保险保障基金的运作。

古往今来，衣食住行一直是人们的最基本需求，而住就是房地产，是生活和经济活动的容器，又是价值最高、波动性最低（稳定性最高）的需求。金融业与房地产业的互动一直被关注、被研究。金融业中的保险业与房地产业的关联度，表面上看弱于银行业、信托业和证券业。保险业与房地产业的关系，直接也集中体现在保险基金对房地产业的直接和间接投资上。保险业由于其业务特点，资金规模具有绝对优势，而且来源稳定，需要能够满足保险基金保值、增值需求的投资标的，而从长期来看，房地产具有价值稳定、价格稳定向上的优势。保险基金投资房地产成为必然选择。

根据《保险法》第一百零六条规定，保险公司的资金运用必须稳健，遵循安全性原则。保险公司的资金运用限于下列形式：银行存款；买卖债券、股票、证券投资基金份额等有价证券；投资不动产；国务院规定的其他资金运用形式。这其中，明确规定了保险公司的资金可以直接投资不动产，而且也可以通过债券、股票、证券投资基金投资房地产企业的债权、股权。保险基金为房地产业健康、稳定发展提供了长期、稳定的资金支持。国内保险基金投资房地产比比皆是，比较著名的案例有安邦保险投资纽约的华尔道夫酒店、前海人寿投资参与收购万科集团股权等等。

二、房地产业存在的风险

房地产业存在风险，房屋从设计、生产到销售、分配、使用，每个环节都面临风险，都有可能发生损失。风险与损失可以通过购买保险加以转移。人们所面临的风险损失一般分为四种类型：财产风险、责任风险、人身风险和信用风险。

（一）房地产财产风险

房地产财产风险是指因房地产财产发生毁损、灭失和贬值而使有关利益方遭受损失的不确定性。造成房地产财产损失的原因一般都可归入自然风险、社会风险和经济风险三种类型。自然风险是指自然现象（如物理的、化学的、生物的原因）可能造成人身伤亡和财产损失的风险。社会风险是指出于个人或集团在社会上的异常行为造成人身伤亡和财产损失的风险。经济风险是指企业在生产与销售等经营活动中，由于受各种市场供求关系、贸易条件、价格变化等因素变化的影响，或经营者对前景预料发生偏差的决策失误等，导致其在经济上遭受损失的风险。

房地产财产损失既有直接的，也有间接的。直接损失指的是房地产财产因自然风险或社会风险等作用而造成房地产财产本身直接损失或灭失，如房屋被大火烧毁。间接损失指的是由于财产的直接损失而引起的未毁损财产价值的降低或收益的下降及费用的增加，例如建筑被火烧毁，导致营业中断而造成的利润损失。

（二）房地产责任风险

房地产责任风险是指因人们的过失或侵权行为造成他人的财产毁损或人身伤亡，在法律上必须负有经济赔偿责任的不确定性。在房地产经营中，房地产所有者、使用者及设计、建造、经营房地产的个人和企业都面临责任风险。

(1)因房地产的所有权、使用权和占有权而引起的责任风险。主要指房屋所有人、使用人和占有人对进入房屋的人所负的法律责任。例如,美国法律规定,房屋所有人对被许可进入房屋者,应以合理谨慎的态度保护被许可者免受有意过失对其造成的伤害,同时还必须告诫被许可者那些已有的隐蔽危险。这主要指公众责任风险。

(2)房屋设计、建造、销售及服务过程中的责任风险。包括房屋建筑设计师等因设计、监督不当造成房屋不适合人们居住、使用的职业责任风险,已出售、出租的房屋因质量缺陷而引起的责任风险等。

(三)房地产人身风险

房地产人身风险是指人们因早逝、疾病、残疾、失业或年老无依无靠而遭受损失的不确定性。在房地产领域中,个人房地产抵押贷款的借款人或个人房地产分期付款的付款人在一定时间内(通常是债务偿还期内)遭受人身风险,不仅将给借款人自身及家庭带来利益上的损失,还会因偿还贷款能力的减弱而给债权人带来损失。这也是房地产有关人身风险中最主要的部分。房地产人身风险还包括房地产行业,尤其是从事开发建设的房地产企业的职工因遭受意外伤害事故可能造成的伤亡、残疾。

(四)房地产信用风险

在房屋建造和交易过程中,银行和开发商可能面临不能如期收回贷款或房款的风险,购房者可能面临房地产开发商不能按期交房的风险等,这实质是房地产业务中的信用风险,前者为购房者信用问题,后者为开发商信用问题。一方面,购房者可能由于家庭中主要成员死亡、伤残、疾病、失业、经营失败或遭受损失、自然灾害导致经济困难等原因不能履行还款义务,给银行或开发商造成损失;另一方面,开发商也可能由于资金周转不灵或其他原因导致工程不能延续或完工,因债务等问题可能导致已出售的房产不能交付使用,给购房者带来经济损失。

三、房地产保险的概念和作用

(一)房地产保险的概念

保险是指投保人根据合同约定,向保险人支付保险费,保险人对于合同约定的可能发生的事故因其发生所造成的财产损失承担赔偿保险金责任,或者当被保险人死亡、伤残、疾病或者达到合同约定的年龄、期限时承担给付保险金责任的商业保险行为。

房地产保险就是以房屋及其相关利益和责任为保险标的的保险。需要说明的是,房地产是房产与地产两种财产的总称,包括房与地两方面。土地是一种天然形成的自然产物,一般不存在灭失、毁损等风险,因此房地产保险的标的只能是房屋及其相关利益与责任。

房地产保险按风险潜在损失所涉及的客体即保险的对象可以分为房地产财产保险、房地产责任保险、房地产人身保险、房地产信用保险和保证保险。由于房地产责任风险、信用风险涉及的对象主要是财产与人身两类,从广义上来说,房地产保险按保险对象划分为房地产财产保险和房地产人身保险,且以房地产财产保险为主。

房地产保险承保的都是具有潜在损失的风险,但不是所有具有潜在损失的房地产风险都由保险人来承保。保险人承保的是纯粹风险,并且要符合如下条件:风险必须具有偶然性;风险必须具有意外性;风险的发生不会使所有的保险标的都发生损失;风险必须具有可测定性;风险必须导致较大的经济损失以及承保该风险符合社会公共利益。房地产保险只承保符合条件的可保风险。

（二）房地产保险的作用

保险不但通过分担损失和经济补偿的基本职能起到社会稳定器的作用，而且能通过筹集大量资金发挥金融中介的作用。房地产保险作为整个保险业的一个重要组成部分，也正是通过这一作用来推动房地产业、保险业以及国民经济的发展。

1. 抵御意外不幸，实现经济补偿

房地产业始终面临着“天灾人祸”的威胁，房地产保险可以使人们在房屋及其相关利益遭受损失后获得经济补偿。

2. 推动住房制度改革，促进房地产业的发展

从1998年下半年起，我国对住房分配制度实施全面改革，实行货币化分房制度，鼓励个人买房。由于房子是一项高价值的资产，重置不易，住房安全与否对一个家庭来说极其重要，对住房的质量要求也更为迫切和苛刻，开办住房的相关保险，能够解除人们的后顾之忧。

3. 推动我国保险业的全面发展

我国保险业起步较晚，还存在着广大人民群众的保险意识不强、保险技术落后、保险险种开办不全、保险人才匮乏、保险市场尚未发育规范等问题。而且我国保险险种发展极不平衡，就拿财产保险来说，机动车辆险占了业务的绝大部分比重，而有关房地产领域的保险险种发展却相对薄弱。加强房地产保险的发展，有利于保险业的全面发展。

4. 保驾护航，推动国民经济的发展

房地产业涉及几十个工业部门、上万个产品品种，对国民经济起着很大的带动作用。通过发展相关的房地产保险，既可为房地产及其相关的发展保驾护航，促进住房消费信贷，又可以使保险公司的保费收入增加，形成新的投资基金，推动整个社会经济增长。

5. 搞活房地产市场，促进房地产业的发展

在生产、流通与消费这三个经济运行环节中，流通环节作为纽带联结着生产与消费两个环节。在市场经济条件下，房地产市场是房地产生产和消费的纽带，对房地产业的发展具有举足轻重的作用，搞活房地产市场是加速我国房地产业发展的重要手段。要搞活房地产市场，必须促进符合资格的企业和个人积极参与市场竞争。但由于房地产一般经济价值较大，物质体积较大，投资也相应较大，资金周转较慢，参加市场竞争的企业和个人所冒的风险就相对大一些。而通过开展房地产保险业务，如提供房地产工程保险、房地产开发经营企业团体人身意外伤害保险等，就可以使房地产开发经营企业和有关个人最大限度地降低参与房地产市场的风险，同时增强其承受市场竞争风险的能力，而这都是有利于促进房地产业发展的。

6. 促进对外开放，改善投资环境

随着中国正式加入世界贸易组织，中国的对外开放程度不断提高，外商在华投资房地产开发、从事置业投资将会进一步增加，是否有适当的房地产保险等配套服务是涉及外商投资环境的重要方面。如果没有良好的房地产保险等保险配套服务，许多外国大公司在进入中国市场从事房地产等投资时就会却步。同时，中国的保险业如果不能适应日益国际化的市场，将不能应对外资保险公司的挑战，而办好了房地产保险等险种，就可以促进对外开放的进一步发展、投资环境的进一步改善。

第二节 房地产保险的构成要素

房地产保险的构成要素是房地产保险运行的必备条件，主要包括房地产保险基金、房地产投保人、房地产保险人、房地产保险关系人、房地产保险的可保风险、房地产保险合同等部分，此外还涉及房地产保险的辅助人。

一、房地产保险基金

保险基金是指专门从事风险经营的保险机构，根据法律或合同规定，以收取保险费的办法建立的、专门用于保险事故所致经济损失的补偿或人身伤亡的给付的一项专用基金，是保险人履行保险义务的条件。保险基金的建立是保险人履行赔偿义务的重要物质基础，是房地产保险业务经营的必要条件。

房地产保险基金是房地产保险公司向投保人收取的保险费，或称保险付款的总和，是专为应付意外事故的损失而作经济补偿之用的特殊资金。保险费的多少主要根据房地产的保险金额、保险费率及保险期限来确定。

二、房地产投保人

投保人是指与保险人订立保险合同，并按照合同约定负有支付保险费义务的人。房地产投保人是指对被保险房地产具有保险利益，与保险人订立保险契约，并交纳保险费的人，可以是法人，也可以是公民自然人。房地产投保人必须是被保险房地产的所有人或经营管理人，或者是与被保险房地产有利害关系的人。房地产投保人具有以下义务：

(1)按期如数交纳保险费；

(2)被保险房地产一旦出险，如实向保险人报告发生危险的情况；

(3)在房地产保险中，投保人应当及时维护被保险房地产的安全，并接受保险人对房地产安全的监督和合理建议，切实做好安全防灾工作；

(4)发生房地产保险范围内的事故后，投保人应及时通知保险人；

(5)当事故发生时，投保人应积极采取措施，以防止损失的扩大；

(6)如果投保人将房地产出售或转让给第三人，当保险责任范围内的自然灾害和不幸事故发生而造成经济损失时，如按合同规定，需要通知保险人的，应及时通知。

投保人有权按保险契约向保险人索赔，获得约定的保险赔偿。

三、房地产保险人

保险人是指与投保人订立保险合同，并按照合同约定承担赔偿或者给付保险金责任的保险公司。房地产保险人即与房地产投保人订立保险契约，收取保险费和在房地产出险后负责赔偿的保险公司。

房地产保险人的义务有：

(1)在约定的保险事故发生后，承担赔偿责任，支付按照合同规定并进行调查后审定的损失费，叫做保险赔偿，又称理赔；

(2)当保险事故发生后，保险人应该立即履行对投保人承担的义务，查勘现场，并根据损失的实际情况核算确定经济补偿金额予以赔偿；

（3）积极开展被保险房地产的防损工作，及时检查房地产可能发生的危险隐患并予以消除。

房地产保险人的权利有：

（1）按照合同收取保险费，这是保险人最基本的权利；

（2）要求房地产投保人按合同履行义务的权利；

（3）适当灵活使用保险金的权利。

四、房地产保险关系人

（一）被保险人

被保险人是指其财产或者人身受保险合同保障，享有保险金请求权的人。投保人可以为被保险人。房地产被保险人是指其房屋等财产或者人身受保险合同保障，享有保险金请求权的人。房地产投保人可以为被保险人。

（1）在财产保险合同中，被保险人是对保险财产具有保险利益的人，如所有权人、经营管理人、使用人、抵押权人等；在责任保险合同中，被保险人是对他人遭受的财产损失或者身体伤害负有赔偿责任的人；在人身保险合同中，被保险人是对自身的生命和健康安全获得保险保障的人。

（2）既然被保险人是受保险合同保障的人，那么当合同约定的保险事故发生时，被保险人就享有赔偿和支付保险金的请求权；如果被保险人在约定的保险事故中死亡，则由其指定的受益人或者继承人享有保险金请求权。但是，如果投保人与被保险人不是同一人，则投保人不享有请求权。

被保险人除具备上述特征外，我国《保险法》规定，投保人不得为无民事行为能力的人投保；以死亡为给付保险金条件的人身保险，保险人也不得承保。也就是说，无民事行为能力的人不能作为上述人身保险的被保险人，但父母为未成年的子女投保除外。

（二）受益人

受益人也称保险金受领人，是指房地产人身保险合同中由被保险人或者投保人指定的享有保险金请求权的人。房地产投保人、房地产被保险人可以为受益人。受益人的特征如下：

（1）受益人必须由被保险人或者投保人在投保时指定，并在保险合同中予以载明；投保人与被保险人不是同一个人，在指定受益人时，须经被保险人同意。受益人如未指定，被保险人自己或其继承人即为受益人。

（2）受益人独立享有保险金领取资格。

（3）受益人权利的行使时间必须在被保险人死亡之后。

（4）受益人领取的保险金归其独立享有，不能作为被保险人的遗产处理。

五、房地产保险的可保风险

可保风险是指符合承保人承保条件的特定风险。尽管保险是人们处理风险的一种方式，它能为人们在遭受损失时提供经济补偿，但并不是所有破坏物质财富或威胁人身安全的风险，保险人都承保。各保险企业应谨慎运用弱化的可保条件来承保风险，以免造成保险经营的不稳定。

保险是减少风险的一种有效手段，但并不是所有风险都可以通过购买保险方式转嫁给保险人，保险人承保的风险是有一定条件和范围的。房地产保险的可保风险条件有以下几点：

(1)风险必须是偶然的。指风险导致的损失具有不确定性，既有发生的可能性，又不是必然发生的。就某一具体的保险标的物而言，什么时候发生损失，以及发生损失后损失的程度，人们都无法事先预知。

(2)风险导致的损失必须是意外的。意料之中的损失是不能保险的，如房屋折旧。另外，被保险人故意行为造成的损失也是不予承保的，如被保险人故意或唆使他人纵火。

(3)风险属于纯粹风险，而不是投机风险。投机风险是指那些风险发生的后果既有损失机会又有获利可能的风险，如房地产经营本身既有赚钱也有亏损的可能，房地产市场价格波动也会导致亏本或获利；纯粹风险是指那些只有损失的机会而无获利可能的风险，如房屋遭受火灾、水灾等。保险承保的风险必须是纯粹风险。

(4)风险必须是大量的。同类标的物均有遭受同类风险损失的可能性。大数法则是保险赖以建立的数理基础，大量同类风险的发生才可能使保险费率制定建立在可靠的数理统计基础上，也就是说，风险具有宏观上的确定性与微观上的不确定性。

(5)风险损失必须是能以货币衡量的，具有较大损失的可能性。保险本身实际上是经济上的风险转移行为，不能明显地表现为经济损失的风险、不能以货币衡量的风险、造成损失轻微的风险是无法承保和投保的。

房地产风险种类众多，但只有符合以上条件的特定的可保风险才能以保险责任的形式反映在各种保险的条款之中，保险人只对保险责任范围内的风险事故或约定事件所遭受的损失负责。

六、房地产保险合同

(一)房地产保险合同的含义和特点

房地产保险合同是房地产投保人与保险人约定保险权利义务关系的协议。

房地产保险合同除具有一般合同的共性外，还有自己的特点：

首先，房地产保险合同是附合合同，即保险合同不是由保险人和投保人充分商议之后才达成的。通常情况下，保险合同的主要条款是由保险人事先制定的，投保人只要表示愿意接受，即双方意思表示一致，保险合同即告成立。只有在对特殊标的投保时，双方才对保险合同的主要条款进行商议。房地产保险合同是要式合同，即保险合同的成立必须履行法定的方式，采取法定的保险合同。

其次，房地产保险合同是射幸合同。射幸也叫利益机会，对于投保人来说，缴纳保险费后，在保险合同有效期间发生保险事故，他可以从保险人处得到数倍于保险费的保险赔偿或保险金；对于保险人而言，如果没有发生保险事故，则只接受保险费，不用承担赔偿或支付保险金。由于保险事故或者给付保险金的发生具有不确定性，因此投保人和保险人利益的取得或者丧失就是一种机会。因此，保险合同是射幸合同，也叫机会性合同。

(二)房地产保险合同的内容

(1)保险人名称和住所。

(2)投保人、被保险人名称和住所，以及人身保险的受益人的名称和住所。

(3)保险标的。保险标的指保险载明的特定的投保对象，它是确定保险关系和保险责任的依据。

(4)保险金额和保险价值。保险金额即保险标的金额，是指当事人约定在保险事故发生后，保险人负责赔偿的最高限额，它既是保险人赔付的依据，又是计算保险费的基础，一般是通过对被保险房地产的估价确定的。房地产投保当时的实际价值就是保险价值，保险人和投保人在保险价值内，根据投保人对该标的物存在的利益程度和保障愿望确定保险金额，作为保险保障的最高限额。比如，一幢价值100万元的别墅，如投保100万元则是足额投保，如投保50万元则是部分投保，假设在一次火灾中别墅损失80%，则前者可获赔80万元(100万元的80%)，后者获赔40万元(50万元的80%)。在保险合同中，对于保险标的的有关事项，如位置、结构、构造、面积等，必须按合同要求详细填写。

(5)保险费。保险费是房地产投保人为请求保险人对其保险的物业及利益承担保险风险而支付的与保险责任大小相适应的价金。房地产保险费一般以千元为单位，即每千元房屋保险金额交纳若干元保险费，它根据具体的保险范围、保险责任以及险种来确定。如一套价值50万元的商品房全额投保，保险费为1元/千元，则1年应交保险费500000×1元/千元=500元。另外，也可采取保险储金形式来交纳保险费，即在投保时存一笔储金，保险期满，保险公司只退还储金的本金，相当于以储金的利息作保险费。

(6)保险责任。保险人所承担的风险项目在房地产保险合同中称为保险责任，或叫责任条款。责任条款列明保险人承担的风险种类，叫保险风险。保险标的因保险风险而遭损害，叫保险事故或保险事件。保险责任就是当保险事故发生时，根据保险房地产的损害程度，保险人在保险金额限度内应负的经济赔偿责任。

(7)保险期限。保险期限指房地产保险合同的成立至终止时间，即保险合同从生效日到终止日的期间。在这一期间内发生的保险事故，保险人负经济责任。为了确保保险合同的效力，投保人和保险人双方在订立房地产保险合同时，必须对期限达成协议，在房地产保险合同中载明。房地产保险期限一般以一年为期，但也有长期和短期保单。

(8)违约责任。房地产保险在合同中明确规定违约责任是相当重要的。因为房地产保险合同是最大诚信合同，双方当事人任何一方不履行义务的行为，都会造成种种不利后果，所以房地产保险合同应把违约责任列入。房地产保险合同的订立一般先由投保人到保险公司提出申请，填写投保单，交清保险费，然后由保险公司发给保险单或保险凭证，这时保险合同即告成立。

(三)房地产保险合同订立的原则

1. 最大诚信原则

最大诚信原则是指保险合同的双方当事人在签订和履行保险合同时，必须保持最大限度的诚意，双方都应遵守信用，互不欺骗和隐瞒，投保人应向保险人如实申报保险标的的主要风险情况，否则保险合同无效。

在房地产保险中，最大诚信原则要求如下：

(1)投保人必须陈报实质性的重要事实

投保人在申请投保时，必须向保险人陈述与危险情况有关的实质性重要事实，即：

①房屋权属、结构、性状等超出正常的情况和存在的危险因素；

②保险人所负责任较大的事实;

③有关申请本人的事实,并确实具有可保利益。

一般陈报事实应在订立保险合同之前,但在保单转期时,或在保单有效期内,如所保危险情况有所改变,也须如实及时通告给保险人。

(2)保证条款的使用

保险人为慎重起见,常在保单上列有保证条款,要求被保险人遵守。如在为一般房屋投保时,要求房屋内不准堆放危险品,以及投保后仍须加强安全管理、防灾减灾等。

(3)违反最大诚信原则将使合同失效

如果投保人在投保单上填写的有关事项违反事实,有意隐瞒重要危险因素和事实,例如所投保房产是储藏易燃品的仓库,而填写为一般仓库,或者是在索赔时提供假证明,作虚伪陈述,以及在保险期内危险因素改变,或被保险标的不具有可保利益而未及时通知保险人等情况,都属于违反最大诚信原则,从而破坏了保险合同的基础,致使合同失效。若中途发现,则可以中止合同;更多情况是在索赔时才发现,这时可由保险人以拒付不保的形式不予履行合同。

2. 可保利益原则

可保利益原则又称可保权益原则,要求被保险人对所投保的保险标的拥有可保权益。

拥有权益是指客观存在的,对于一项财产具有某种法律承认的权利或利害关系,即假如财产安全,保险方就能得益;反之,如果财产遭受损毁,保险方便会蒙受损失。只有对财产具有这种利害关系,被保险人才能将财产投保,也唯有如此,保险人才会接受投保,这种可以进行保险的权益就叫可保权益。

例如,某人自己有一所房屋,如果房屋安全,他就可以居住,还可以出租或变卖房屋以获得利益;如果房屋被损毁,他便无法居住,还要另行花钱买屋,经济上就受到损失。正是因为他和他的房屋存在利害关系,他才考虑房屋的安全,将房屋投保财产保险,而保险人也正因为他对这一房屋存在利害关系,具备了可保利益才给他以保障,允许他进行保险。凡是该人对该财产具有被法律承认的利害关系,那么,他对该项财产就具有可保权益。

可保权益还包括预期的、非物质的利益。可保权益的产生和存在,概括起来有三方面的来源:所有权、据有权和按合同规定而产生的权益。

(1)因所有权而产生的可保权益

①财产所有人对其所有的财产具有可保权益,不论其财产是个人所有还是与他人所共有。

②受托人、受益人对财产具有可保权益。当财产委托给他人保管时,受托人就是法定所有人;享有别人利益的人叫受益人,他是有效的所有人。这两种人都对财产具有可保权益。

(2)因据有权而产生的可保权益

①房产虽不归其所有,但他是对该房产拥有使用权、对房产安全负有责任的人,如该房产的居住者则对该房产具有可保权益。

②对房产享有留置权的人也对该房产具有可保权益。

(3)由合同规定而产生的可保权益

①在抵押贷款中,抵押人(债务人)要把房产转让给受押人(债权人),作为还款保证。抵押人对抵押的房产有可保权益,但他负有还款的责任;抵押权人对抵押房产也有可保权益,

但只限于他所借出款项的那一部分。由抵押贷款的合同关系产生了抵押权人对抵押房产的可保权益。这时一般由抵押人和抵押权人联名投保，或由抵押人投保全部房产，并附“赔款支付”条款，说明债权利益范围内应先赔款给债权人。

②依据租约享有权益的承租人，对承租房屋具有一定的可保权益。一般情况下，承租人对于房屋没有可保权益，但如果租约中规定，承租人归还主人财产的状况应与接收时的状况一样完好时，那么承租人对因意外事故或自己疏忽造成的损失就负赔偿的责任，即他对承租房屋具有可保权益。

在房产保险中，保险所承保的是某一幢（套）房屋或与之相关联的利益；被保险人要求保险人保障的是他对投保标的所具有的利益。若所保房产与本人无关，而投保人在订立合同后故意使保险事故发生从而获得保险赔偿，就要受到法律制裁。

《保险法》第十二条规定：人身保险的投保人在保险合同订立时，对被保险人应当具有保险利益。财产保险的被保险人在保险事故发生时，对保险标的应当具有保险利益。《保险法》对保险利益的定义是：投保人或者被保险人对保险标的具有的法律上承认的利益。拥有法定保险利益是投保人投保和在保险事故发生时取得保险赔偿的法律基础。这就是根据可保利益原则制定的法条。另外《保险法》第四十八条规定：保险事故发生时，被保险人对保险标的不具有保险利益的，不得向保险人请求赔偿保险金。这也是可保利益原则的体现。

3. 赔偿原则

房地产保险合同是赔偿性质的合同。当保险事故发生，投保的房产或有关利益遭受损失时，保险人应按合同规定的条款履行赔偿责任。赔偿的原则如下：

(1)保险人对赔偿金额有一定限度

①以实际损失为限。保险人对被保险人损失的赔偿以实际损失为限，被保险人不能得到超过其实际损失的赔偿。在房产价格不断波动的情况下，应以当时市场价格计算损失金额。如果所投房产保险是定值保险，则可不论市场价格变动如何，均按合同中约定的价值计算赔偿金额。

②以保险金额为限。保险金额是保险合同当事人双方共同约定的保险赔偿金额的最高限度，赔偿金额只能小于或等于保险金额，不能大于保险金额。当以市场价格计算的实际损失金额与保险金额不等时，二者取其较低者。

③以可保利益为限。实际上可保利益的价值与最高实际损失的价值以及保险金额是一致的，如房产受押人在发生房产保险范围内的损失时，他的可保利益价值、最高实际损失价值、保险金额的最高限度都是他放出的抵押贷款的数额，因而他所能获得的保险赔偿最高限也只能是相当于他所借出的款项。同理，对于承租房产的被保险人，他所能获得的保险金赔偿最高只能等于他的可保利益价值——租金的数额。

(2)保险人可以选择赔偿方式

当被保险人的房产遭受保险责任损失时，保险人应对其所蒙受的实际损失（最高不超过保险金额）给予补偿，使被保险人在经济上恰好能恢复到保险事故刚发生以前的状态。保险人可以选择货币支付或修复原状或换置的方式予以赔偿。

(3)被保险人不能通过保险赔偿而获得额外的利益

房产保险的原则是只对其损失进行补偿。理赔时保险人要实地勘察、核算损失、合理补偿，不能使被保险人从保险中得到原来所没有的额外利益。为此还特别规定了：

①在由第三者责任引起的保险事故中，保险赔偿要遵循权益转让原则；

②在重复保险中，保险赔偿要遵守重复保险分摊的原则，使得投保人对同一保险标的的损失从各方面(如多个保险人以及侵权行为人)所获得的补偿总额不致超过其实际损失。

坚持补偿原则确定赔偿金额，既可避免不合理地扩大保险人责任，破坏保险基金的平衡性，又可防止诱发投保人利用保险赔偿投机谋利的人为危险，否则保险业将无法正常经营。

4. 权益转让原则

权益转让原则又称代为求偿原则。当保险事故由第三方责任引起时，第三方对此应负有赔偿责任。如果被保险人从第三方那里获得了补偿，就相当于没有损失，因而不能再向保险人提出索赔要求；如果保险人应投保方申请并同意赔付其损失后，保险人就可以取代被保险人地位拥有向第三方索赔的法定权力，即代位求偿权。

被保险人将追偿权益转让给保险人，就等于他从任何方得到的赔偿和收益都得到转让(慈善性赠款除外)，同时还有义务协助保险人向第三方追偿。保险人获得追偿权益后，就享有被保险人享有的权益，但仅限于此。即从第三方追偿到的赔偿金额小于或等于保险赔偿金额时，则全归保险人；若追回金额大于保险赔付金额，则超出部分应偿还给被保险人。如果保险人接受了被保险人的委付，则保险人可以接受大于其保险赔付金额的收益。

权益转让原则可以避免被保险人在同一次损失中从保险方和事故责任方同时取得赔偿而获得额外利益，同时也可以防止事故责任方逃避本应承担的赔偿责任。

5. 重复保险分摊原则

投保人以一个保险标的同时向两家或两家以上保险公司投保同一危险，即构成重复保险，其保险金额往往超过保险标的的可保价值，因此在发生保险损失时，应根据保险赔偿原则，采取各保险人之间分摊保险赔偿金的办法，以防止被保险人从各方获得的总保险赔偿超过可保价值。例如，某间房屋价值 50 万元，房主向甲保险人投保该房屋的火灾保险，保险金额是 40 万元，同时向乙保险人投保该房屋的火灾保险，保险金额是 20 万元，该房主的行为就构成了重复保险。重复保险后发生灾害事故而遭受损失，被保险人从多个保险人那里获得的赔偿总值不能超过该保险标的的实际价值。

6. 近因原则

近因是指造成保险标的损失的最主要、最有效的原因。也就是说，保险事故的发生与损失事实的形成有直接因果关系。按照这一原则，当被保险人的损失是直接由于保险责任范围内的事故造成的，保险人才给予赔偿。这是因为现实中保险标的的损失是由多种风险事故同时或者连续发生造成的，而这些风险事故往往同时有被保风险事故、非保风险事故或除外风险事故。近因原则是判断保险人是否需要赔偿的标准。

七、房地产保险的辅助人

房地产保险的辅助人是指与保险合同的订立或履行有一定辅助关系的人，即保险代理人和保险经纪人，在国外还有保险公证人和体检医师等。

(一)保险代理人

保险代理人是根据保险人的委托，向保险人收取代理手续费，并在保险人授权的范围内代为办理保险业务的单位或者个人。保险代理人根据保险人的授权代为办理保险业务的行为，由保险人承担责任。同时，保险代理人所获得的有关订立保险合同的重要事项，视为保险人已获知。保险代理合同必须采用书面形式。保险人对保险代理人权限的限制，可以通过保险合同有关条款或者以口头形式或书面形式向投保人明确。

（二）保险经纪人

保险经纪人是指基于投保人的利益，为投保人与保险人订立保险合同提供中介服务，并依法收取佣金的单位。保险经纪人的特点如下：

（1）保险经纪人的活动内容以提供订立保险合同的中介服务为限，保险经纪人既非保险人的代理人，又非投保人的代理人，而是为保险人和投保人之间订立保险合同牵线搭桥，但其出发点是投保人利益。

（2）保险经纪人依法有权向保险人收取佣金。

保险经纪人在办理保险业务中因为过错，给投保人、被保险人造成损失的，由保险经纪人承担赔偿责任。

保险代理人、保险经纪人应当具备金融监督管理部门规定的资格条件，并取得金融监督管理部门颁发的经营保险代理业务的许可证或者经纪业务的许可证，向工商行政管理机关办理登记，领取营业执照，并缴存保证金或者投保职业责任保险。

第三节 房地产保险业务的种类

根据房地产面临的风险以及保险标的性质不同，可将房地产保险业务划分为房地产财产保险、房地产责任保险、房地产人身保险以及房地产信用和保证保险。

一、房地产财产保险

房地产财产保险是对房屋财产因意外事件造成的损失进行赔偿的保险，是由投保人或被保险人与保险人签订房屋财产保险合同，以一定的保险费支出来应对可能遭受的不确定性的损失发生，以实现风险转移的一种经济补偿制度。

（一）企业财产保险

企业的房产一般不作为单独的保险标的进行保险，而是和其他固定资产以及流动资产一并投保，其适用范围是指可以向保险人投保该保险种类的单位。企业财产保险适用于在我国境内注册的国有企业、集体企业、股份制企业、私营企业，在实务上也包括国家机关、事业单位和群众团体等。企业财产保险包括基本险和综合险两类。

1. 保险标的范围

（1）属于被保险人所有或与他人共有而由被保险人负责管理的财产；

（2）属于由被保险人经营管理或替其他人保管的财产；

（3）具有其他有关法律承认的与被保险人有经济利害关系的财产等，如具有承租利益的房屋。

上述财产是否可以用于投保，主要是看保险标的与被保险人之间是否具有可保利益，即被保险人与保险标的之间是否存在某种利害关系。只有对保险标的存在可保利益才可以投保，否则，即使投保，保险人也不会承担保险责任。

与有关法律、法规相抵触的房屋财产，如违章房屋、危险房屋、非法占有的房屋、限期拆除或限期改建的房屋等不在保险标的范围之内。

另需注意,保险标的转让后保险合同继续有效。《保险法》第四十九条规定:保险标的转让的,保险标的的受让人承继被保险人的权利和义务。

2. 保险责任

(1)企业财产基本险的责任范围。企业财产基本险的责任包括由于火灾、爆炸、雷击、飞行物体及其他空中运行物体坠落以及为抢救保险标的和防止灾害蔓延,采取合理的、必要的措施而造成的保险标的的损失;当房屋发生保险事故时,为减少保险房屋损失,被保险人对被保险房屋采取保护和整理措施而支付的必要的、合理的费用。

(2)企业财产综合险的责任范围。企业财产综合险的责任范围是在基本险基础上的扩展,除基本险的责任范围外,还包括暴雨、洪水、台风、暴风、龙卷风、雪灾、雹灾、冰凌、泥石流、崖崩、突发性滑坡和地面突然塌陷。

自然灾害和意外事故的内容有明确的规定,如地面突然塌陷仅指地壳因自然变异、地层收缩而发生的突然塌陷。因为地基不牢或未按施工要求所导致的被保险房屋下沉、倒塌等损失,不属此保险责任。建筑物倒塌、倾倒造成被保险房屋的损失,如果涉及第三方责任,被保险人可以从保险人那里取得赔偿,保险人从被保险人处获得权益转让,并向负有责任的第三方追偿。但对建筑物本身的损失,即使属于保险房屋,保险人也不负责赔偿。

3. 责任免除

企业财产保险基本险和综合险对于下列原因造成的财产保险标的的损失,保险人都不承担保险责任:

(1)战争行为、军事行动、武装冲突、罢工、暴乱、暴动。

(2)地震、核反应、核子辐射和放射性污染。

(3)被保险人及其代表的故意行为或违法行为以及被保险人及其代表的纵容所致。

(4)财产保险标的遭受保险事故引起的各种间接损失。如旅馆的房租收入、被保险人与其他人签订的合同,因保险事故发生造成不能履行后需要承担的经济赔偿责任等。

(5)房屋本身的缺陷、自然损坏。

4. 保险金额

保险金额是最高赔偿限额。企业房屋保险的保险金额由被保险人自行确定,被保险人既可根据原始价值、原始价值加成数和重置价值确定,又可根据估价的方式或其他方式确定。至于企业的代保管房屋财产,一般应由被保险人自行估价或按照重置价值确定保险金额,并在保险单上特别列明。其保险价值按照出现时的重置价值或账面余额确定。

5. 赔偿处理

房屋保险标的在遭受保险事故后,在保险责任范围内的损失,保险人按以下方式确定赔偿金额。

(1)全部损失

受损房屋财产的保险金额高于或等于出险时的重置价值的,其赔偿金额以不超过出险时的重置价值为限;受损房屋财产的保险金额低于出险时的重置价值,其赔偿金额不得超过该项房屋财产的保险金额。

(2)部分损失

受损房屋财产的保险金额等于或者超过出险时的保险价值的,其赔偿金额按照实际损失金额计算；受损房屋财产的保险金额低于出险时的重置价值的，除了企业房屋保险合同条款另有约定外，应该根据实际损失或受损房屋财产恢复原状所需要的修复费用乘以保险金额与出险时的重置价值的比例计算。

6. 保险期限

企业财产保险的保险期限一般以不超过1年为限，保险责任一般以双方约定的起保日零时开始到期满日24时为止。期满后经协商可以续保。

(二)家庭房屋保险

家庭房屋保险包括普通房屋保险和房屋两全保险。前者采取交纳保险费的方式，保险期满后，不退还保险费，续保需重新办理保险手续；后者采取交纳保险储金的方式，保险期满后，无论保险期内被保险人是否得到了保险赔偿，保险人都将投保人所交的保险储金退还，具有储蓄和保障双重功能。

1. 保险标的范围

保险标的范围包括：被保险人所有的房屋；投保人与保险人约定并在保单上注明的房屋，包括与他人共有的房屋、代他人看管的房屋、租赁的房屋等。正处于紧急状态的房屋和违章建筑不在保险标的范围之内。

2. 保险责任

家庭房屋保险的保险责任包括火灾、爆炸、雷击、冰雹、洪水、海啸、地面突然塌陷、崖崩、泥石流、雪灾、冰凌、龙卷风、空中运行物体坠落、外界建筑物和固定物体倒塌、暴风、暴雨以及因防止灾害蔓延或因施救、保护所采用必要的措施而造成保险房屋的损失和由此支付的合理费用。

3. 责任免除

责任免除包括战争、军事行为或暴乱、核辐射或污染、地震等不可抗力造成的一切损失；被保险人、房屋所有人、使用人、承租人、看管人及其家庭成员的故意行为和违法行为；保险标的因设计错误、原材料缺陷、工艺不善等内在的缺陷以及自然磨损造成的损失和产生的费用；属于不保房屋及其他不属于保险责任范围内的灾害事故损失；由于政府行为所导致的损失。

4. 保险期限

房屋普通险的保险期限为1年；房屋两全险的保险期限分为1年、3年、5年三种；以抵押贷款方式购买的产权房屋，保险期限与贷款合同期限相同，最长以30年为限。

5. 保险费率、保险金额

保险费率是根据各地的具体条件制定的，并以房屋的结构来区别，一般为1‰～3‰，单位集体投保的则给予优惠。保险金额为房屋单位售价乘以房屋总面积或按合理的评估价格确定，也可由双方约定一个价格。

(三)房屋建筑工程保险

房屋建筑工程保险承保房屋建筑工程在建造过程中因自然灾害和意外事故造成的损失。当前我国开办的保险业务有建筑工程一切险。建筑工程一切险有许多附加险，如第三者责任保险、工程预期利润损失保险等，另有多种适应工程项目特点的特约条款。

1. 保险标的范围

房屋建筑工程保险承保的标的范围以建筑工程合同为依据，主要包括：房屋建筑工程及在工地的物料，房屋建筑用机器、工具、设备和临时工房及其屋内存放物件，所有人或承包人在工地的原有财产，附带安装工程项目，场地清理费，工地内的现成建筑物和所有人或承包人在工地的其他财产。

2. 承保责任范围

房屋建筑工程保险的责任范围包括：因地震、雷击、冰雹、洪水、海啸、地面突然塌陷、崖崩、泥石流、雪灾、冰凌、龙卷风等自然灾害造成的物质损坏或灭失；企业职工因缺乏经验、疏忽或因过失造成的事故损失；因原材料质量问题或工艺不良引起的事故所造成的损失；盗窃、恶意行为等造成的损失。

3. 除外责任

房屋建筑工程保险的除外责任有：被保险人故意行为致损；自然磨损、停工、罢工、战争等因素造成的损失；因原材料缺陷或工艺不善引起的保险财产本身的损失；因设计错误引起的损失和费用；非外力造成的机械或电气装置的损毁或建筑用机器、设备、装置的失灵；盘点时发现的短缺；维修保养和正常检修的费用；档案、文件、账簿、票据、现金和有价证券、图表资料的损失等。建筑工程第三方责任保险应另行保险，其责任不在保险范围之内。

4. 保险期限

房屋建筑工程保险的保险期限自被保险工程在工地动工或用于保险工程的材料、设备运抵工地之时开始，到工程所有人对部分或全部工程签发完工验收证书或验收合格，或者工程所有人实际占有或使用或接收该部分或全部工程之时终止，以先发生者为准。

5. 保险金额

建筑工程的总价值为险种的保险金额，包含设计费、建筑所需材料设备费、施工费、运杂费、保险费和税款以及其他有关费用。投保人可先按预计的合同工程概算投保，完工后再按实际造价调整工程保险金额，保险费也随之调整。

6. 保险费率

保险费率一般按照工期费率计收，即由保险公司对投保工程进行风险评估后，根据工程的性质、危险程度、被保险人的状况等因素来确定。

7. 赔偿处理

对于保险期限内出现的损失，保险人可以选择支付赔款或以修复、重置受损项目的方式来赔偿，但对保险财产在修复或重置过程中发生的任何变更、性能增加或改进所产生的额外费用，保险人不负有赔偿责任。

二、房地产责任保险

（一）房地产公众责任保险

1. 房屋所有人、出租人和承租人责任保险

此保险主要针对承保房屋所有人、出租人和承租人在行使该房屋所有权和使用权过程中产生的场所责任风险。目前，我国开办的公众责任保险就是承保商业性房地产所有人、出租人和承租人的场所责任保险。

2. 承包人责任保险

承包人责任保险适用于房屋建筑、修理工程等承包人，承保被保险人在进行合同项下的工程或其他作业造成对第三者的损害赔偿责任。此险种的房屋建筑部分也可纳入房屋建筑

工程保险中。目前，我国开办的承包人责任保险主要是和建筑工程一切险或安装工程一切险一起投保的，称为建工险或安工险的第三者责任保险。

（二）房地产职业责任保险

职业责任保险主要是指医生、律师、会计师、建筑师等自由职业者因工作过失而造成他人人身伤亡和财产损失的赔偿责任保险。房地产职业责任保险是对房地产专业人员因工作上的疏忽或过失造成他人损害应承担的经济赔偿责任而提供的保险。房地产专业人员包括建筑师、工程师、监理工程师、房地产估价师等。

房屋建筑工程勘察设计责任保险可以归入此类保险中。房屋建筑工程勘察设计责任保险的保险对象是经建设行政主管部门批准，取得相应资质证书并经工商行政部门注册登记依法成立的房屋建筑工程勘察设计单位。

房屋建筑工程勘察设计责任保险的保险责任为，在保险期限因勘察设计而造成房屋建筑工程重大质量事故应负的赔偿责任，具体包括由于设计的疏忽或过失而引发的房屋建筑工程质量事故造成的下列损失或费用：依法应由被保险人承担经济赔偿责任的，在本保险期限内，由受害人首次向被保险人承担提出赔偿要求并经被保险人向保险人提出索赔申请时，保险人负责赔偿房屋建筑工程本身的物质损失；第三者人身伤亡或财产损失。另外，事先经保险人书面同意的诉讼费用，保险人也负责赔偿，但这些赔偿一般有赔偿限额。发生保险责任事故后，被保险人为缩小或减少对受害人的经济赔偿责任所支付的必要的、合理的费用，保险人也负责赔偿。

此险种的责任免除主要有被保险人故意不按现行标准进行的勘察设计、冒用持证单位名义进行的勘察设计、转让给其他单位或个人进行的勘察设计、不按国家规定的建设程序进行的勘察设计、不按规定越级承担的勘察设计以及工期拖延等所带来的损失。

此项责任保险的保险期限从被保险人接受勘察设计项目、签订合同开始，民用项目至竣工验收合格时终止，工业项目至正式投产时终止。如项目竣工后未按规定验收或试产，直接交委托方使用的，终止日在委托方使用起至半年为止。在保险期限内，由于被保险人勘察设计上的错误而造成工程质量事故导致赔偿责任，赔偿超过其免收的勘察设计费的50%者，超过部分由保险人负责，但保险人最高赔偿金额以不超过受损部分勘察设计费的150%为限。

此保险的保险金额为被保险人应收取的勘察设计费，费率一般规定为保险金额的2‰。

（三）房地产产品责任保险

房屋在使用过程中可能发生因其缺陷而造成用户或公众的人身伤亡或财产损失，依法应由开发商承担民事损失赔偿责任的风险。房地产开发商或销售商可以向保险公司投保产品责任险，将这种经济损害赔偿责任转嫁给保险人，一旦由于房屋责任事故给消费者或第三人造成人身伤害或财产损失，保险人承担依法应由房地产开发商或销售商负责的经济损失赔偿责任。

保险人所承担的产品责任风险，必须是房地产开发商或销售商销售或出租的供他人使用的房产，在使用过程中造成对消费者或者用户及他人的财产损失、人身伤亡所导致的经济赔偿责任，以及由此导致的有关法律费用。但以下几种情况除外：被保险房产本身的损失；非常状况下使用时造成的损害事故；被保险人故意违法建造、出售的房产所造成的损失；仍在建造，其所有权未转移到用户或消费者手中时发生的责任事故；根据合同或协议应由被保险人承担的其他人的责任等。

三、房地产人身保险

在房地产领域中有关的人身保险业务主要有建筑工程团体人身意外伤害保险、住房抵押贷款寿险、房地产人身意外伤害保险。

(一)建筑工程团体人身意外伤害保险

在建筑施工现场从事管理和作业，并与施工企业建立劳动关系的人员均可作为被保险人，以团体为单位，由所在施工企业或对被保险人具有保险利益的团体作为投保人，经被保险人书面同意，向保险公司投保此险种。

1. 保险责任

被保险人在从事建筑施工及与建筑施工相关的工作或在施工现场或施工期限指定的生活区域内，因遭受意外伤害并在180天内因同一原因身故，保险人按保险合同给付身故保险金，保险人对该被保险人的保险责任终止；或因遭受意外伤害并在180天内因同一原因身残，保险人按残疾程度给付保险金。

2. 保险期限

保险期限分为1年或根据施工项目期限的长度确定：自保险公司同意承保、收取保险费并签发保单的次日零时起，至约定的工程项目预期验收合格日24时止。提前竣工的，保险责任自行终止，保险人对投保人按日计算退还未满期净保费。保险合同期满时工程仍未竣工的，投保人需申请办理续保，保险人审核同意并收取保险费后，保险期间将延续至续保约定的工程预期竣工验收合格日24时止。

3. 保险金额和保险费

保险金额由合同双方约定，但同一保险合同所承保的团体中每一被保险人的保险金额应该一致。保险费可以按被保险人人数或按建筑工程项目总造价或按建筑施工总面积计算，并一次交清。

建筑工程团体人身意外伤害保险虽然必须团体投保，但是保险金额按每一被保险人计算，当一次或累计给付的保险金达到保险金额时，保险人对该被保险人的保险责任终止。

(二)住房抵押贷款寿险

它是保险公司向借款购房者提供的一种保额递减式人寿保险。购房者办理借款手续，同时办理人寿保险。在保单有效期内，如果被保险人死亡或完全残疾，则由保险公司代替家庭偿还购房者所欠的借款余额。这种保险的保额每年递减，以与借款者的贷款金额相称。购房者参加这一保险，可以用较低的保险费换取高额的保险保障，一旦被保险人在还款期间发生不幸，保险公司根据合同把贷款余额一次性全部付给按揭银行，使购房者免除后顾之忧。

目前我国开办的抵押住房综合保险中包括住房抵押贷款寿险。

(三)房地产人身意外伤害保险

人身意外伤害保险是指被保险人遭受意外伤害事故造成死亡或永久致残，由保险人给付全部或一部分保险金额的一种保险。意外伤害指的是外来的、突然的、剧烈的、非本意的和明显的使被保险人受到伤害的事件。人身意外伤害不承担人因患病残疾而给付保险金的义务。房地产领域内最需要保险保障的对象是施工单位的雇佣人员。我国《建筑法》第四十八条规定："鼓励企业为从事危险作业的职工办理意外伤害保险，支付保险费。"

人身意外伤害保险可附加意外伤害医疗保险和意外伤害住院补贴保险。

四、房地产信用和保证保险

信用保险和保证保险承保的都是信用风险，即债务人不按规定履行义务而给债权人带来损失的可能。两者存在区别。信用保险是应债权人要求保证债务人信用的保险，具有一般保险的特征和原则，如信用保险只有两方当事人，即保险人和被保险人，承保的风险是第三方的信用，是投保人自己无法控制的、偶然的、意外的风险；保险人可行使代位求偿权等。保证保险是应债务人要求向债权人保证其信用的保险，并且保证保险合同具有以下特征：第一，具有三方当事人，即保险人（保证人）、投保人（被保证人）和被保险人（权利人，也即受益人），变更和终止民事权利义务关系的协议自然涉及这三方。一般的保险合同是在投保人和保险人之间确定的，变更和终止民事权利义务关系的协议通常不涉及第三方。第二，在被保险人即投保人未履行自己的义务时，由保险人代为补偿，然后，保险人有权向被保证人追回这笔赔付，即保证保险的赔付率为零。为了保证日后能够做到这一点，保险人在提供保证时通常要求被保证人出具偿还保证书、第三方反担保或提供附属抵押品。可见，保证保险是一种具有担保特征的特殊保险。房地产领域的信用保险和保证保险如下：

（一）工程合同保证保险

合同保证是保证被保证人将履行所有合同义务。在房地产开发项目中，工程合同保证保险主要有以下险种和保险责任：

（1）投标保证保险，承保工程所有人因中标人不签订承包合同而遭受的经济损失。在建筑工程公开招标中，要求投标人提供投标保证，以保证投标人得标后会签约。如果投标人得标后不签约，工程所有人将会选择另一个投标人，其出价一般要比原得标人高，保险人作为保证人将会支付这两者的差额。投标保证保险的金额一般是工程合同金额的5%～20%。

（2）保证保险，承保工程所有人因承包人不能按时、按质、按量交付工程而遭受的损失。

（3）预付款保证保险，承保工程所有人因承包人不能履约而受到的预付款损失。

（4）维修保证保险，保证承包人在完工之后的一段时期内会纠正工程中的缺陷和调换质量有问题的材料。

工程合同保证保险在欧美国家已形成惯例，但目前我国还未开办工程合同保证保险。

（二）住房抵押贷款保证保险

住房抵押贷款保证保险是购买住房的借款人应银行的要求，为届时分期付款而向保险人寻求信用保证的一种保险。当保险事故发生，受益人（银行）遭受经济损失时，由保险人代为补偿。借款人对保险人为其向受益人支付的任何赔偿，有返还给保险人的义务。保险人承保的是借款人还款的信用，保险人必须审查被保证人的资信。

住房抵押贷款保证保险的投保人是经保险人认可的，为购买住房而向贷款机构申请住房抵押贷款的借款人（包括法人和自然人）；被保险人为向借款人提供住房贷款的贷款人，即贷款银行。

2001年11月，保险监管委员会公布了全国统一的个人抵押住房保险条款及收费标准。保险责任包括：一是被保证人因遭受意外伤害事故所致伤亡或伤残，而丧失全部或部分还贷能力；二是被保证人因经济收入减少而无法履行"个人住房抵押贷款合同"；三是因上述原因造成被保证人连续三个月未履行“个人住房抵押贷款合同”。

住房抵押贷款保证保险的保险金额为“个人住房抵押贷款合同”项下的借款额；保险期限为该合同生效日零时起至借款人按照贷款合同规定全部归还贷款本息余额日 24 时终止。当发生保险责任范围内的事故时，被保险人应向保险人提出书面索赔申请，经保险人核实后，在收到索赔申请的一个月内予以赔偿。

第四节　房地产保险的运作与实施

房地产保险的运作通常经过投保与承保、防灾防损、索赔与理赔等环节。

一、房地产保险的投保与承保

1. 投保程序

个人或企业参加房地产保险时，首先应与有关保险公司联系。与保险公司联系的渠道主要有两种：一是直接与保险人联系；二是通过中间人（代理人）与保险公司联系。

无论采用哪种方式，投保的程序主要分以下步骤：

(1)投保人填写投保单。投保人在投保时，必须向保险公司提供自身完整的、真实的材料。提供材料的方法就是填写保险公司提供的保险单。填写的主要内容有：投保人的姓名或单位名称、投保的财产项目、投保金额或最高赔偿额、保险开始生效日期和保险期限、特别约定、财产占有性质、投保人地址和财产坐落地址等。

投保单是投保人要约的凭证，构成保险合同的基础，投保人必须保证其填写内容的真实性。

(2)保险公司受理投保单。投保人将填写好的投保单交保险人或保险代理人，由其进行审核，以决定接受或驳回投保单。

保险人在审核投保单时，如发现填写内容不符合规定或不清楚，应及时与投保人联系，予以补充或更正。通过审核，要求做到：明确保险财产名称及项目；列清特约承保的财产；注意剔除不保的财产；明确保险金额或最高赔偿限额；保险财产地址清楚；保险费率正确，保险费计算准确；保险起讫期限清楚等。

当保险人经审核对投保人填具的投保单没有疑义，决定承保后，将签发保险单；否则驳回投保单。

(3)保险人签发保险单。保险单是投保人与保险人双方确立保险合同的书面凭证，是保险人在接受投保人（被保险人）的申请经过签署交投保人收执的凭证。房地产保险单载明的事项主要有：被保险人的姓名（单位名称）和住所（地址）；保险标的；保险责任，即指保险合同中规定保险人在约定保险事故发生时所应承担的赔偿责任（包括损害赔偿，责任赔偿，施救、救助费用，诉讼费用等）；保险金额或最高赔偿限额；保险费和保险费率；保险期限；保险公司或代理人的签名。

在保险有效期间内，被保险人或保险标的物可能因客观原因而发生一些变化，如保险财产的转让、保险金额的变更、占用性质变化等，这时双方就要对此进行协商，如需变更保险合同，应由被保险人提出书面申请，经保险人同意后出具批单，并把批单贴在保险单上或在保险单上背书。保险单的内容与批单的内容有抵触时，以批单为准。

(4)保险费的交付。保险费是保险业务的价格。保险合同规定,投保方有在规定的期限内缴纳保险费的义务,家庭财产保险一般是起保的当天一次缴清保费;企业财产险可在签订合同之日起 15 日内按保险费率规定一次缴清保费。除非双方有特别约定,在规定的时间内,投保方未缴清保费,保险人有权终止保险合同。保险人如终止合同,对终止前投保人欠交的保险费及利息,仍有权要求如数交足。

经过填具投保单,保险人处理投保单和同意承保并签发保险单后,保险合同即告成立。

2. 房地产保险的承保

承保是指投保人与保险人签订保险合同的过程。它是保险经营的重要环节,不仅反映保险经营管理的水平,而且影响保险企业的经济利益和社会稳定。

承保工作的程序包括接受投保单、审核验险、接受委托、缮制单证等步骤。

(1)接受投保单。投保单是投保人申请购买保险的凭证,也是保险人签发保险单的依据。

(2)审核验险。保险人收到投保单后要严格审核。对财产保险,主要查验投保财产所处的环境、风险程度及防护措施等;对人身保险,要查验被保险人的健康状况、个人病史、年龄、性别、财务状况、职业、嗜好、居住环境等。

(3)接受委托。保险人通过验险后要做出承保或拒保或有条件承保的决定。拒保的,要解释清楚。

(4)缮制单证。这是承保的最后一个环节,应满足单证相符、保险合同要素明确、数字准确、复核签章手续完备等要求。

核保是保险人业务选择的关键,通过核保可以防止非可保风险的带入,去除不合格的保险标的,同时准确估计风险程度,提高承保质量。核保的内容主要包括:审查投保人资格;审核投保标的、保险金额;确定保险费率;审核被保险人的信誉。

二、房地产保险的防灾防损

防灾防损是保险经营的重要环节,它可以预防和减少保险事故的发生,维护人民生命财产的安全,减少社会财富的损失,提高企业经济效益和社会效益。

保险防灾防损,是指保险人与被保险人对所承保的保险标的采取各种技术组织措施,预防和减少灾害事故的发生及在保险事故发生后尽可能减少事故的损失。保险防灾防损是社会防灾防损的一部分,具有下列特点:

(1)防灾的主体是保险企业;

(2)防灾的对象是保险标的,其覆盖面较小;

(3)防灾的依据是保险合同的约定;

(4)防灾的手段是向投保人提出建议促使其整改,对不接受建议的被保险人只能解除合同或不予续保。

保险防灾防损是社会防灾防损的一部分,但是监督手段的力度有限,所以保险防灾防损的首要工作是加强与社会防灾防损部门的联系和合作,进行防灾防损宣传,做好防灾防损措施的落实和经常检查,参与抢险救灾,及时处理不安全因素和进行事故宣传,拨付防灾防损费用等。

三、房地产保险的索赔与理赔

当保险标的物在保险有效期间发生损失或损害时，被保险人可要求保险人按保险单的规定给予赔偿。对于被保险人，这种要求被称为索赔。保险人履行保险合同，处理被保险人提出的索赔要求，进行保险赔偿的工作称之为理赔。索赔是被保险人的权利，理赔是保险人应尽的职责。

1. 被保险人的索赔程序

(1)发出出险通知。在损失发生时，被保险人要及时将事故发生的时间、地点、原因及其他有关情况，以最快的方式通知保险人，以便其查勘，即被保险人有通知的义务。

(2)被保险人应设法避免损失进一步扩大。保险合同规定，保险财产发生保险事故时，被保险人应当积极施救，使损失减少至最低限度，即被保险人有施救义务。

(3)被保险人应保持损失现场的完整。保险事故发生后，损失现场是否完整，将影响损失金额的计算和保险人责任的确认。

(4)提供必要的索赔文件。不同的险种所要求的索赔文件有所不同。索赔文件一般包括：保险单、原始单据（如企业账册、房屋产权证等）、保险事故情况报告、出险证明书及损失证明等材料。以公积金贷款定期寿险为例，索赔时应提供：保险单及贷款合同；被保险人贷款证明或收据；公安部门、县级以上公立医院或保险人认可的医疗机构出具的被保险人身故证明书；如被保险人是因意外事故宣告死亡，受益人须提供人民法院出具的宣告死亡证明书；被保险人户籍注销证明；其他证明。当被保险人或受益人所提供的资料文件不全时，保险人应通知其补齐。

(5)领取赔偿金。保险赔偿金额一经双方确认，被保险人即可领取赔偿金。但当赔偿涉及第三者责任时，被保险人还应该出具权益转让书，将向第三者追偿责任的权利转让给保险人，并有义务协助保险人向第三者追偿。

(6)索赔的时效问题。保险合同对保险的索赔时效有一定的规定。不同险种的索赔时效不同。房屋财产保险和家庭财产保险中规定，被保险人从保险事故发生之日起三个月内不向保险公司提出索赔或不提供有关单证，或者从保险公司书面通知之日起一年内不领取应得的赔偿，即为自动放弃权益。

2. 保险人的理赔程序

(1)立案编号，现场查勘。

(2)审核保单。通常要审核以下几个方面的内容：事故是否在承保范围内致损；保险事故是否发生在保单的有效期内；已毁损的财产是否为被保险的财产；损失发生时的财产是否为被保险的财产；损失发生时被保险人对保险财产是否有可保利益等。

(3)损失核赔。即确定保险标的的实际损失，准确计算赔偿金额。

(4)给付赔偿金。保险赔偿金额一经保险合同双方确认，保险公司应在约定的时间内一次支付赔偿金并结案。

(5)代位求偿权的取得。当保险财产发生保险责任范围内的损失，应当由第三方负责赔偿时，被保险人应向第三方索赔。如果被保险人向保险人提出赔偿请求，保险人可按保险合同的有关规定先予以赔偿，但被保险人必须将向第三方追偿的权益转让给保险人，并协助保险人向第三方追偿。

本章小结

房地产保险按风险潜在损失所涉及的客体即保险的对象可以分为房地产财产保险、房地产责任保险、房地产人身保险、房地产信用和保证保险。房地产保险的构成要素主要包括房地产保险基金、房地产投保人、房地产保险人、房地产保险关系人、房地产可保风险、房地产保险合同等部分，此外还涉及房地产保险的辅助人。房地产保险的运作通常经过投保与承保、防灾防损、索赔与理赔等环节。房地产保险相关保险产品和保险公司受《保险法》指定的国务院下属机构（保监会）和其他相关机构的监管。保险基金为房地产业健康稳定发展提供了长期、稳定的资金支持。

关键概念

房地产保险　Real estate insurance　　财产保险　Property insurance

责任保险　Duty insurance

人身保险　Human body insurance

信用与保证保险　Trustworthiness and guarantee insurance

投保　Investment insurance　　理赔　Compensation

课堂讨论

作为住房的所有权人，你认为你的住房存在哪些房地产风险？可以通过购买哪些保险来降低风险？

思考与练习

一、填空题

1. 从广义上来说，房地产保险按保险对象划分为________和________，且以________为主。

2. 房地产保险的可保风险条件中的“风险必须是大量的”，是指风险具有宏观上的________与微观上的________。

3. 在由第三者责任引起的保险事故中，保险赔偿要遵循________原则。

4. 住房抵押贷款寿险是保险公司向借款购房者提供的一种________人寿保险。

5. 房屋财产保险和家庭财产保险中规定，被保险人从保险事故发生之日起________个月内不向保险公司提出索赔或不提供有关单证，或者从保险公司书面通知之日起________年内不领取应得的赔偿，即为自动放弃权益。

二、单项选择题

1. 房地产保险的标的是（　　）及其相关利益与责任。

A. 房地产　　B. 房屋　　C. 土地　　D. 设施及家电

2. 保险人从第三方追偿到的赔偿金额大于保险赔付金额时，超出部分归（　　）。

A. 保险人　　B. 被保险人　　C. 第三方　　D. 保险的辅助人

3. 某间房屋的价值为100万元，房主向甲保险公司投保该房屋的火灾险，保险金额为84万元，同时又向乙保险公司投保该房屋的火灾险，保险金额为36万元。保险生效后，如果该房屋确实发生了火灾而遭受损失，则甲保险公司赔偿的上限为（　　）万元。

A. 70　　B. 30　　C. 84　　D. 100

4. 某间房屋价值50万元，房主向甲保险公司投保该房屋的火灾险，保险金额为40万元，同时又向乙保险公司投保该房屋的火灾险，保险金额为20万元。保险生效后，如果该房屋确实发生了火灾而遭受损失，则房主从两个保险公司获得的赔偿总值不能超过（　　）万元。

A. 40　　B. 50　　C. 60　　D. 70

5. 房屋财产遭受全部损失，其保险金额低于出险时的重置价值的，补偿金额不得超过该项房屋财产的（　　）。

A. 保险金额　　B. 重置价值　　C. 原始价值　　D. 原始价值加成数

三、多项选择题

1. 在财产保险合同中，被保险人是对保险财产具有保险利益的人，具体包括（　　）。

A. 所有权人　　B. 经营管理人　　C. 使用人　　D. 抵押权人

2. 房地产保险合同是（　　）。

A. 附合合同　　B. 射幸合同　　C. 要式合同　　D. 赔偿性质的合同

3. 保险人对赔偿金额有一定限度，是指（　　）。

A. 以实际损失为限　　B. 以保险金额为限

C. 以可保利益为限　　D. 以市场价格为限

4. 关于保险赔偿，下列说法正确的是（　　）。

A. 保险人对赔偿金额有一定限度

B. 保险人可以选择赔偿方式

C. 赔偿金额可以大于保险金额

D. 被保险人不能通过保险赔偿而获得额外的利益

5. 在我国，房地产保险的辅助人主要是指（　　）。

A. 保险代理人　　B. 保险公证人　　C. 保险经纪人　　D. 房地产开发商

四、简答题

1. 从保险角度来讲，房地产业的主要风险类型有哪些？

2. 什么是房地产保险？主要包含哪些构成要素？

3. 房地产保险主要有哪些业务品种？

4. 房地产保险合同订立的原则主要有哪些？

5. 简述房地产保险的运作程序。

实践与训练

实训项目：查阅相关法律并联系以下材料回答：什么是保险利益原则？永安保险公司是

否需要赔偿？

光华建筑有限责任公司将自己的一批电器转让给光明五金公司，光华建筑有限责任公司是光明五金公司的唯一股东。后来，光华建筑有限责任公司以自己的名义在永安保险公司为该批电器投保。再后，发生保险事故，全部电器被毁。

光华建筑有限责任公司向永安保险公司索赔。

永安保险公司的律师认为：光华建筑有限责任公司对这批电器没有保险利益。光华建筑有限责任公司虽然是光明五金公司的债权人，但是在没有抵押或者留置的情况下，债权人对债务人的财产没有保险利益。

保险公司拒绝赔偿，于是产生了纠纷。本案争论的问题是光华建筑有限责任公司对于该批电器是否具有保险利益。一种意见认为：光华建筑有限责任公司以自己的名义投保，在该财产之上也没有设置抵押权或者留置权，因此不能得到赔偿。另一种意见认为：光华建筑有限责任公司对于该批电器具有一定的经济利益，其利益受到了损失，也应当得到赔偿。

实训目的：通过分析以上材料，加深对保险利益以及可保利益原则的理解。

实训步骤：

(1)同学分组。3～5人一组，分工查阅有关资料和分析上述案例。

(2)每个小组各提交一份实训报告。

案例分析

林某于2017年6月10日购买了一栋别墅，价值500万元，同月15日，林某向A保险公司购买了房屋火灾保险，保险期限为1年，保险金额为500万元，并于当日交清了保险费。2018年2月10日，林某将该别墅以580万元的价格卖给周某，但是林某并没有经A保险公司办理批单手续。2018年3月10日，因意外发生巨大火灾，房屋全部被烧毁。

思考题：

1. 若林某向A保险公司索赔，保险公司是否赔偿？为什么？
2. 若周某向A保险公司索赔，保险公司是否赔偿？为什么？

第七章　房地产信托

学习目标

1. 了解房地产信托的含义和发展历程。
2. 理解房地产信托的几种形式。
3. 掌握房地产投资信托业务的形式。

信托、银行信贷与保险三者是构成现代金融业的三大支柱。在西方国家，信托不仅有悠久的发展历史，而且在经济生活的各个领域都发挥着十分重要的作用。房地产信托是信托业的主要组成部分。房地产信托在其长期发展过程中，不仅为房地产业的发展提供了大量的资金和手段，同时也依托房地产业使自身获得了长足的发展。房地产信托与房地产业是密不可分的。根据我国现行的金融政策的规定，银行型房地产金融机构不得经营房地产信托，因此，目前房地产信托是非银行型金融机构的主要业务。

房地产信托是金融信托业与房地产业相互融合的产物，是房地产金融的重要组成部分。它的产生和发展离不开房地产业的产生和发展，更离不开信托业的产生和发展。

【资料 7-1】

信托小知识

信托，简言之就是信任委托的意思，它一般是指拥有资金或财产的单位和个人，为了更好地运用和管理自己的资财，取得好的经济效益，把资金或财产委托给被委托人代为管理经营或处理而发生的一种经济活动。它以财产为核心，以信任为基础，以他人受托管理为方式。

以下介绍几种常用的信托术语。

1. 信托行为

在达成一项信托时，构成法律行为所履行的手续就是信托行为。信托行为是指委托者与受委托者双方签订合同或协议。此外，委托人立下遗嘱同样是法律行为，也属于信托行为。根据不同的信托目的，需要签订不同的合同，但属于同一的、大量发生的业务，如信托存款，则没有必要一一签订合同，只由信托部门发给委托者统一印刷、附有文字条款、类似合同的信托存款证书即可，这种证书同样具有合同的效力。

2. 信托主体

个人与法人的信托行为形成一种以信托财产为中心的、当事人相互间特定的法律关系，称为信托关系，联结此种法律关系的当事人为信托主体。在信托关系人中，主动提出设定信托的一方当事人为委托人或信托人；被动接受信托代为管理和处理财产的一方当事人为受托人；享受信托利益的一方当事人为受益人。信托关系中三方当事人既处于各自独立的地位，又互相紧密联系而存在。

（1）委托人是信托关系的创设者，是具有完全民事行为能力的自然人、法人或依法成立的其他组织。委托人提供信托财产，确定谁是受益人以及受益人享有的受益权，指定受托人并有权监督受托人实施信托。

（2）受托人承担着管理、处分信托财产的责任，是具有完全民事行为能力的自然人或法人。受托人必须恪尽职守，履行诚实、信用、谨慎、有效管理的义务；必须为受益人的最大利益，依照信托文件的法律规定管理好信托财产。

在我国，受托人特指经中国银监会批准成立的信托投资公司，属于非银行金融机构。

（3）受益人是在信托中享有信托受益权的人，可以是自然人、法人，或依法成立的其他组织，也可以是未出生的胎儿。公益信托的受益人则是社会公众。

3. 信托财产

信托财产是指通过信托行为从委托人手中转移到受托者手里的财产。信托财产既包括有形财产，如股票、债券、物品、土地、房屋和银行存款等，又包括无形财产，如保险单、专利权商标、信誉等，甚至包括一些或然权益（如人死前立下的遗嘱为受益人创造了一种或然权益）。

4. 信托目的

信托目的是指委托人通过信托所要达到的目的，如委托人为了财产安全或为避免投资风险取得高额收益等。在信托关系中，受托人首先是为受益人的利益管理或处理信托财产，而不是首先为自己的利益去管理或处理信托财产的。

5. 受益权证书

受益权就是享受信托利益的权利，而受益权证书就是证明受益权的存在和内容的证件，如信托存款证书。

6. 信托报酬

信托报酬是指作为受托人的信托部门在办理信托事务后所取得的报酬。信托报酬的形式主要是手续费，也有少量存贷差异。信托报酬的多少，依据受托人付出劳动的多少和在信用中介中所起的作用大小，由委托人和受托人双方协商议定。

【资料 7-2】

信托发展历史

信托作为一种制度，起源于 13 世纪英国的 USE 制。信托这种经济关系起源于英国，然而现代信托业则产生于美国。美国自英国引入信托后，信托关系突破了个人之间的信任关系，发展成为一种以公司组织的契约形式。1822 年，美国“农民火灾保险与放款公司”开始兼营以动产和房地产为对象的信托业务，后改名为“农民放款信托公司”，成为最早出现的一家专业信托公司。

我国的金融信托机构早在 100 多年之前就已参与房地产的开发经营活动。1917 年上海储蓄银行成立了保管部（后改为信托部），随后浙江兴业银行和聚兴诚银行的上海分行也相继设立专门办理信托业务的机构，此即我国历史上最早办理信托业务的三家银行。据考证，我国的第一家专业信托公司成立于 1921 年 8 月，名为中国通商信托公司，由民族资本家经营。1930 年和 1931 年是我国房地产信托业最为活跃的时期，当时国内外各家银行都以巨额资金投资和经营房地产业。1933 年国民党上海市政府建立了上海市兴业信托社。1935 年 10 月，官办信托机构——中央信托局成立，总部在上海，并在全国各大城市设立分局或办事处。1937 年抗日战争爆发后，房地产信托业步入低谷。抗日战争胜利后，房地产业复苏，但始终没有恢复元气。1949 年，新中国成立以后，人民政府接管了官办的信托机构，私营信托业中的一部分信托公司停业，另一部分继续营业。至 1952 年 12 月，公私合营银行成立，信托业务被停办。十一届三中全会后，金融信托业务重新恢复。1979 年 10 月，中国国际信托投资公司正式成立，地方的国际信托投资公司也相继组建，银行也于 1980 年起开办了信托业务；之后，各专业银行均先后设立了独立的信托投资类公司，承担了各专业银行原先的信托业务。

（资料来源：MBA 百科）

房地产信托是指房地产信托机构受委托人的委托，为了受益人的利益，代为管理、营运或处理委托人托管的房地产及相关资财的一种信托行为。它包括两个方面的含义：一是不动产信托，就是不动产所有权人（委托人）为受益人的利益或特定目的，将所有权转移给受托人，使其依照信托合同来管理运用的一种法律关系；二是房地产资金信托，就是指委托人基于对信托投资公司的信任，将自己合法拥有的资金委托给信托投资公司，由信托投资公司按委托人的意愿，以自己的名义为受益人的利益或特定目的，将资金投向房地产业并对其进行管理和处分的行为。这也是我国目前大量采用的房地产融资方式。

房地产信托的作用主要表现在：

1. 利用房地产信托的社会理财职能，促进房地产业的发展

房地产信托机构通过开办各种与房地产业有关的信托业务，为资财所有者提供广泛的理财服务。如为向房地产投融资的资财所有者提供合适、有效的途径，通过专业理财服务提高其资金使用的有效性和安全性；利用房地产信托机构信息渠道多和客户面广的优势，为委托人办理房屋经租和物业管理等业务，促进房地产业的发展。

2. 利用房地产信托的金融职能，促进房地产资金的融通

在房地产信托机构为委托人办理涉及房地产资金信托的业务中，房地产信托客观上起到了融通房地产资金的作用。房地产信托机构利用其良好的信誉和金融职能，把分散的资金通过资金信托手段集聚起来或者作为投资基金或者基金管理公司的发起人从事房地产投资基金业务，将有关资金运用于房地产的开发经营活动，促进房地产业的发展。同时，在信托文件有效期限内，利用房地产信托创造房地产受益权证书，通过受益权证书的转让，使持有者（受益人）也获得了资金融通，以有利于房地产资金的良性循环。

3. 利用房地产信托的金融服务职能，为房地产业提供相关服务

信托机构素有“金融百货公司”之称，房地产信托机构也不例外。房地产信托机构可以利用其拥有的多种专业的专门人才、手段与资格，为房地产业提供多种相关服务，如资信调查、经济担保、房屋造价审价、房地产会计辅导与代理和代办房屋的各种登记、过户、纳税等手续，以及房地产市场信息与房地产交易知识咨询等，方便委托人。

2003 年 6 月，中央银行发布 121 号文件，限制房地产企业的银行融资，房地产信托开始成为企业追逐的热点。为了拓展自己的融资渠道，很多房地产开发企业对这类形式的信托需求更为迫切。仅 2004 年就有 59 家公司发行了 100 多个品种的信托业务，规模达到 60 亿

元左右，筹资额度为122.15亿元。2005年1—8月，房地产信托市场又相继推出了61个房地产信托业务，总资金规模达70.2亿元。这类房地产信托在一定程度上成了当前一些小型开发商融资的救命稻草。

第一节 房地产信托资金的筹集

资金是房地产信托投资机构从事信托的基本条件。房地产信托机构筹集资金的渠道、方式与银行不大相同，其主要方式有房地产信托基金、房地产信托存款、集资信托和代理集资、资金信托、共同投资基金等。

一、房地产信托基金

房地产信托基金是房地产信托投资公司为经营房地产信托投资业务及其他信托业务而设置的营运资金。目前，我国的信托投资公司或银行设立的信托部，其信托资金来源主要有财政拨款、银行结益、社会集资以及自身留利。其具体内容有：

(1)企事业单位筹集待用的房地产信托基金；

(2)具有法人资格的企事业单位的预算外自有资金及职工购房储蓄集中后设置的信托基金；

(3)商品房开发企业筹集待用的信托资金存入银行后形成的部分；

(4)代理发行房地产业有关单位(含政府)的股票、债券等有价证券筹措的资金。

二、房地产信托存款

房地产信托存款是指在特定的资金来源范围之内，由信托投资机构办理的存款。它是根据客户的存款申请，由房地产信托机构吸收进来代为管理和营运的房地产资金，是房地产信托机构的主要筹资渠道。其资金来源范围、期限与利率均由中国人民银行规定、公布和调整。

根据筹资时存款人是否指定房地产信托存款的运用范围、对象等，可将房地产信托存款分为房地产特约信托存款和房地产普通信托存款。前者是存款人指定投资或贷款的范围、对象、期限和收益的方法等，房地产信托机构按照存款信托人的指示和要求处理和运用资金，其中用于固定资产投资的特定信托必须由有有关部门批准，纳入固定资产投资计划，否则信托机构不能受理，而且除收取约定的信托报酬外，所有盈亏责任均由存款人承担；后者是存款人不指定存款的运用范围、对象和方式，由房地产信托机构负责管理和运用。存款人根据存款期限长短，除取得一般定期存款的利息外，还可以得到一定的红利。在实务上，常把特约信托存款称为委托存款，把普通信托存款称为信托存款，这也与会计核算科目相一致。

房地产信托存款有特定的资金来源范围和存款金额起点的要求。我国房地产信托存款的来源主要有：

(1)各级财政部门委托投资或贷款的信托资金；

(2)房地产企业及其主管部门委托投资或贷款的信托资金；

(3)其他企事业单位为购建住宅的信托资金；

(4)城镇职工和居民个人购建住宅的信托资金。

房地产信托机构在办理房地产信托存款业务时,一般要求存款人提供能够自主运用该笔资金的证明,并与存款人协商确定存款额度、期限、利率或收益支付方式以及信托报酬等项内容,办理具体信托存款手续。

三、集资信托和代理集资

这是信托机构接受企业、企业主管部门以及机关、团体、事业单位等的委托,直接或代理发行债券、股票以筹措资金的一种信托业务。直接集资是指信托机构以自己的名义向社会发行债券以筹集资金,作为开展信托业务的资金来源,信托机构按照高于同类银行存款利率定期向债券持有人支付利息;如果经营不当,发生了亏损,则可不支付利息,但本金的安全必须得到保障;如果经营得法且盈利丰厚,信托机构则可从净利中提取一部分,以分红的形式分配给持券人。代理集资是信托机构代表一些企事业单位向社会发行债券、股票以筹措资金,例如发行"国家重点建设债券""经济建设债券""电力债券"等,同时信托机构还可以受托代为发放股息、红利和债息等。

四、资金信托

资金信托业务是指信托机构接受委托人的委托,对其货币资金进行自主经营的一种信托业务。信托资金的来源必须是各单位可自主支配的资金或归单位和个人所有的资金,主要有单位资金、公益基金和劳保基金。

(一)单位资金信托

这是单位或主管部门将长期不用的各种基金、利润留成、税后积累等,通过信托机构代为经营管理以取得收益的一种信托业务。这是一种自益信托,它可以通过书面协议或由受托的信托机构出具授权证书的方式办理,内容包括:信托金融、起止日期、收益率、收益方式、受托人的劳务费用及其收取方式、双方的责权和违约责任等。单位资金不允许提前支取,如委托人临时急需用款,可以凭单位资金信托受益凭证向信托机构办理抵押贷款。单位资金信托的期限通常大于 1 年。

(二)公益基金信托

这是委托人以某种公益为目的将基金委托信托机构代为营运,以其收益用于公益的一种信托业务,其资金来源多为政府、社会团体、单位或个人资助、赞助和捐赠,目的是用于社会进步和社会福利等公益事业。它属于非盈利性的资金营运,因此,可享受政府豁免全部或部分税收优惠,受托人一般只负责营运资金,所得收益另由各基金的分配委员会或托事会负责办理。

(三)劳保基金信托

这是以管理劳保基金为目的而设立的信托业务,是信托机构受托办理国有、集体、中外合资企业以及事业单位等的退休基金的筹集和管理事宜,以所得收益支付退休职工的生活费。劳保基金信托的资金来源比劳保基金信托存款要广泛得多,后者仅仅限于劳动保险机构的劳保基金,而前者除了劳动部门和实行劳保基金统筹的行业与部门的劳保基金外,还包括所有独立提留并管理劳保基金的国有、集体企事业单位,以及其他合法经济组织。

五、共同投资基金

共同投资基金即投资基金或共同基金。对于国内公众而言，它是一种较新型的投资工具，但在国外已有百余年的历史，并且日趋兴旺，是现代证券业中最有前途的行业，在发达国家的金融市场上已被实践证明是一种相当先进的投资制度，并已成为举足轻重的金融工具。共同投资基金是由不确定的众多投资者投入资金，委托专门投资机构进行投资和管理，借以分散风险，并享有投资收益的一种投资制度。其基本做法是：专业投资机构如信托投资公司通过发行受益证券或以投资基金股份的方式，将社会上众多投资者的闲散资金汇集起来，组建成巨额基金，然后委托投资专家进行有价证券等分散组合投资，所得收益在扣除了成本和管理费用之后，按投资人的资金份额分配给投资人。

投资基金有多种类型，概括起来，若按法律地位进行分类，可分为契约型和公司型两大类；如果按其赎回的方式进行分类，则可分为开放型和封闭型两大类，其他类型都是由此两种基本类型演变而来的。

（一）契约型基金

这是基于一定的信托契约原理而组织起来的一种共同基金，即通过订立信托契约的方式设立的一种投资基金。此种基金由专门的投资机构共同出资组建一家基金管理公司，由其作为委托人，与受托人的基金保险公司和受益人三方当事人订立信托契约。该基金通过发行受益凭证的方式向投资大众募集资金。

（二）公司型基金

这是以证券投资为目的组建的股份制信托投资公司通过发行公司股票的方式筹集资金而设立的一种投资基金。一般投资者以购买股票的方式作为投资，公司对证券投资的收益以股息的形式分配给投资者。与普通股份公司相比较，通常身为投资者的股东对公司事务仅仅有形式上的控制权而已。公司型投资基金有四方面当事人：投资公司、管理公司、保管公司和承销公司。

（三）开放型基金

开放型基金又称为互惠基金，属契约型的投资基金。基金公司在设立基金时，其基金单位总数不固定，总金额不封顶，可以根据实际情况需要连续发行，投资者可以随时购买基金单位，也可以随时将自己持有的基金单位在基金管理公司设定的内部交易营业日内转卖给基金管理公司。当然，投资者也能在证券市场上进行交易买卖。开放型基金对投资者而言，进出十分方便，因此在国际证券市场上发展很快，其速度远远超过封闭型基金。

（四）封闭型基金

其基本原理与开放型基金大致相同，只是在设立基金时限定了基金总额，在初次发行达到了总额后，基金即宣告成立并封闭起来，不再追加发行，即发行在外的基金份额或受益凭证数量是固定不变的，所以这种基金也称为固定型基金；基金的投资人也不得向发行公司要求赎回持有的股份或受益凭证，如果投资者需要现金和退出基金，可以到证券市场上买卖交易。封闭型基金有经营期限，期满后基金宣告解散，投资者可以向公司赎现。通常在基金刚起步的发展中国家，由于各项金融制度并不很完善，同时为防止外来资本突然涌入或大量流出对资本市场造成冲击，影响资本市场的发展，故大都采用封闭型基金。

第二节　房地产信托贷款业务

一、房地产信托贷款

房地产信托贷款是指房地产信托机构运用信托基金或所吸收的信托存款和自有资金，以贷款形式对工、商、房地产开发经营企业进行资金融通的一种方式。其基本对象是：凡经工商行政管理部门登记在册并在银行开户、具有法人资格的国有、集体工商企业，事业单位和中外合资经营企业、中外合作经营企业、外资企业以及个人。在办理房地产开发、经营和购买过程中，资金不足时，均可申请贷款。

房地产信托贷款是以货币信用方式向房地产项目或房地产企业提供以偿还为条件的资金给付，房地产信托机构与资金接受方是一种借贷的债权债务关系。房地产信托机构不参与接受资金方的经营管理，只能按规定的利率计算利息，到期收回本息；接受资金方到期还本付息。贷款的基本条件是：借款企业必须持有国家批准的房地产开发经营计划，拥有一定比例的自有资金，在银行开立账户，生产经营正常，具备还款能力；个人则必须具有正常、稳定的经济来源，自备一定数额的自有资金或房地产等。

房地产信托贷款的种类主要有：

（一）房地产抵押贷款

信托机构发放此种贷款，要求借款人提供相应的房地产作为抵押品。信托机构发放房地产抵押贷款要与借款人签订房地产抵押贷款合同，并到房地产交易管理部门办理合同签证，抵押人持有效的身份证明、房屋所有权证、抵押合同等有关文件到房地产权属登记机关申请抵押登记，经该机关审核后，在房屋所有权证上填注设定他项权利摘要，另设他项权利证交抵押人存执。在发放贷款之前，贷款人需将其抵押的房产到房产部门进行抵押登记。对以共有房产作抵押的，应该取得共有人的同意证明，再去公证部门进行公证，以防止抵押的房产重复抵押或在抵押期内转让、赠与等行为的发生。

（二）土地使用权抵押贷款

土地使用权抵押贷款是指借款人将通过土地所有人出让或转让取得的土地使用权作为抵押品向信托机构取得的贷款。此项贷款必须严格按照《中华人民共和国城镇国有土地使用权出让和转让暂行条件》、《中华人民共和国土地管理法》及各地方政府颁布的有关实施办法办理。其贷款的原则、条件、对象、手续、期限、利率等与房产抵押贷款相同。

（三）房地产开发经营企业流动资金信托贷款

房地产信托机构也可利用房地产信托贷款资金向流动资金周转困难的房地产开发经营企业发放流动资金贷款。贷款发放前也应作贷款可行性论证，对符合贷款条件、有还本付息能力的房地产开发经营企业发放，并办理相应担保手续。

二、房地产按揭信托

房地产按揭信托是指在房屋买卖交易活动中，购房者用自有资金支付了首期房款后，通过自己的信用保证及所购房屋的产权作为抵押，取得信托投资机构贷款的一种信托关系。

其具体做法为：按揭人先与出售房地产人签订购买房地产的合同，用自己手头现有的资金支付首期房款，然后，按揭人凭借房屋购买合同与揭权人签订按揭合同，由揭权人负责付清购买房屋的余额给房地产企业，按揭人则保证每月在揭权人那里存入一定数额的款项，直到存款额度的本利之和等于揭权人所代为支付的房屋款项的本利和为止。在此期间房屋的所有权归属揭权人所有，按揭人则享有使用权和买楼权，按揭期满后，按揭双方清算债务，由按揭人收回房屋的所有权，购房按揭至此才结束。

三、房地产委托贷款

房地产委托贷款也称作特定资金信托，是指委托人将有权自行支配的资金存入房地产信托机构，并要求房地产信托机构按照其指定的范围、对象和期限等发放房地产贷款。房地产信托机构与委托人签订贷款协议，收存委托存款，并按照委托贷款协议审查发放贷款，到期收回贷款本息并转交委托人。

在委托贷款条件下，受托的房地产信托机构并不承担贷款发放的风险，其风险由委托人承担，房地产信托机构通过提供委托贷款服务收取手续费。房地产委托贷款的具体业务主要有：

（一）服务性房地产信托

它是指在房地产交易中，有些单位或个人有房屋需要转让或出售，而需要购买房屋的单位或个人资金一时不足，不能全额支付购买价款，在这种情况下，买卖双方可商定分期付款金额和时限等相关事项，先行成交；再由买卖双方与房地产信托机构订立房地产信托合同。合同规定：卖方的房地产价款视同委托贷款保证金交存房地产信托机构，同时将相同金额的该房地产以房地产贷款的形式贷给买方，最后由买方按合同归还贷款，房地产信托机构将收回的价款和利息转付给卖方，同时相应减少卖方在房地产信托机构作为委托贷款保证金的房地产信托存款。

（二）建材补偿贸易信托

它是指房地产信托机构接受房地产企业或地方有关部门、单位的委托，将资金投向其指定的单位或地区生产建筑材料，并约定将所生产的建筑材料作为补偿，分期偿还的信托业务。这是一种物资补偿信托，是一种由委托人先付款、后取货的信用形式。它可保证房地产企业有稳定的适应需要的建筑材料供应。

（三）房地产开发经营企业流动资金委托贷款

这是房地产信托机构受托用委托人交存的委托存款向委托人指定的房地产开发经营企业发放的流动资金贷款。

（四）国际房地产投资信托

信托机构受托在国外办理信托事务，如受托在国外发行房地产债券，受理国际投资信托，承办外国（含境外）房地产客户购买房地产及房地产经济咨询等国外的房地产信托。随着我国经济的发展，对外交流的扩大，此类业务将会越来越多。

第三节　房地产信托投资业务

一、房地产信托投资的概念和发展现状

(一)房地产信托投资的概念

房地产信托投资是目前我国信托公司的一项主要业务，是指信托投资公司(有房地产开发经营权的)运用自有资金和稳定的长期信托资金，以投资者的身份直接参与对房地产的投资。房地产信托投资集“融资”和“融物”于一身，为房地产企业和个人提供了融资方便，增强了房地产开发能力。它与委托投资的区别在于：

一是资金来源不同。信托投资的资金是信托公司的自有资金及稳定的长期信托资金，如共同投资基金等；而委托投资的资金来源于委托人提供的委托投资资金。

二是投资决定权人不同。信托投资是信托公司自身资金的运用，所以投资决定权在信托公司手中，由其决定房地产投资的方式、方向、金额等；而委托投资是由委托人掌握投资决定权，信托公司只是起一个中介人作用，“受人之托，代人理财”，有关投资的方式、对象等事项由委托人决定。

三是投资收益分配及责任不同。在信托投资活动中，信托公司可单独或与其他人合作投资，单独享有投资收益权，盈亏自负；而在委托投资中，信托公司既不分享房地产投资经营的收益，也不承担经济责任，盈亏由委托人负责，信托公司只收取手续费。近年来，随着我国房地产业的兴起和迅速发展，各地有房地产开发经营权的信托投资公司积极参与房地产的开发经营，取得了许多成功的经验，并获得了显著的社会效益，对推进我国房地产业的发展作出了极大贡献。

【案例 7-1】

顺驰“蓝调街区”集合信托

2003 年 7 月 7 日，天津信托投资有限责任公司(简称“天津信托”)正式发行资金规模为 3000 万元的顺驰“蓝调街区”集合式信托计划，该计划预计信托资金税前年收益率为 3.8%，认购者委托天津信托参与天津顺驰投资集团有限公司“蓝调街区”项目建设，并分享稳定的信托收益。顺驰“蓝调街区”集合信托是天津市第一个以房地产项目为指定项目的信托产品，也是顺驰与天津信托在信托产品上的首次合作。据悉，由于委托期限为 1 年而且投资收益较高，正式发行后这个项目的销售很火爆。2003 年 8 月 7 日，天津奥林匹克中心配套区进行公开招标出让，经过激烈的竞争，评委对 4 家优选出的投标单位进行综合评分，天津融创奥城投资有限公司以 17.515 亿元中标。这个天津融创奥城投资有限公司正是由顺驰、天津信托和津报集团三家公司组成，而天津信托占有该公司 30%的股权。天津信托从 2003 年“121”文件出台后，迎来了一批批上门求助的开发商。但天津信托责任有限公司与房地产业的合作十分慎重，截至 2004 年 9 月只正式开发了一个项目，即 2003 年 5 月发售的“蓝调街区”房地产集合信托项目。由于这个产品是天津市首个房地产集合信托产品，一年期产品的预期回报率达到 3.8%，市场反响非常好。购买者不仅有普通投资者，还有一些“蓝调街区”的业主。发行房地产信托产品确实帮助开发企业解决了资金难题。借助信托，开辟新

“钱”途，这在天津房地产界无疑是一个开创性的探索。

2005年5月，天津信托推出泰达园商务综合楼租金收益权收购项目集合资金信托计划，信托期限为2年，预计税前年收益率为4.7%；资金运用方式为向天津经济技术开发区房地产开发公司购买泰达园商务综合楼所享有的租金收益权，并通过对信托财产的管理、运用和处分获取信托收益；信托收益来源为天津经济技术开发区房地产开发公司以销售收入承诺回购风险控制，天津泰达建设集团有限公司提供保证担保。

（资料来源：北方网 http://house.enorth.com.cn/system/2003/07/11/000595372.shtml）

（二）房地产信托投资在我国的发展状况

在中国，房地产市场正处于快速发展时期，也是为未来发展奠定基础的时期，建立一个完备的房地产金融机制非常必要。借鉴国外先进经验是不断完善房地产金融机制的必经之路。而房地产信托在房地产融资中的优势，也为我国建立健康平稳的房地产金融市场提供了一个可行之道。改革开放以来，我国信托业从恢复至今经历了近40年的历史。这期间，我国信托业进行过6次较大的清理整顿，经历了诸多的曲折，具体如下：

1979年信托机构恢复，中国国际信托投资公司成立。

1982年4月，国务院发出《国务院关于整顿国内信托投资业务和加强更新改造资金管理的通知》，主要针对信托业进行了一次机构整顿，此次整顿被称为信托业的第一次整顿。

1985年8月，国务院要求银行停止办理信托贷款和信托业务，已办业务应加以清理，对信托业进行了第二次业务整顿。

1988年10月，中国人民银行根据国务院关于清理整顿公司的“8号文件”精神，对信托投资公司进行了第三次行业整顿。

1993年7月，中国人民银行发出通知，要求包括信托投资公司在内的金融机构的筹备和设立，均须由中国人民银行批准和核发“经营金融业务许可证”，由此开始了对信托业的第四次资格整顿。

1999年2月，国务院办公厅下发《国务院办公厅转发中国人民银行整顿信托投资公司方案的通知》，对信托业开展了第五次整顿。

2001年10月，《中华人民共和国信托法》开始施行，目的是为了调整信托关系，规范信托行为，保护当事人的合法权益，促进信托事业的健康发展。

2002年6月，中国人民银行颁布实施《信托投资公司管理办法》，旨在加强对信托公司的监督管理，规范其经营行为，促进其健康发展。它规定信托公司可受托经营国家有关法规允许从事的投资基金业务。

2002年6月，为了进一步规范信托投资公司资金信托业务的经营行为，中国人民银行公布了《信托投资公司资金信托管理暂行办法》，这一办法从2002年7月18日起施行。

2004年10月18日，中国银监会发布《关于向社会征求〈信托投资公司房地产信托业务管理暂行办法〉（征求意见稿）意见的公告》，信托业开始面临第六次整顿。

2005年8月，中国银监会发布《中国银行业监督管理委员会办公厅关于加强信托投资公司部分业务风险提示的通知》（银监办发〔2005〕第212号），要求各地银监局要进一步做好信托公司风险监督工作。

几次整顿也表明政府对房地产业和信托业相结合的房地产信托业进行了一系列的探索和研究。

由于我国房地产融资过分依赖于银行贷款，政府已经预警到由此带来的泡沫危机隐患，因此出台了一系列房地产金融政策。房地产企业获得贷款的门槛不断被提高，房地产企业因迫于资金压力开始积极探求新的融资渠道。在银行信贷与土地政策的双重挤压下，房地产企业对资金的需求异常强烈。因此，资金链吃紧的开发商将目光投向了信托业，房地产信托成了开发商新的选择，并凭借这个机会迅速发展，国内的房地产信托出现井喷。2003 年 9 月，房地产信托计划仅发行 30 亿元，到年底，猛增至 60 亿元，此后一直到 2004 年年底，房地产信托计划发行额达到了 111.74 亿元，比 2003 年翻了一番。按照投资领域划分，2005 年信托产品投资方向主要集中在基础设施建设、房地产、金融证券和企业融资方面，其中投资于房地产方向的信托资金规模达 141.6 亿元，占 2005 年信托产品总规模的 31%，仅次于基础设施建设的投资。

根据中国信托业协会公布的有关资料，2016 年末，全行业信托资产达到 20.22 万亿元，在 2015 年末 16.30 万亿元的基础上存续规模净增加 3.92 万亿元。从配置领域来看，2016 年信托资产的首要配置领域仍然是工商企业，其次分别为金融机构、证券、基础产业、其他类和房地产。从信托房地产融资在当年度全部房地产资金来源中的比例来看，2016 年房地产投资资金来源为 144214 亿元，信托融资占比 9.91%；相比之下 2014 年占比为 10.73%，是近 5 年的高位；而 2015 年占比为 10.29%。可以看出，近年来信托融资对房地产投资资金的贡献比较稳定，并无大起大落，整体风险比较稳定。

另据资料显示，截至 2017 年第 3 季度，全行业信托资产规模已突破 24 万亿元，稳居资管行业第二位。当前，信托业所面临的政策要求是既要抑制房地产泡沫，又要防止出现大起大落，才能达到促进房地产市场平稳健康发展的宏观目标。

从总体来说，我国的房地产信托现在仍然处于发展的初级阶段，只有近 40 年历史，还没有确定其形成完善的运作模式，房地产信托仍然存在着很多问题，比如相关法律和政策不完善、监管问题、人才不足等。

二、房地产信托投资形式

（一）独立直接投资

独立直接投资是指房地产信托公司运用自身积累的和吸收的信托资金，在当地城市建设规划的总体部署下，独自对房地产业进行直接投资，开展城市土地开发，建造和经营房地产，建成后，将房产或地产出售给需要的单位或个人，从中取得收益。按投资方向的不同，独立直接投资具体又可分为土地开发投资、住房建设投资、房地产经营投资。对信托公司而言，独立直接投资的盈亏完全由自身负责，风险较大，但如投资项目选择得好，收益十分可观，所以一般信托公司会抽调专业人才负责这部分业务。

（二）联合投资

信托公司如果自身不具备独立直接投资房地产的能力或出于其他原因不愿独自投资，则可与其他房地产开发投资公司等联合进行投资。目前，我国房地产信托联合投资一般分为两种形式：一种是参与经营方式，又称“股权式投资”，即由房地产信托公司委派代表参与对投资房地产企业的领导和经营管理，并按投资份额取得利润或承担亏损责任的分成投资形式；另一种是合作方式，又称“契约式投资”，即房地产信托公司在资金上给予支持，但在投资以后按事先商定的固定比例，在一定年限内分取投资收益，到期出让股权并收回所投资金，不参与经营管理，也不承担盈亏责任。结合我国实际，房地产信托公司在对房地产进行投资时经常采用的联合投资形式有：

1. 长期合作投资

作为企业的长期合作者，信托公司长期持有房地产开发经营企业的股权或股票，一直共享投资利润，共担投资风险。

2. 定期合作投资

信托公司事先与房地产企业商定投资期限，等到投资期满，信托公司就收回投入资金。如双方对今后投资继续看好的话，也可继续合作。在合作期内，信托公司按投资比例分享利润，并相应承担经营风险。

3. 固定分红投资

信托公司事先与房地产企业商定好在一定的时间内(一般以半年或 1 年为期)固定利润的分成比例，房地产开发经营活动由房地产企业独立负责，信托公司不参与经营，只是按照事先商定的分成比例获得相应的投资收益，不承担风险。

4. 保息分红投资

信托公司在投资时，事先与房地产企业商定，由后者按照信托公司投资金额定期支付固定比例的利息额，年度终了时还可根据房地产企业的效益情况和投资数额参与一定比例的分红。采取这种方式投资，在房地产企业盈利时，信托公司既可以收取固定利息，又不承担风险，还可以参加分红，从而可以获得高于利息的收入。在房地产企业亏损时，信托公司也能稳获利息，是一种既安全又有收益的投资。对房地产企业而言，支付给投资者的利息可以计入房地产开发经营成本，经济收益也比较稳妥。

(三)与外资联合投资

为加快房地产业的发展，拓展房地产资金的来源渠道，各地房地产信托公司积极扩大国际往来，通过多种渠道筹措外资，合资经营开发房地产。具体形式有：

(1)以项目贷款为目标，吸收国外金融单位单独投入国内房地产建设，开发房地产。

(2)房地产信托公司与其他中资企业联合投资，不足部分向国外筹资，开发房地产。

(3)为建设特大型房地产建设项目，由房地产信托公司牵头担保，组织国外多家银行组成国际商业银团贷款开发房地产。

(4)配合政府有关部门引进外资，房地产信托公司参与融资，兴办中外合资房地产开发企业。

(5)国外房地产商在我国开发房地产时，以国有土地使用权入股，住房建成后，采用合作经营方式以房地产商品偿还外资。引进的房地产开发外资由房地产信托企业自己在国内办理存取手续。此外，房地产信托公司可向海外扩展，开发投资海外及境外房地产，如受托在国外发行房地产债券、受理国际投资信托、承包外国房地产顾客的房地产购买及房地产经营咨询、代理建造侨汇房等。

三、房地产信托投资的具体业务

(一)融资性住房信托投资

这种住房信托投资的含义是在住房销售或转让过程中，信托机构受托将委托人的房产转让或出售给购房者，并对购房者提供融通资金的方便。

（二）建材补偿贸易信托贷款

这主要是对房地产开发企业在建筑施工过程中发生资金困难而提供的一种贷款。这种贷款一方面帮助房地产开发企业及时提供稳定的所需要的大量建筑材料；另一方面又能积极支持房地产建材企业的生产。信托公司开办这项贷款业务对于缺乏建材资源的城市来说更具有重要的现实意义。

（三）服务性住房信托贷款

这种信托贷款的运作过程是：在房产交易过程中，如果买方资金不足，可由买卖双方先行成交，商定分期付款时限、金额等相关事宜，然后，买卖双方与金融信托机构订立住房信托合同；卖方的房屋价款视同委托贷款保证金交存信托机构，同时将出售住房相同金额以住房信托贷款的形式贷给买方，最后再由买方按信托合同按期归还贷款，金融信托机构将收回的贷款本息再转给卖方，同时，将相应减少卖方在信托机构的住房信托存款数额。这种信托贷款方式有利于加快房地产市场的流通。

（四）代理发行房地产有价证券

金融信托机构代理房地产有价证券的业务内容有许多，如代理发行住房建设债券和代为客户保管债券、代理房地产开发企业发行股票及代理发放股息和红利，并代为办理客户买卖房地产有价证券等。对成交的股票买卖交易，同时办理过户手续。还可以面向海外从事这项业务，如受托在国外发行房地产债券、受理国际信托投资、承办外国房地产顾客的房地产购买及房地产经营咨询等业务。此外，我国信托公司还代为办理建造侨汇住房投资。其主要方式是：信托公司出资兴建住房，然后以外汇计价，分户出售给华侨或港澳台同胞，信托机构从收回的房价中获取一定的报酬。

（五）委托代建信托投资

当房地产建设单位因无力组织房地产项目的建设施工时，可采取这一方式。其做法是：房地产建设单位作为委托人将基建计划与资金（一次性）交给房地产信托投资公司，委托其按照自己的要求代为办理建筑设计和组织施工管理等工作。房屋建成后，信托公司将房屋交给委托人，并向其收取一定的委托代建费。由于建设资金是根据施工进度分批投入使用的，而信托投资资金早已一次性到位，因此，信托公司还可以充分利用暂时间歇的信托资金存款生利。

（六）住房债权信托

此项信托的做法是：房地产金融部门作为信托人和最初的受益人将持有的以个人为对象的住房贷款债权信托给金融信托机构，由这个受托的机构以受托人身份发给受益权证书；然后以将受益权转让给第三者等方式收回资金。收回的资金受托人可以继续进行房地产贷款而获取利息，而受托人要按规定将获取的一定利益返回给受益者。

住房债权信托的目的是通过将期限较长的个人住房贷款债权以信托方式去融通资金，从而加速资金的周转，推动房地产业的发展，以满足社会对住房的需要。

【案例 7-2】

北京推出首个信托计划　普通百姓可投资建设 CBD

北京国际信托投资有限公司（简称北国投）日前推出北京首个信托计划——“CBD 土地开发项目资金信托计划”。这标志着：从现在起，北京人可以用手里的钱参与 CBD（商务中心区)建设,并获取约4.8%的年收益率。

该信托计划将以2002年9月9日至10月15日为推介期,资金将以信托贷款形式贷放给北京市土地整理储备中心、商务中心、区分中心,主要用于北京CBD土地开发和基础设施建设项目。

北国投相关人士表示,该信托收益主要来自于贷款利息收入等,贷款利率参照中国人民银行同期贷款利率。在扣除信托财产承担的费用后,预计投资人可获得4.8%的年平均收益率。

CBD信托基金为广大的投资者,尤其是老百姓提供了购买新的金融品种的选择,自然人、法人或其他组织加入信托计划的资金只要不低于5万元就可以购买;信托计划的合同数量每200份为一期,分期发行,总规模控制在15亿元。信托计划的期限为5年,2002年9月9日至10月15日为推介期,投资者可以到位于安定路5号的北京国际信托投资有限公司总部购买。

根据我国《信托法》的规定,信托是指委托人基于对受托人的信任,将其财产委托给受托人,由受托人按委托人的意愿以自己的名义,为受益人的利益或者特定目的进行管理或者处分的行为,主要包括资金信托业务、财产信托业务等。

北京市金融工委负责人介绍,CBD土地开发项目资金信托计划是由北国投设计、具有"首都概念"的第一个大型土地开发及基础设施建设信托计划。在发达国家,这种信托计划就是"私募基金"。该计划引入新型的信托方式,加快CBD内稀缺土地资源的集中开发和基础设施的快速建设,是朝阳区进行基础设施建设和城市土地开发投融资体制改革的一种尝试。

(资料来源:中新社 http://www.china.com.cn/chinese/PI-c/199066.htm)

第四节　房地产信托的其他业务

一、房地产开发经营企业托管

房地产开发经营企业托管是指房地产开发经营企业的资产所有者,将房地产开发经营企业全部或部分资产的法人财产权,以契约形式委托给房地产信托机构,由房地产信托机构在一定条件和期限内,使所委托的资产实现保值与增值的一种信托形式。这是一种权利信托,在信托期内,房地产信托机构对托管的房地产开发经营企业拥有按照信托契约规定的财产经营权,并对经营结果承担经济责任。

房地产信托机构对房地产开发经营企业进行托管,首先应对该企业进行诊断分析,然后双方签订托管协议,规定托管期限,商定在托管期满若所托管的资产保值,房地产信托机构收取一定的资产保值费;若所托管的资产增值,则收取增值额一定比例的增值费;若出现经营亏损,则出资补偿至保值状态。

房地产信托机构应利用其管理、技术、资金和市场信息的优势开展房地产开发经营企业托管工作,尤其是对国有房地产开发经营企业进行托管。被托管的房地产开发经营企业既可以是亏损企业,也可以是效益不错但发展已至极限或有急切套现需要的其他企业。

房地产开发经营企业托管工作的展开,主要靠房地产信托机构的高水平管理、高技术手段和较准确的市场细分及适量的资金注入来进行。

二、动拆迁信托

在城市旧区开发建设时，房地产信托机构受托承担旧区原有单位、居民动迁和原有房屋拆除工作，方便房地产施工单位施工。

房屋动拆迁工作一般包括逐户走访，调查核实，确定拆迁方案和安置方案，拟订费用计划，申请拆迁，签订拆迁安置协议，实施单位、居民搬迁和房屋设施拆除等。

房地产信托机构与委托人（如房地产开发经营企业等）签订动拆迁信托合同，在合同规定的期限内完成动拆迁工作。房地产信托机构根据动拆迁量、动拆迁难度和动拆迁费用等与委托人商定信托报酬。

三、委托代建信托

委托代建是指委托房地产信托机构代理建房。建房资金由委托人在委托时一次全部付给房地产信托机构。委托代建的产生是由于建房单位因无力组织施工，将基建计划与资金等交给房地产信托机构，委托房地产信托机构按照委托人的要求代为办理设计、组织施工管理。房屋建成后，房地产信托机构将房屋交给委托人，并向委托人收取一定的委托代建费。

四、个人住宅信托

个人住宅所有人因种种原因，在不能亲自经营自己的房产，又找不到合适的个人代为照料的情况下，房地产信托机构可以接受委托代为管理。这一管理包括受托代理保管、修理房屋、出租房屋并代收租金、按期交纳税款、支付物业管理等费用。随着房改的进一步深化、房地产市场的发展和个人购买的原公有住宅进入房地产交易市场，个人住宅信托将有较大的发展前景。

房地产信托作为房地产金融的一种灵活的金融业务方式，可以随时根据需要和可能发展并创设新的形式。

本章小结

房地产信托是指房地产信托机构受委托人的委托，为了受益人的利益，代为管理、营运或处理委托人托管的房地产及相关资财的一种信托行为。房地产信托的主要内容有房地产资金信托、房地产财产信托、房地产代理和保管以及房地产咨询等。

房地产信托的作用主要表现在：利用房地产信托的社会理财职能，促进房地产业的发展；利用房地产信托的金融职能，促进房地产资金的融通；利用房地产信托的金融服务职能，为房地产业提供相关服务。

房地产信托的设立应当采取书面形式。房地产信托的受托人因承诺信托而取得房地产信托财产，并且根据有关法律、法规规定应当办理登记手续的，应当依法办理该房地产信托财产信托登记，房地产信托才生效。

房地产其他受托业务包括房地产实物财产信托、房地产债权信托、动拆迁信托、委托代建信托、房地产开发经营企业托管和房地产投资基金业务等。

关键概念

信托　Trust　　房地产信托　Real estate trust
房地产按揭信托　Real estate mortgage trust　　信托基金　Trust fund
房地产信托投资　Real estate investment trust

课堂讨论

对开发商而言，从信托投资公司获得房地产信托贷款，与从商业银行获得房地产开发贷款相比较，有何异同？

思考与练习

一、填空题

1. 信托以________为核心，以________为基础，以________为方式。

2. 在委托贷款条件下，受托的房地产信托机构并不承担贷款发放的风险，其风险由________承担，房地产信托机构通过提供委托贷款服务收取________。

3. 个人与法人的信托行为形成一种以信托财产为中心的、当事人相互间特定的法律关系，称为________，联结此种法律关系的当事人为________。

4. 在信托期内，________对托管的房地产开发经营企业拥有按照信托契约规定的财产经营权，并对经营结果承担经济责任。

5. 根据现行的金融政策的规定，目前我国房地产信托是________的主要业务。

二、单项选择题

1. 信托作为一种制度，起源于13世纪（　　）的USE制。
A. 英国　　B. 法国　　C. 德国　　D. 美国

2. 1960年，世界上第一只REITs在（　　）诞生。
A. 英国　　B. 法国　　C. 德国　　D. 美国

3. 房地产信托机构的主要筹资渠道是（　　）。
A. 投资基金　　B. 信托存款　　C. 集资信托　　D. 资金信托

4. 封闭型基金也称为（　　）。
A. 固定型基金　　B. 契约型基金　　C. 货币基金　　D. 债券基金

5. 开放型基金又称为互惠基金，属于（　　）的投资基金。
A. 固定型　　B. 契约型　　C. 股权型　　D. 独立型

三、多项选择题

1. （　　）是构成现代金融业的三大支柱。
A. 信托　　B. 证券　　C. 保险　　D. 银行信贷

2. 房地产信托关系中涉及的当事人包括（　　）。
A. 委托人　　B. 受让人　　C. 受托人　　D. 受益人

3. 在(　　)情况下,委托人可以解除信托。

A. 受益人对委托人有重大侵权行为　　B. 受益人对其他共同受益人有重大侵权行为

C. 经受益人同意　　D. 信托文件规定的其他情形

4. 房地产信托贷款的种类主要有(　　)。

A. 房地产抵押贷款　　B. 土地使用权抵押贷款

C. 国际房地产抵押贷款　　D. 房地产开发经营企业流动资金信托贷款

5. 房地产信托投资与委托投资的区别在于(　　)。

A. 资金来源不同　　B. 投资方向不同

C. 投资决定权人不同　　D. 投资收益分配及责任不同

四、简答题

1. 什么是房地产信托?其作用有哪些?
2. 房地产信托资金的筹集有哪些方式?
3. 我国房地产信托投资的具体业务有哪些?
4. 房地产信托的其他业务主要有哪些?

实践与训练

实训项目:作为投资者,了解我国目前发售的房地产信托产品。

实训目的:通过模拟投资者,熟悉我国目前发售的房地产信托产品。

实训步骤:

(1)同学分组。3～5人一组,先上网查询,后走访当地信托机构或证券机构。

(2)每个小组各提交一份实训报告。

案例分析

楼市"高烧"背后:房地产信托再升温暗藏风险

2016年,房地产市场持续出现"高烧"现象,并将其热度迅速向金融行业传递。

伴随着今年5月份以来各地"地王"频出,部分一、二线城市的房价正以令人咋舌的程度上涨。与此同时,沉寂许久的房地产信托也开始在2016年的后半程发力,发行市场不断升温。

业内分析人士称,随着房价急剧上行,房地产信托市场的风险也逐步累积。

一、楼市"高烧",地产信托再升温

作为市场"嗅觉"最为敏锐的金融机构之一,信托公司对于市场变化的反应速度不可谓不快。2016年以来,地产市场的"高烧"一场接一场,此前已经渐渐淡出市场的房地产信托也乘着这股"东风"再度升温。

来自用益信托的统计数据显示,2016年1—8月,集合信托市场上共计发行595只房地产信托产品,发行规模达1549.16亿元;比去年同一时期的规模1362.53亿元,涨幅达

13.70%。

而来自国投泰康信托研究发展部的一份报告则显示，2016 年以来，集合房地产信托的发行规模和占比都呈显著的上升趋势。集合房地产信托从一季度单月百亿元的发行规模逐步上升至 8 月份的 167 亿元，集合房地产信托的发行占比从年初的不到 10%逐步提升到 8 月份的 17%。房地产业务已成为一些信托公司拉动今年盈利增长的首要业务。

事实上，房地产信托的升温与房地产行业的火爆程度成正相关。据记者跟踪了解，与以往较长时期处于资金信托投资领域最末位的排行不同，今年 5 月的最后两周，从资金投向上看，这段时期成立的集合信托产品中，房地产领域的投资正开始渐渐从低位回升。房地产领域的融资规模也从最末位的排名渐渐升至第二位或第三位。而彼时，也是各地开始频繁爆出“地王”，地产价格快速上涨的时期。

值得关注的是，来自国投泰康信托的研究还显示，由于 2016 年以来大型房地产企业的低成本融资渠道通畅，信托公司此轮房地产业务的扩张过程中，交易对手以大中型民营房地产公司为主。国投泰康信托的研究统计显示，截至今年 8 月 1 日，房地产企业发债 7588 亿元，同比上涨 292%。此外，2016 年上半年上市房企的银行贷款规模较去年同期亦大幅增长 158%。因此，信托公司的房地产交易对手以未能通过发债、银行贷款满足需求的民营房地产企业为主，项目区位集中在以杭州、南京、郑州、南昌为代表的人口密集、房价涨幅较快的二线省会级城市。

二、策略不同，行业内部现分化

虽然从总体上看，集合房地产信托产品的发行重现上升势头，但此次信托业在房地产业务的扩张却并非行业的普遍行为。

国投泰康信托研究发展部的报告指出：“当前发行房地产信托较多的公司，主要集中在市场嗅觉敏锐、且原先以房地产业务为主的信托公司。个别信托公司上半年成立的房地产信托规模占其全部集合信托规模的近 50%。”

此外，记者根据用益信托提供的相关资料发现，今年前 8 个月，四川信托、中建投信托和中融信托发行的集合类房地产信托产品的数量位居业内前三，发行数量分别为 123 个、50 个和 40 个；而这三家公司的房地产信托产品的发行规模则分别为 175.17 亿元、117.26 亿元和 257.91 亿元。

统计还显示，今年前 8 个月，房地产信托发行规模达 50 亿元以上的公司包括了中铁信托、爱建信托、五矿信托、大业信托和杭工商信托。整体而言，今年以来发行房地产信托的公司有 49 家，在全部 68 家信托公司中占比达 72%。

然而，在部分公司发力房地产信托业务之际，另一些信托公司却对房地产信托避而远之。用益信托的统计显示，2016 年前 8 个月，作为一家大型信托公司，平安信托只发行了一只集合信托产品。部分中大型信托公司更是选择“零发行”房地产信托产品。业界在对待房地产业务的态度上分歧明显。

有业内人士向记者表示，当前在市场无风险收益率持续下行的背景下，房地产信托产品的平均收益率仍保持在 7%以上的水平，对于客户仍具有相当的吸引力。而这也可能是今年下半年以来部分信托公司再度发力房地产信托业务的原因——试图提升公司的盈利水平。

三、风险暗藏

作为集合信托产品中收益率相对较高的品种之一，房地产信托一度成为市场的“宠儿”。但随着房地产市场的调控措施不断出台，以及市场上不断曝出的兑付风险事件中常常涉及房地产信托，信托公司从 2014 年开始已渐渐收缩相关业务。

华东地区某信托公司高管对记者表示，当前信托公司正面临转型，除了发展创新业务，对于传统的信托业务领域正加以严格的风控。“比如房地产领域，我们目前几乎只做一线城市项目，而且对于具体项目的类型、交易对手的资质等都有严格要求，并且还要求有抵押物。”该人士指出。

对于房地产信托业务的风险，业内人士均抱有相对清醒的认识。除了此前不断暴露的兑付风险外，信托公司眼下对于三、四线城市的地产项目普遍持谨慎态度。而当前房价的持续高企，也令部分房价发“高烧”地区的政府祭出限购、限贷的政策，国投泰康信托研究发展部的相关人士就认为，政策风险是目前房地产信托面临的一大风险。

事实上，当前的房地产市场，在价格不断飙升的背后，风险也迅速累积。中原地产研究中心就认为，今年上半年的房地产企业虽然收获了历史上的最好业绩，但“增收不增利”、负债率高企等风险已显现。面对不断“加杠杆”的楼市，其中存在风险和泡沫正成为业界共识。更有地产私募基金业内人士向记者表示，目前政策“去杠杆”的趋势越来越明显，以前拿地—开发—销售的模式将越来越难赚钱，因此当前炒房的空间已不大，投资者和机构都应该关注其中的风险。

（资料来源：上海证券报，2016-09-20）

思考题：

1. 为什么近期房地产企业很差钱？
2. 大量信托资金流入房地产可能会带来哪些风险？

第八章　房地产抵押典当

学习目标

1. 了解典当的含义、产生与发展，中国典当业恢复发展及其现实意义。
2. 理解房地产抵押典当的概念。
3. 掌握房地产抵押典当业务的流程。

第一节　房地产抵押典当的含义

典当是世界各国和地区普遍存在与运用的有效融资方式，世界上大多数国家的典当业都有比银行业长得多的发展历史。随着现代金融业的发展，典当作为资金融通渠道的功能曾一度有弱化的趋势，但由于典当业融资有简单、便捷等特点，其作为主流融资渠道的有益补充，在当代社会发挥着积极作用。

一、典当与典当行

(一)典当的含义

典当一词有广义和狭义之分，广义的典当包括典、当、质、押四种(亦有说典、当、质、押、按五种)，狭义的典当仅指其中规模较大的典与当的合称。近代以来，典与当的区别已经基本消失，因而合称为典当。质店和押店是典当业中规模较小的两种，按店主要是广东、福建的称呼，其他地方极少用之。在近代江南，质店也较少见，民间通常将质押店通称为押店。目前，普遍接受的典当的传统含义和法律特征有：①典当，一般是指当，如典当行业中"当"字是其标志。②典，即典权，是支付典价，占有他人不动产，是一种用益物权。典权是在市场经济不发达条件下随着田宅买卖制度的产生而产生的。③当，即营业质权，是质权的一种，是指为了担保债权的实现而占有由债务人或第三人移交的动产，当债务人逾期不履行债务时，可对该动产主张优先受偿权。另外，根据民间习惯，如果"当"字用于不动产，则不需要转移占有。

典当和普通质押都可以用于债权担保，都是转移担保物的占有权，都属于质押范畴。值得一提的是，依法学通说和国际惯例，世界各国和地区根据质押所适用的法规的属性通常划分为民事质、商事质和营业质三种类型。民事质和商事质属于普通质押，而典当就是营业质了，是特殊质押，其最显著特征在于质权人主体只能是依法成立的典当机构。

与典当营业相关的一项重要担保物权就是"营业质权"，但我国现行的《物权法》没有规定。而关于抵押的规定，是禁止"流质契约"的，即不得约定债务人到期不履行债务，抵押或质押财产归债权人所有。这是有理论依据的：第一，是为了体现民法的公平等价原则；第二，是避免"乘人之危"的不公平情况；第三，这是抵押权的本质属性要求。抵押财产未经变价或折价，就预先约定转移所有，违背了抵押权的价值权属性。

商务部部务会议审议通过，并经公安部同意而颁布实施的《典当管理办法》(2005 年第 8 号令)规定：典当是指当户将其动产、财产权利作为当物质押或者将其房地产作为当物抵押给典当行，交付一定比例费用，取得当金，并在约定期限内支付当金利息、偿还当金、赎回当物的行为。

(二)典当行及其运作过程

典当行被定义为依照《典当管理办法》设立的专门从事典当活动的企业法人，其组织形式与组织机构适用《中华人民共和国公司法》的有关规定。

典当行的运作过程涉及收当、赎当、续当和绝当，及拍卖、变卖或者折价过程，如图 8-1 所示。

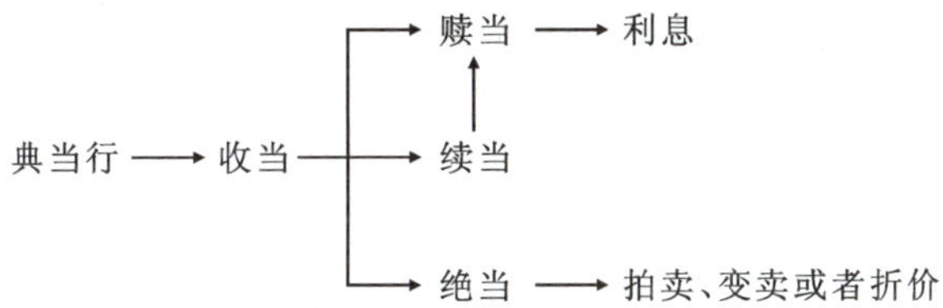

图 8-1　典当行运作过程

典当行是典当运作的主体。典当行作为一个独立的经营机构，需要有一定的注册资本。典当行经营典当物的范围一般可以是家电商品、古玩字画、首饰珠宝、高档日用品、机器设备、批量服装、汽车、摩托车和房产等生活资料及生产资料。典当行被纳入特殊的工商企业，是具有金融性质的商业企业，又被视作一种非银行的金融机构。拥有相应规模的资本是典当行顺利开展经营活动的基础。这一方面是因为其正常运作需要有固定的经营场所和安全可靠的存放物品的设施；另一方面还在于典当行经营贷款业务也需要有一定的自有资金。一般来说，资本的数量视其经营典当物的不同而有差异，日常消费品作为典当物经营的，资本数量可少一些；以房产、汽车等作为典当物的，资本需要相当雄厚的基础。随着经济的发展，典当行最低资本的数额也会发生变化。根据《典当管理办法》，典当行注册资本的最低限额为 300 万元；从事房地产抵押典当业务的，注册资本的最低限额为 500 万元；从事财产权利质押典当业务的，注册资本的最低限额为 1000 万元。典当行注册资本的最低限额应当为股东实缴的货币资本，不包括以实物、工业产权、非专利技术、土地使用权作价出资的资本。

收取典当物是典当行营运的起点。典当行按典当章程或典当办法收取当户提供的典当物，查验典当物质量，估定价格，确定典当金，支付现款。

赎当是当户在约定的典当期内偿还典当金和典当金利息后，从典当行取回其原先交付的当物的行为，这也是典当行融资经营活动的重要一环。典当行不同于一般商行，收取典当物不同于收买典当物。在正常情况下，典当行不是买进商品，然后再销售，以差价为获取盈利的主要手段，而是以收取典当物为手段，通过资金贷放，靠利息来盈利。

绝当及其处理是典当行一项融资经营活动的最后环节。典当期限或者续当期限届满后，当户应当在 5 日内赎当或者续当。逾期不赎当也不续当的，为绝当。当户于典当期限或者续当期限届满至绝当前赎当的，除须偿还当金本息、综合费用外，还应当根据中国人民银行规定的银行等金融机构逾期贷款罚息水平、典当行制定的费用标准和逾期天数，补交当金利息和有关费用。

对绝当物品，典当行应当按照下列规定处理：

(1)当物估价金额在3万元以上的，可以按照《中华人民共和国担保法》的有关规定处理，也可以双方事先约定绝当后由典当行委托拍卖行公开拍卖。拍卖收入在扣除拍卖费用及当金本息后，剩余部分应当退还当户，不足部分向当户追索。

(2)绝当物估价金额不足3万元的，典当行可以自行变卖或者折价处理，损益自负。

(3)对国家限制流通的绝当物，应当根据有关法律、法规，报有关管理部门批准后处理或者交售指定单位。

(4)典当行在营业场所以外设立绝当物品销售点，应当报省级商务主管部门备案，并自觉接受当地商务主管部门的监督检查。

(5)典当行处分绝当物品中的上市公司股份时，应当取得当户的同意和配合，典当行不得自行变卖、折价处理或者委托拍卖行公开拍卖绝当物品中的上市公司股份。

二、典当的产生与发展

典当业是人类古老的行业之一，堪称现代金融业的鼻祖，特别是抵押银行的前身。中国是世界上较早出现典当活动并形成典当业的国家之一。中国的典当业初见芽于东西两汉，肇始于南朝佛寺长生库，入俗于唐五代市井，立行于南北宋朝，兴盛于明清两季，衰落于清末民初，取缔于20世纪50年代，而复兴于当代改革开放，经历了1600多年的历史沉浮。

典当行最早称“质库”，或“质肆”“质舍”，开始于南北朝，起源于南齐时代(479—502年)。南朝时已有寺院开办质库，经营以衣物等动产质押的放款业务。据《南史·甄法崇传》记载，江陵令甄法崇孙彬，“尝以一束苎，就州长沙寺库质钱，还赎苎还，于苎束中得五两金，以手巾裹之，彬得，送还寺库。”文中提到的寺库，就是寺院经营的质库。质为抵押之意，库即贮藏物品的房舍，“束苎”“质钱”即为抵押借款，“还赎苎还”就是还款取赎。随着社会经济的发展，唐宋朝时质库更发达，成为在市场上占有重要地位的行业。宋朝时“兼并之家，照例都开质铺”。寺院经营工商业，也开质库谋利，元朝称解典库等，有的已同时经营信用放款。明朝除旧称外，又有典当、当铺等名称。以后典当或当铺成为通称，规模较小而取利重者则称“小押当”。典当行于明朝中期至清朝初叶达到高峰，典当行曾逾2万家。

典当行在经营时，大多采取典当金低、典当金利率高和典当期短的策略。典当金低于典当物本身的价值，通常为五成，有时甚至压得更低。典当利率有的可达月息8分。典当期短使得典当行投放的资金因周转速度快、发挥资本作用的次数多，而与获利程度呈正向关系。典当期短，有助于典当行利用时间差制造“绝当”，从而可对过期不赎的质押品进行没收转卖，可望赚取典当物处理后的额外收益。因而，旧中国的典当行实际上成了一种放高利贷的机构，名声很坏，典当几乎是剥削和罪恶的代名词。

新中国成立后，随着社会主义改造的进行，在消灭“剥削”和“高利贷”的进程中，通过典当业的全行业公私合营，在一些城市，典当业成为中国人民银行分支机构中专门办理小额抵押贷款的职能部门，从而典当业被人民政府取缔。

典当业在1987年十一届三中全会后恢复经营，自1987年年底四川省成都市成立新中国第一家典当商行——成都市华茂典当服务商行以来，典当业在我国大地上又悄然兴起。典当业的行业类型和典当行的机构属性，长期以来存在争论。由于典当行数量的增加，一些地方发生了非法集资事件。为了整顿金融秩序，打击非法金融活动，1993 年 8 月后，典当业开始由中国人民银行主管。1995 年公安部发布了《典当业治安管理办法》(公安部令第 26 号)，1996 年 4 月中国人民银行颁布了《典当行管理暂行办法》，明确典当行为非银行金融机构，公安部对典当业进行监管。2000 年 7 月，为适应金融体制改革要求，经国务院同意，中国人民银行将典当行作为特殊的工商企业移交原国家经贸委统一归口管理，典当行也从金融机构变更为非金融机构。2001 年 8 月，原国家经贸委根据典当业发展的情况，制定并颁布了《典当行管理办法》(国家经贸委令第 22 号)。2003 年机构改革后，典当业的监管划归商务部负责。2005 年，根据商务部部务会议审议通过，并经公安部同意而颁布实施《典当管理办法》(商务部、公安部 2005 年第 8 号令)。随后，在对典当行进行规范的同时批准设立了若干家典当行，包括注册资本数千万元的典当行，并且允许符合条件的典当行在本省、自治区、直辖市内开设分支机构。到 2006 年年末，全国共有典当行 2494 家，分支机构 134 个，累计注册资本 246 亿元。2006 年已营业的 2052 家典当行的典当总额达 960 亿元，比 2005 年增长 40%。

2011 年 12 月 15 日，商务部发布《商务部关于"十二五"期间促进典当业发展的指导意见》(商流通发〔2011〕481 号)，指出"十一五"期间，我国典当业发展总体良好，但还存在法律法规建设相对滞后，标准化体系不完善，行业组织化程度较低，一些企业经营行为有待规范等问题，应在"十二五"期间积极予以解决。

截至 2015 年 12 月底，全国共有典当行 8050 家，分支机构 928 家，注册资本 1610.2 亿元，从业人员 6.3 万人，典当余额 1025.2 亿元，与上年同期持平。2015 年全行业共发放当金 3671.9 亿元，比 2014 年略有下降。典当业务结构中，动产典当业务占全部业务的 30.5%；房地产抵押典当业务占全部业务的 53%；财产权利典当业务占全部业务的 16.5%。

2009—2015 年典当行业累计发放当金现金的规模如图 8-2 所示。

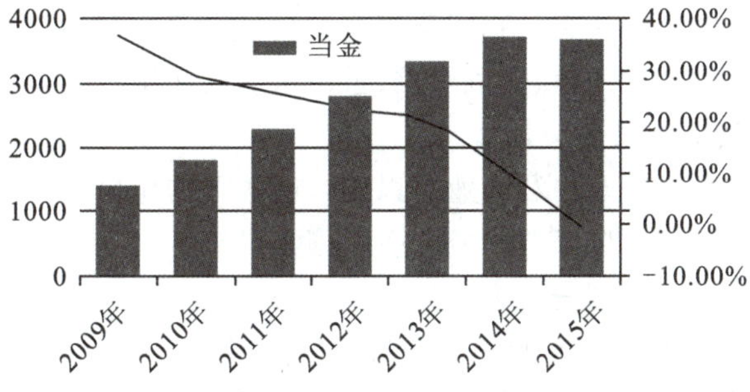

图 8-2　2009—2015 年典当行业累计发放当金现金规模(单位:亿元,%)

国家商务部流通业发展司 2018 年 1 月发布的《2017 年全国典当行业运行情况》显示，截至 2017 年 12 月底，全国共有典当企业 8483 家，分支机构 950 家，注册资本 1722.2 亿元，从业人员 4.9 万人。企业资产总额为 1668 亿元，同比上升 1.3%；负债合计 123.2 亿元，同比上升 8.7%；所有者权益合计 1544.8 亿元，资产负债率为 7.4%。

2017 年全行业实现典当总额 2899.7 亿元，与上年相比减少 276.3 亿元。其中，动产典当总额 950.8 亿元，同比降低 15.9%；房地产典当总额 1516 亿元，同比降低 4.8%；财产权利典当总额 433 亿元，同比降低 4.5%。

按典当总额计算，2017 年动产典当业务占全部业务的 32.79%；房地产典当业务占全部业务的52.28%；财产权利典当业务占全部业务的14.93%。与上年业务结构比较，动产典当业务占比有所下降，房地产典当业务和财产权利典当业务占比略有上升，房地产典当仍是行业主要业务。业务结构保持稳定。

典当行业对解决民营企业的融资具有重要的补充作用，随着现代经济的不断发展，逐渐成为我国金融体系的重要组成部分。

三、中国典当业恢复的现实作用

典当业之所以能在销声匿迹30多年后再次兴起，主要在于典当行的自然属性（即质押融资）和其与社会主义经济发展结合在一起的社会属性的需要。在从传统的计划经济体制向社会主义市场经济转变的过程中，许多不同的资金需求应运而生。典当行在一定程度上克服了银行和其他金融机构的贷款难以及时、足量、灵活地满足社会对资金的需要的弊端，弥补银行和其他金融机构信用的不足，这是典当业恢复的基本原因。典当业的恢复和发展，首先表现在典当业经营范围的扩大。从质押品范围来说，包括从传统的动产质押扩大到权利质押，如各种有价证券、各种不动产（如房地产）等；从当户范围来讲，包括个人、个体经营者以及私营企业和国有集体单位。

典当作为一项金融业务，其主要作用有以下几点：

1. 融资的作用

在从传统的计划经济体制向社会主义市场经济转轨发展的过程中，资金不足严重制约了经济的发展。典当业开辟了新的融资渠道，是对银行和其他金融机构融资渠道的有益补充，起到了拾遗补阙、调余济需、融通资金的作用。

2. 支持生产、活跃流通、解危救难、方便群众

向个体经营者及各类企业质押放款，支持生产与流通已逐渐成为我国典当业的一项主要日常业务；向城乡居民质押放款是我国典当业的传统业务。这些业务起到了支持商品生产和流通、扩大承典人的经营规模、扶危解难、雪中送炭的作用。

3. 稳定社会经济、金融秩序

急需资金的个人、个体经营户和企业可以用自己的财物作典当物取得贷款，避免社会经济生活中的不法行为。同时，典当业的经营受中国人民银行、工商行政管理机关和公安机关等的管理，有利于抑制民间高利贷行为。

4. 房地产抵押典当的运作，有利于置业投资的发展

由于扩大了典当行的经营范围，拥有自有房产者可将房地产作为当物进行抵押典当，融通资金已成为可能。这在一定程度上有利于住房自有化和住房制度的改革，扩大人们的投资领域。

四、房地产抵押典当

（一）房地产抵押典当的含义

根据《典当管理办法》，房地产抵押典当是指当户将其房地产作为当物抵押给典当行，交付一定比例费用，取得当金，并在约定期限内支付当金利息、偿还当金、赎回当物的行为。

对房地产抵押典当的内涵，主要从以下几个方面把握：

第一，当物的提供者及当户必须为房地产所有权人。

第二，房地产抵押典当是不转移当物占有的一种担保物权。房地产抵押典当为保证典当行债权的实现而在房地产上设定一定的限定物权，在当户不履行债务时，典当行有依法优先受偿的权利。房地产抵押典当后仍由当户占有，这是房地产抵押典当和动产典当的重要区别。

第三，房地产抵押典当是一种双务、有偿的民事法律关系。典当行向当户支付当金，当户向典当行支付综合费用及利息。

第四，房地产抵押典当是一种要式法律行为。房地产抵押典当必须以书面形式确立，并且应依法到有关部门先行办理抵押登记，再办理抵押典当手续。

第五，房地产抵押典当出现绝当时，一般按《典当管理办法》的规定处理，即当物估价金额在3万元以上的，可以按照《中华人民共和国担保法》的有关规定处理，也可以双方事先约定绝当后由典当行委托拍卖行公开拍卖。拍卖收入在扣除拍卖费用及当金本息后，剩余部分应当退还当户，不足部分向当户追索。

(二)房地产抵押典当的特点

目前，制约中国小微企业生存和发展的重要问题就是融资困难。大多数的小微企业多无固定资产，经营状况不佳，加上经济实力相对薄弱，往往难以在银行等金融机构获得信贷支持。而典当行的出现正好能弥补金融机构的不足，有效缓解中小企业、小微企业和个体工商户融资难的问题。

1. 房地产抵押典当具有资金融通的特点

典当，特别是房地产抵押典当，是中小企业、小微企业及个体工商户的重要融资渠道，是金融机构的有效补充，其资金融通功能特别明显。当户借助典当融资短期救急的特点满足自身资金需求，从而支持当户的自身发展，并促进市场经济发展。

2. 房地产抵押典当的小额性

典当行向当户发放当金的数额往往较小，通常大大小于银行等金融机构的贷款数额，这也是房地产抵押典当区别于其他金融房地产抵押借贷的重要特点。房地产抵押典当的小额性主要源于：首先，当户的主体身份往往以中小企业、小微企业和个体工商户为主，自身的资产规模往往不大，所能提供的当物本身价值不高。加上相关法规规定典当不能发放信用贷款，必然出现房地产典当业务额度普遍较小的特征。其次，在法律属性上，规定了典当行必须遵守的当金上限，着重突出典当行的小额金融借贷特色，这使典当行的小额性质打上了法律的烙印。

3. 房地产抵押典当的短期性

《典当管理办法》第三十六条第三款规定，典当期限由双方约定，最长不得超过6个月。

4. 房地产抵押典当的灵活便捷性

与银行等金融机构的房地产贷款业务相比，房地产抵押典当具有很强的灵活性。主要体现在以下几个方面：

(1)房地产抵押典当的当户非常广泛，可以是个人，也可以是公司或个体工商户或合伙企业。

(2)典当行不过重关注当户典当资金的用途，而银行发放贷款往往限制指定用途。

(3)典当行放贷不以信用为条件，不审核用户的信用程度，只注重当户所持典当标的的合法性和价值量。

（4）当户有权决定所使用的典当本金额度。当户可以根据资金需求，与典当行协商确定一个合理的典当本金并可随时调整，以保证其资金运作既宽裕又不必负担额外的利息和费用。

5. 房地产抵押典当的救急性

房地产抵押典当业务和银行贷款相比，中间环节少、放款速度快。房地产抵押典当办理公证、抵押登记手续后，一般几天内就会拿到当金，相比银行等金融机构操作房地产抵押贷款，放款速度优势非常明显。

（三）房地产抵押典当的当物

当物，是指当户以质押或抵押方式提供给典当行的，用以领取当金而担保的物品。房地产抵押典当的当物是指抵押典当的房地产，它是房地产抵押典当的客体，是指当户申请典当向典当行提供的土地上的房屋等建筑物、构筑物和其他地上定着物。具有如下特点：

1. 当物应是特定的可以抵押、可以转让的房地产

《典当管理办法》第四十二条规定，典当行经营房地产抵押典当业务，应当和当户依法到有关部门先行办理抵押登记，再办理抵押典当手续。因此房地产抵押典当的当物必须是可抵押的房地产。当房地产抵押典当业务发生绝当时，典当行需要通过对当物的拍卖、变现来实现抵押权，因此，当物应当是可以转让的房地产，不得是法律禁止流通或禁止强制执行的财产。

2. 当物应在政府主管机关进行登记和公示

登记和公示应从两方面来看：一是该房地产应办理完毕初始登记，并取得所有权登记证明文件。同时，当户必须是该房地产登记证明上所记载的所有权人。二是抵押登记。我国《物权法》对房地产的抵押采用登记原则，房地产的抵押典当行为需要以登记为先决条件，未经登记不能产生抵押权的设定。

第二节　房地产抵押典当业务

一、房地产抵押典当业务的流程

房地产抵押典当业务的流程为：①典当申请；②受理收集材料；③房地产价格评估；④内部申报批复；⑤签订抵押典当合同；⑥办理他项权利登记；⑦发放当金；⑧典当到期处理；⑨总结归档，如图 8-3 所示。

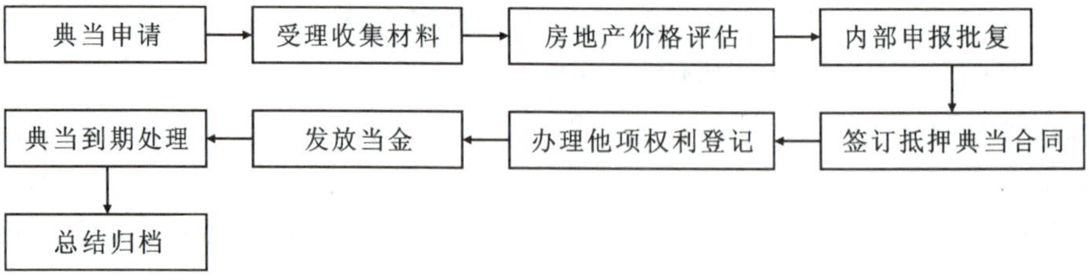

图 8-3　房地产抵押典当业务流程

(一)典当申请

当户根据自身的需要向典当行提出典当金额、典当期限的申请,申请中应列出当户资金用途、抵押物品、所需资金额度、所需当期等。

(二)受理收集材料

典当行根据当户的申请,要求当户准备审查所需材料,主要包括房地产典当业务申请书、有效主体资格证明、合法且有效的房地产当物所有权权属证明文件。

如果当户是个人,则应准备下列材料:

(1)个人身份证或护照原件和复印件;

(2)房地产权证及相关材料;

(3)联系地址、联系电话;

(4)其他需提供的资料(指产权共有或需过户转让按揭房);

(5)房地产抵押典当申请表;

(6)配偶身份证原件及复印件、同意抵押的书面证明、年满18周岁的家庭成员同意抵押的书面证明;

(7)典当行要求提供的其他材料。

如果当户是公司或企业,则应准备下列材料:

(1)企业公司法人营业执照、机构代码证、经营许可证、法定代表人资格证书、法定代表人身份证原件和复印件、经办人身份证原件和复印件及法定代表人签署的授权委托书;

(2)企业公司章程、董事会或股东会同意出当决议,并盖有公章和董事或股东签名;

(3)联系人、联系地址、联系电话;

(4)房地产权证及相关材料;

(5)房地产评估报告(办理抵押登记时用);

(6)房地产抵押典当申请表;

(7)典当行和出当公司或企业授权委托书(办理抵押登记时用);

(8)典当行要求提供的其他材料(长期合作的单位,可要求提供财务报表)。

委托典当中,被委托人应当出具典当委托书、本人和委托人的有效身份证件。

(三)房地产价格评估

典当行业务人员进行实地考察,详细了解该房地产的地理位置、建成时间、面积、使用状况及周边环境,向当地土地、房管部门及相关人员了解当物所在地基准地价和市场价格。

房地产的当金数额经协商不能达成一致的,双方可以委托有资质的房地产价格评估机构进行评估,估价金额可以作为确定当金数额的参考。

实地考察一般还需要进行资信调查。资信调查是典当行的调查人员对当户的财务状况、声誉、资产状况、个人信用等情况进行实地调查的过程,分为自然人当户资信调查和法人当户资信调查。

(四)内部申报批复

实地考察结束后,整理考察报告,报告中要根据考察情况对资产质量、价格做出评估,反映出业务人员对该资产的真实意见。同意受理的要提供当金额度,提交贷审会会议研究。

(五)签订抵押典当合同

贷审会同意发放当金后,与当户签订详细的抵押典当合同。合同中约定借款时间、借款额度、还款时间、综合服务费、抵押物价值、双方的权利业务及违约责任等。同时，应办理公证和房地产保险等事项。

（六）办理他项权利登记

办理房地产抵押登记必须随同当户一同前往，规避当户可能发生的道德风险。

（七）发放当金

所有手续办理完备之后，典当行向出当人开具当票、发放当金，由当户开具当金全额收据。

当票是典当行与当户之间的借贷契约，是典当行向当户支付当金的付款凭证。当票应当载明下列事项：①典当行机构名称及住所；②当户姓名（名称）、住所（址）、有效证件（照）及号码；③当物名称、数量、质量、状况；④估价金额、当金数额；⑤利率、综合费率；⑥典当日期、典当期、续当期；⑦当户须知。

典当行和当户不得将当票转让、出借或者质押给第三人。典当行和当户应当真实记录并妥善保管当票。当票遗失，当户应当及时向典当行办理挂失手续。未办理挂失手续或者挂失前被他人赎当，典当行无过错的，典当行不负赔偿责任。

（八）典当到期处理

典当期限到期后，当户凭当票和其他有关证件到典当行归还借款，并办理注销房地产抵押登记等手续（赎当）。

典当期内或典当期限届满后5日内，经双方同意可以续当，续当一次的期限最长为6个月。续当期自典当期限或者前一次续当期限届满日起算。续当时，当户应当结清前期利息和当期费用。

典当期限或者续当期限届满后，当户应当在5日内赎当或者续当。逾期不赎当也不续当的，为绝当。

当户于典当期限或者续当期限届满至绝当前赎当的，除须偿还当金本息、综合费用外，还应根据中国人民银行规定的银行等金融机构逾期贷款罚息水平、典当行制定的费用标准和逾期天数，补交当金利息和有关费用。

房地产抵押典当绝当后，典当行可以按照《担保法》的有关规定处理，也可以双方事先约定绝当后由典当行委托拍卖行公开拍卖。拍卖收入在扣除拍卖费用及当金本息后，剩余部分应当退还当户，不足部分向当户追索。

（九）总结归档

单笔业务结束后，典当行将相关文件、材料、业务记录整理归档，妥善保存，以备后查。

二、房地产抵押典当风险规避

（一）房地产抵押典当风险

对于典当的行业风险，一些人认为从质（抵）押融资范畴讲，较之信誉贷款风险要小得多。其实这是一种不全面的认识，其中也存有较大的典当风险。一是由于房地产通常价值较高，而当金的数额以当物评估价格为基础，因此房地产抵押典当的当金数额通常要比常规金银首饰、汽车等当物大；二是目前房地产抵押典当在典当行业务中的比例很高，使典当行出现主营业务突出与业务风险过度集中的矛盾。一旦出现失误，典当行的损失将是巨大的。因此，我们不能只看到发放当金大、综合费用数额大，还必须对经营风险有足够的认识和必要的防范措施。房地产抵押典当风险主要有以下几种：

1. 政策风险

目前典当业只有作为部门规章的《典当管理办法》，其效力低于法律的效力，一旦引起诉讼，典当行依据《典当管理办法》提出的诉讼请求与其他法律法规存在冲突时，法院优先以《合同法》《担保法》《物权法》等法律法规为依据进行判决，典当行权益无法获得根本保证。

2. 管理风险

管理风险是指办理房地产抵押典当业务过程中由于内控不健全、监督制度不完善、内部工作人员错误操作等因素导致直接或间接损失的风险。比如，对当户的房地产和提供的证件考察不完善；对涉及房地产占有、使用、收益、处分和共有问题审查不严；资信调查不充分，对抵押人的信誉、偿还能力等问题未认真了解等等，管理风险极易引起法律纠纷和骗当、绝当的发生。

3. 绝当风险

绝当风险是典当行面临的最大经营风险。当客户违约，不能按期足额偿还贷款，房地产成为绝当，难以变现时，必然会占用典当行的大量资金，造成资金短期无法收回、资金周转困难；同时增加典当行的营业成本。一般来说，拍卖途径转让的二手房产，变现渠道相对较窄，处置过程中占用大量人力、物力，交易成本高。

4. 市场风险

房地产市场受国家宏观经济及政策的影响较大，一旦宏观经济形势发生较大变化，房地产市场价格发生剧烈波动，房地产行业的系统性风险将增大，当户违约现象的可能性大增。进行房地产抵押典当时，一定要认真分析当前宏观经济形势和相关房地产政策，对房地产未来走势有足够预判，进而对房地产当物的折当率和估价政策适时调整。

5. 道德风险

道德风险主要指房地产业信息透明度不高，典当行难以完全了解房地产抵押典当当物的真实信息。由于信息不对称，典当行面临客户骗取当金的风险。

(二)房地产抵押典当风险规避

政策风险、经营风险、管理风险、市场风险、道德风险以及各种不可预测的潜在风险都是客观存在的。由于单笔房地产抵押业务金额巨大，一旦出现损失，将使典当行陷入严重的经济危机，遭受巨大损失。因此，在办理房地产抵押业务时，典当行必须牢牢抓住各项关键环节，不能过分执迷于以往经验，要通过规范制度建设、严格操作规程、加强内部管理，把防范风险贯穿于业务的各个环节。其中重点要做好以下几个方面。

1. 风险回避

风险回避是指考虑到风险的存在而主动放弃或拒绝承担该风险，属于事前控制。在权衡收益和风险后，对于极不安全或者收益不足以反映风险水平的业务应采取回避态度。例如，建立完善的内部管理体制、房地产价格评估体系、风险管理监管体系等，每一级、每一个环节都有完整的制度、流程和控制手段，从组织结构上严控房地产抵押典当风险。

2. 风险抑制

风险抑制是指承担风险后，采取种种积极的、主动性的措施以减少风险发生的可能性和破坏程度。积极的风险抑制是在风险实际发生之前消灭或减少风险来源。例如典当行对大额客户发放贷款后，应对当户的财务、经营状况进行跟踪监测，甚至帮助当户及时找出存在的问题并解决问题，从根本上减少风险发生的可能性。

3. 风险分散

风险分散是指在承担各种性质不同的风险时，利用它们之间的相关程度取得最优的风险组合，使这些风险加总得出的总体风险水平最低。风险分散是典当行防范和控制风险的一种重要策略。典当贷款的风险分散措施主要有三种：一是贷款客户分散化，以量取胜，避免将资金集中于某一大项目；二是当物品种分布多样化，突出优质项目，兼顾一般项目，稳健经营；三是贷款发放主体多元化，尝试多家典当行联合典当等。

4. 风险转移

在风险发生之前，通过各种交易活动，把可能发生的风险进行转移。如通过预测某项典当业务可能会有风险，则事先可将抵押物进行投标；当户多次续当造成当期过长，在当物因市场行情变化而价值明显降低时及时处置；预测收回本息非常困难时，及时通过法律手段对当户的其他优质资产采取诉讼保全措施等。

5. 风险补偿

风险补偿是指典当行在正常经营年份，提存足够的风险基金或呆账准备金，用以补偿风险造成的损失，也称为“风险自留”。建立风险补偿机制可以增强典当行抵御风险的能力。

【案例 8-1】

2018 年 1 月，A 公司到某典当行办理房地产抵押典当业务，典当行受理申请后，即到 A 公司对其提供的房地产抵押物进行实地考察。考察结束后，典当行认为 A 公司处于发展的初级阶段，尚未投产，贷款目的也是用于固定资产的购建、采购，用于抵押的土地房产地理位置不甚理想，业务风险较大，不宜介入。由于该企业急需资金，通过多方面公关，在相关部门的协调下，典当行原则上同意提供贷款。因 A 公司用于抵押的房地产质量不高，典当行提出以房地产抵押为主、以该公司出资人的股权作抵押为辅的方式，最大限度减少风险，此措施也得到了 A 公司的认可。

经过进一步商讨，办理抵押登记，并签署了一系列的合同、协议后，典当行为该公司发放了贷款。在贷款期间，典当行一直密切关注 A 公司的发展状况，经常联系，并实地查看，确认当金使用情况，由于风险防范措施比较到位，该业务顺利完成。

在实际业务操作中，往往会遇到出当人提供的房地产质量不佳的情况，如果办理，则会产生较大风险；如果不予办理，则丧失部分客户。对于此类业务应综合分析、多方面考虑，可以针对出当人的具体情况，将其他物品一并抵押(质押)，综合评估，既可降低风险，又可增加业务量、提高效益。

三、房地产抵押典当与房地产抵押贷款的区别

根据《典当管理办法》，房地产抵押典当是指当户将其房地产作为当物抵押给典当行，交付一定比例费用，取得当金，并在约定期限内支付当金利息、偿还当金、赎回当物的行为。其中典当行是指依照《典当管理办法》设立的专门从事典当活动的企业法人，其组织形式与组织机构适用《中华人民共和国公司法》的有关规定。

房地产抵押贷款是银行或其他金融机构以借款人提供房产或地产作为还款的物质保证的抵押贷款。它是房地产信贷业务的主要形式，在融资业务中占据了重要地位。在房地产抵押贷款中，不转移房屋的占有权、使用权、处分权和收益权，但产权人和受押者都不能随意

处理房屋。房地产抵押贷款的贷款额度由贷款人根据借款人的资信程度、经营状况、申请借款金额和借款时间长短确定，一般最高不超过抵押物现行作价的70%或80%。贷款的期限主要有两种：短期建设贷款以建设周期为限，一般为3～5年；长期经营贷款为15～30年。贷款利息实行按季结息的办法，利息的收取方法是由贷款人按季直接从借款人的存款账户中收取。

房地产抵押典当本质上还是抵押贷款，归属于房地产抵押贷款的范畴，但与一般意义上的房地产抵押贷款相比，也存在一些不同。比如，从经营机构方面看，房地产抵押典当的经营机构是典当行，是专门从事典当活动的企业法人，属于非金融机构，而一般房地产抵押贷款的经营机构是银行或者其他金融机构；从服务对象方面看，房地产抵押典当中的出典人只能是借款人本人，借款人以外的第三人不能替借款人担保而成为出典人，房地产抵押的抵押人既可以是债务人本人，也可以是债务人以外的第三人。

此外，与一般房地产抵押贷款相比，房地产抵押典当的优势主要体现在以下几个方面：

1. 办理时间短

向银行申请短期贷款的周期一般为2个月左右；在典当行办理房地产抵押典当业务，一般一周左右可完成所有手续。

2. 借款成数高

一般情况下，银行抵押贷款最多贷五成；房产抵押典当最多可以贷到八成，通常典当行会针对私房、已购公房等不同房屋性质按不同比例放款。

3. 不需评估费

房地产抵押典当也需要评估，但这个评估通常由典当行的专业人士进行，不需另付评估费，所以花销大概只有几百元的上市审核费用。

4. 当金用途不受限

向银行申请的短期贷款，只能用于申请贷款的用途范围内，若用途不当或挪作他用，银行有权收回进行信贷制裁；典当行通常只是对顾客的用途进行询问，除法律规定的不作为外，都不受限制。

房地产抵押典当的劣势则有以下几个方面：

1. 资金使用时限短

房地产抵押典当一次最长6个月；银行贷款的期限一般较长。

2. 利息数额高

房地产抵押典当金利率按中国人民银行公布的银行机构6个月期法定贷款利率及典当期限折算后执行，其月利率往往是银行抵押贷款月利率的四五倍。

3. 融资规模偏小

无论是相对银行的实力，还是相对房地产企业动辄上千万元的所需开发资金数额，作为准金融机构的典当行，由于发展不久，在资金实力方面普遍存在先天缺陷，其所发放的款额根本无法支撑项目的开发所需。

四、房地产抵押典当的常见误区

《典当管理办法》加强了对典当行的监督管理，促进了典当业规范发展。管理办法中提出的房地产抵押典当，与中国传统的房地产抵押典当相比更细致、更规范。房地产抵押典当是一个融资的新途径，在实际运作中，有很多人对房地产抵押典当存在一些认识上和操作中的误区（表 8-1）。

表 8-1　房地产抵押典当常见误区

误区	纠　错
任何典当行都能经营房地产典当	并不是所有典当行都能经营房地产抵押典当业务。《典当管理办法》(2005)规定，注册资本达 500 万元以上的典当行才能从事房地产抵押典当业务
所有房产都能典当	“典当行不得收当依法被查封、扣押或者已经被采取其他保全措施的财产”，也不接受未取得商品房预售许可证的在建工程。目前可以作为当物的房地产一般有商品房（包括住宅商品房、商业房地产等）、已购公房（包括房改房、经济适用房等）、建设用地使用权等。
典当需交出房地产	实践中有人误认为房地产抵押典当须转移房地产的占有权，意味着把空房交给典当行。房地产抵押典当实际上是房产抵押，当户并不需要将房地产移交典当行占有，典当行无权使用该房产，仅能限制其产权转移，将其作为清偿本息的财产担保，房地产仍归原产权人使用
当期最长 6 个月	房产典当当期宜短不宜长。《典当管理办法》中规定，典当期由双方约定，最长不超过 6 个月。但该办法还同时规定，典当期内或典当期限届满后 5 日内，经双方同意可以续当
评估值即当金	当金的多少由双方协商决定，只要不超过房产的评估价即可，也就是说，可以根据自己的需求决定借款多少
到期不赎即为绝当	《典当管理办法》规定，典当期限或者续当期限届满后，当户应在 5 日内赎当或者续当；逾期既不赎当也不续当的，为绝当。即当期届满 5 日内还没有“任何反应”的，当物才能成为绝当
绝当即与当户无关	《典当管理办法》规定，当物估价金额在 3 万元以上的，可以按照《担保法》的有关规定处理，也可以双方事先约定绝当后由典当行委托拍卖行公开拍卖。拍卖收入在扣除拍卖费用及当金本息后，剩余部分应当退还当户，不足部分向当户追索。绝当物估价金额不足 3 万元的，典当行可以自行变卖或者折价处理，损益自负。即对于房产绝当，典当行在处理时按多退少补的原则处理

本章小结

典当是指当户将其动产、财产权利作为当物质押或者将其房地产作为当物抵押给典当行，交付一定比例费用，取得当金，并在约定期限内支付当金利息、偿还当金、赎回当物的行为。典当行是依照《典当管理办法》设立的专门从事典当活动的企业法人，其组织形式与组织机构适用《公司法》的有关规定。

房地产抵押典当是指当户将其房地产作为当物抵押给典当行，交付一定比例费用，取得当金，并在约定期限内支付当金利息、偿还当金、赎回当物的行为。

房地产抵押典当业务的流程为：①典当申请；②受理收集材料；③房地产价格评估；④内

部申报批复;⑤签订抵押典当合同;⑥办理他项权利登记;⑦发放当金;⑧典当到期处理;⑨总结归档。

房地产抵押典当本质上还是抵押贷款,归属于房地产抵押贷款的范畴,但与一般意义上的房地产抵押贷款相比,房地产抵押典当主要有办理时间短、借款成数高、不需评估费、当金用途不受限等优势,同时也存在资金使用时限短、利息数额高、融资规模偏小等劣势。

关键概念

典当　Pawn　　典当行　Pawn shop　　房地产抵押典当　Real estate mortgage

当户　Pawner　　赎当　Redeem　　续当　Extended

课堂讨论

开发商在何种经营状况下会选择房地产抵押典当渠道获得房地产开发资金?

思考与练习

一、填空题

1. 典当和普通质押都可以用于__________担保,都是转移担保物的__________,都属于__________范畴。

2. 典当行和当户不得将当票__________、__________或者__________给第三人。

3. 典当期限或者续当期限届满后,当户应当在__________日内赎当或者续当。逾期不赎当也不续当的,为__________。

4. 典当行的注册资本最低限额应当为股东实缴的__________资本。

5. 典当行经营房地产抵押典当业务,应当和当户依法到有关部门先行办理__________,再办理__________手续。

二、单项选择题

1. 从事房地产抵押典当业务的典当行,其注册资本最低限额为(　　)万元。

A. 300　　B. 500　　C. 1000　　D. 3000

2. 典当期内或典当期限届满后(　　)日内,经双方同意可以续当,续当一次的期限最长为(　　)个月。

A. 3,1　　B. 5,3　　C. 5,6　　D. 7,6

3. 质押当物在典当期内或者续当期内发生遗失或者损毁的,典当行应当按照(　　)金额进行赔偿。

A. 买价　　B. 定价　　C. 估价　　D. 现价

4. 按照法律规定,我国房地产的抵押典当行为需要以(　　)为先决条件。

A. 登记　　B. 抵押　　C. 鉴证　　D. 审批

5. 我国《典当管理办法》规定:房地产抵押典当的月综合费不得超过当金的(　　)。

A. 42‰　　B. 27‰　　C. 24‰　　D. 15‰

三、多项选择题

1. 典当行在当期内不得(　　)当物。

A. 出租　B. 质押　C. 抵押　D. 使用

2. 房地产抵押典当的当户非常广泛，具体包括(　　)等。

A. 个人　B. 私营企业　C. 国有集体单位　D. 机关事业单位

3. 房地产抵押典当具有小额性的特点，这主要是因为(　　)。

A. 典当行发放信用贷款的数量有限

B. 典当行的注册资本主要是以实物和工业产权等作价出资的资本，资本变现能力差

C. 当户往往以中小企业、小微企业和个体工商户为主，所能提供的当物本身价值不高

D. 典当行必须遵守当金上限，突出典当行的小额金融借贷特色

4. 关于房地产抵押典当的当物，下列说法正确的是(　　)。

A. 当物应是特定的可以抵押、可以转让的房地产

B. 当物可以是住宅房、办公楼、商铺等

C. 当物应在政府主管机关进行登记和公示

D. 当物不能是已经被采取保全措施的房地产

5. 典当贷款的风险分散措施主要有(　　)。

A. 贷款客户分散化　B. 当物品种分布多样化

C. 信用贷款规模化　D. 贷款发放主体多元化

四、简答题

1. 简述房地产抵押典当业务的流程。

2. 房地产抵押典当应如何规避风险？

3. 房地产抵押典当与房地产抵押贷款有什么不同？

4. 如何理解房地产抵押典当的含义？

5. 房地产抵押典当的特点是什么？

五、论述题

房地产抵押典当与房地产抵押贷款有什么不同？

实践与训练

实训项目：作为房产业主和潜在的出典人，了解当地典当行业、房地产抵押典当业务的发展情况。

实训目的：通过模拟潜在的出典人，熟悉我国及当地目前的房地产抵押典当现状。

实训步骤：

(1)同学分组。3～5人一组，收集相关信息并走访当地典当行。

(2)每个小组分析典当行业存在的问题，提出发展策略并提交一份实训报告。

案例分析

1. 王先生是一家公司的老总，最近，公司引进了一个新型的项目急需一大笔资金，但公

司正处于发展期，没有足够的资金，银行贷款的放款速度又不够快，如果错失了这一机遇，就会使公司失去一次特别好的发展机会。王先生在朋友的推荐下来到某典当行咨询，典当行派你作为业务员与王先生洽谈。

思考题：

请你告诉王先生办理业务的流程和需要准备的材料。

2. 被告人刘某，男，×年×月×日出生，汉族，初中文化，无职业。于2008年2月21日以经营铁矿石生意为由，用其所有的×市×茗城21栋四单元601号楼作抵押，向金某典当行申请借款人民币110万元，双方在当日签订了房地产抵押合同，合同约定，典当期限为6个月，典当月综合费为当金的2.7%，月利率为0.5%。当日双方到×市×公证处办理公证手续，刘某将房屋所有权证原件交付金某典当行但未办理抵押登记手续。金某典当行在扣除1个月的综合费用和利息共计3.52万元后向刘某支付了106.48万元。典当到期后刘某未办理赎当也未办理续当。金某典当行在行使抵押权时发现手中的房地产所有权证系伪造，其真实房地产权证已在此之前抵押给了万某并进行了公证。于是金某典当行在找到刘某后将其扭送公安机关并提起诉讼。法院认定刘某以非法占有为目的，伪造房地产权证，用隐瞒真相的方法骗取他人财物，数额巨大，其行为已构成诈骗罪，判处有期徒刑3年，并处罚金2万元。

思考题：

请问：金某典当行在案例中存在哪些过错使风险失控？

提示：首先，金某典当行未办理涉案房屋的抵押登记手续；其次，未履行尽职调查义务。案中金某典当行未对刘某的主体资格和房地产当物的情况进行调查，更未进行实地调查，这给刘某实施犯罪行为提供了条件。

第九章　房地产证券化

学习目标

1. 了解证券市场及房地产证券化的基础知识。
2. 理解房地产证券化的基本概念及住房抵押贷款证券化的运作流程。
3. 掌握房地产融资证券化的重要作用及住房抵押贷款证券化过程的风险控制方法。

第一节　房地产证券化与证券市场概述

一、证券市场概述

证券是指各类记载并代表一定权利的法律凭证。它用以证明持有人有权依其所持凭证记载的内容而取得应有的权益。有价证券是指标有票面金额，用于证明持有人或该证券指定的特定主体对特定财产拥有所有权或债权的凭证。有价证券有广义与狭义之分。广义的有价证券包括商品证券、货币证券和资本证券。商品证券是证明持有人有商品所有权或使用权的凭证。货币证券是指本身能使持有人或第三者取得货币索取权的有价证券。资本证券是指由金融投资或与金融投资有直接联系的活动而产生的证券。狭义的有价证券即指资本证券。房地产证券化所涉及的证券主要指资本证券。

有价证券具有期限性、收益性、流动性和风险性的特点，是政府、银行、企业和个人重要的投资工具。根据不同的划分标准可以将有价证券分为不同的种类，比如按证券发行主体的不同，可分为政府证券、金融证券和公司证券；按是否在证券交易所挂牌交易，可分为上市证券与非上市证券；按募集方式，可分为公募证券（面向大众）和私募证券（面向少数特定投资者）；按证券所代表权利的性质，可分为股票、债券和其他证券三大类。

证券市场是指买卖有价证券的场所与网络。它具有以下三个显著特征：第一，证券市场是价值直接交换的场所；第二，证券市场是财产权利直接交换的场所；第三，证券市场是风险直接交换的场所。证券市场是一国金融市场的重要组成部分，对于促进国民经济发展起着十分重要的作用。证券市场的主要功能包括：融通资金、资本定价、资本配置、转换机制、分散风险和宏观调控等。

证券市场的结构是指证券市场的构成及其各部分之间的占比关系。按层次结构分，可以分为发行市场（一级市场）和交易市场（二级市场）；按品种结构分，主要有股票市场、债券市场、基金市场和衍生品市场等；按交易场所结构分，可分为有形市场（有固定场所和组织机构）和无形市场（通过网络进行的非集中式交易）。

证券市场参与者包括证券发行人、证券投资人、证券服务机构、证券公司、自律性组织及证券监管机构等。证券发行人是指为筹措资金而发行债券、股票等证券的发行主体，它包括公司(企业)、政府部门和金融机构。证券投资人是指通过证券交易获得投资收益的各类机构法人和自然人,可分为机构投资者和个人投资者两类。机构投资者主要有政府部门、金融机构、企业事业单位及各类基金等。个人投资者是指从事证券投资的社会自然人,他们是证券市场上最广泛的投资者。证券服务机构是指依法设立的从事证券服务业务的法人机构,主要包括证券登记结算公司、证券投资咨询公司、会计师事务所、资产评估机构、律师事务所和证券信用评级机构等。证券公司(国外称为投资银行)是按《公司法》规定和经国务院监督管理机构批准设立的主要从事证券经纪业务的有限责任公司或股份有限公司。自律性组织包括证券交易所和证券业协会。证券交易所是为证券集中交易提供场所和设施,组织和监督证券交易,实行自律管理的法人。我国的两家证券交易所分别为上海证券交易所(1990年12月)和深圳证券交易所(1991年7月)。证券业协会是证券业的自律性行业组织,是社会团体法人。我国证券监管机构是中国证券监督管理委员会及其派出机构。它是国务院直属的证券管理监督机构,依法对我国证券市场进行集中、统一监管。

二、房地产证券化的含义

资产证券化源于20世纪70年代美国的住房抵押证券,随后证券化技术被广泛应用于抵押债权以外的非抵押债权资产,并于20世纪80年代在欧美市场获得蓬勃发展。20世纪90年代起,资产证券化开始出现在亚洲市场上,特别是东南亚金融危机爆发以后,在一些亚洲国家得到迅速发展。资产证券化(包括不良资产证券化和房地产证券化等)是近年来世界金融领域最重大的金融创新和发展最快的金融工具,是衍生证券技术和金融工程技术相结合的产物。

资产证券化是指原始权益人将流动性不强的资产或具有可预测现金流收入的资产,集中并分割成可在证券市场上流通的有价证券的过程。资产证券化的对象一般包括政府担保的抵押贷款、私人机构担保的抵押贷款、汽车贷款、信用卡贷款、租赁应收款和一般商业贷款等,房地产证券化只是其中的一种类别。

房地产证券化是资产证券化在房地产领域的具体运用,它是以房地产为对象,以房地产或与房地产有关的债权作担保,发行股票、债券、单位信托或其他受益凭证,直接从证券市场筹集资金的一种资金融通方式。房地产证券化有两种基本形式:一是房地产本身或所有权证券化(权益型),二是房地产抵押权的证券化(抵押权型)。还有一些房地产证券化形式则是这二者不同程度的融合。

权益型房地产证券化又可以细分为三种类型:①房地产项目融资证券化,它是以融资主体自身的资产或信誉作担保,或针对某一房地产项目并以其建成后的销售收益作担保而发行的证券;②房地产产权证券化,它是指通过有价证券形式,将房地产与投资者之间的直接物权关系转化为由于拥有有价证券而形成的债权关系,使房地产的价值由固定的资本形态转化为具有流动性的有价证券形式;③房地产投资信托(REITs),它是一种大众化的投资工具,是通过发行受益证券或入股凭证的方式,将分散的不等额资金汇集成基金,交由专家进行经营和管理,主要投资于房地产市场领域,投资者在扣除一定费用之后按出资比例分享基金的增值收益。

抵押权型房地产证券化是指以一级市场(发行市场)上抵押贷款组合为基础,发行抵押贷款证券的结构性融资行为。房地产抵押贷款证券化主要采取两种方法:一是由二级抵押机构对房地产金融机构的住房抵押贷款项目进行“再贴现”，然后将此类贷款进行资产组合并发放有价证券，以“批发”的形式出售给机构投资者。二是由“特定目的机构”（Special Purpose Vehicle，SPV）无追索权地购买房地产金融机构持有的住房抵押贷款，然后将此贷款进行组合并打包形成有价证券，在市场上公开出售以收回资金。投资者不局限于机构投资者，也可以是个人投资者。这两种抵押权型房地产证券化形式的主要区别在于，是否将待证券化的房地产资产从原始权益人手中剥离出来。前一种无须剥离，而后一种则须将房地产资产真实出售给 SPV 机构。

三、我国证券市场与房地产证券化发展的现状

改革开放以后，随着我国经济体制改革的深入和商品经济的发展，人民收入水平不断提高，社会闲散资金日益增多，同时由于经济建设所需资金的不断扩大，资金不足问题十分突出。在这种经济背景下，各方面要求建立长期资金市场，恢复和发展证券市场的呼声越来越高，我国的证券市场便在改革中应运而生。

我国证券发行市场的恢复与起步是从 1981 年国家发行国库券开始的。此后，债券发行连年不断，发行数额不断增加，债券种类由国家债券扩展到金融债券、企业债券、国际债券。我国的股票发行始于 1984 年。1984 年 9 月，北京成立了第一家股份有限公司——天桥百货股份有限公司，并发行了股票。同年 11 月，由上海电声总厂发起成立的上海飞乐音响股份有限公司向社会公开发行股票。之后，上海延中实业股份有限公司也面向社会发行了股票。全国其他一些城市也相继发行了股票。在政府的引导下，随着股份制试点企业的增加，我国股票发行规模不断扩大，股票发行涉及境内人民币普通 A 股、供境内外法人和自然人购买的人民币特种股票 B 股，还有在境外发行的 H 股和 N 股等。

我国的证券交易市场始于 1986 年。1986 年 8 月，沈阳信托投资公司第一次面向社会开办了证券交易业务，之后，沈阳市建设银行信托投资公司和工商银行沈阳证券公司也开办了这项业务。1986 年 9 月，上海市几家专业银行的信托部门及信托投资公司开办了股票“柜台交易”。1988 年 4 月和 6 月，财政部先后在全国 61 个大中城市进行转让市场的试点。到 1990 年，全国证券场外交易市场已基本形成，随场外交易市场的形成，场内交易市场也迅速发展起来。1990 年 11 月 26 日，国务院授权中国人民银行批准的上海证券交易所宣告成立，并于 1990 年 12 月 19 日正式营业，成为我国第一家证券交易所；1991 年 4 月 11 日，我国另一家由中国人民银行批准的证券交易所——深圳证券交易所也宣告成立，并于同年 7 月 3 日正式营业。两家证券交易所的成立，标志着我国证券市场由分散的场外交易进入到集中的场内交易。与此同时，全国的一些大中城市如武汉、天津、沈阳、大连等地还成立了 27 家证券交易中心，接纳多种债券和投资基金交易。一些交易中心还同上海、深圳证券交易所联网，使两家证券交易所的交易活动得以辐射、延伸。我国证券市场的发展经历了一个从无到有、从小到大、从不规范到基本规范的过程，期间虽然出现过大大小小的波折，但总的发展趋势是向好的，短短 30 年间就已成长为全球重要的证券市场之一。目前我国证券交易品种越来越多，证券交易制度越来越完善，证券市场规模也越来越大，成为推动国民经济蓬勃发展的重要力量。

我国证券市场发展为房地产行业的发展插上了翅膀。伴随我国证券市场的不断完善和发展，房地产企业直接进入境内外证券市场，通过发行股票、债券等来筹集建设资金。目前

我国股票市场的上市公司中，几乎80%左右的企业，其从股票市场上通过发行股票筹集来的资金均有一部分流入房地产业。目前已经有较多家房地产企业上市融资，房地产板块成为证券市场的一支重要力量。我国目前的债券市场上，为房地产开发而发行的债券已有两种：第一种是房地产投资券；第二种是受益债券。如万科企业股份有限公司经中国证监会核准，于2004年9月24日公开发行了1990万张可转换公司债券，每张面值为100元，发行总额为199000万元。经深圳证券交易所同意，这些公司债券于2004年10月18日起在深圳证券交易所挂牌交易，房地产抵押贷款证券化也取得了实质性进展。2005年12月18日，经中国人民银行批准，国家开发银行和中国建设银行分别发行了"开元"(41.77亿元)和"建元"(30.17亿元)两只住房抵押贷款支持证券，并获得成功。2014年7月22日，中国邮政储蓄银行发行的"邮元2014年第一期个人住房贷款支持证券化产品(RMBS)"在全国银行间债券市场招标成功，认购倍数为1.25倍。邮储银行此次发行的个人住房贷款证券化产品，其基础资产为23680笔个人住房抵押贷款，产品发行规模共计68.14亿元。此单个人房贷证券化业务，一方面支持了消费金融和住房金融，另一方面缓解了商业银行资本占用、期限错配压力，对于盘活个人住房抵押贷款存量，优化住房金融方面的信贷资产增量具有重要意义。

我国房地产证券化取得了一定程度的发展是与我国证券市场分不开的。一方面，证券市场不断规范与发展将为房地产资产证券化奠定很好的基础；另一方面，房地产证券化的稳步推进也使得我国证券市场品种越来越丰富，进一步提高了我国证券市场的创新能力，为其他资产证券化积累了丰富的实践经验。

第二节 房地产融资证券化

一、房地产融资证券化的背景与原因

房地产融资证券化最早发源于美国。20世纪70年代，美国经济出现了"滞胀"现象，为了应对国内出现的经济问题，美联储(美国的中央银行)被迫提高联邦基金利率，银行筹资成本大为上升，亟待金融创新以缓解银行的经营困境。为获取更多的资金来源并转嫁利率风险，美国三大抵押贷款公司(政府国民抵押贷款协会、联邦国民抵押贷款协会和联邦住房抵押贷款公司)以及其他一些从事住房抵押贷款的金融机构，将所持有的住房抵押贷款按一定标准进行重新组合，再以该贷款组合产生的收益现金流作担保发行证券，出售给投资者以收回资金，这就是最早的房地产资产证券化形式。而后这一方式被其他国家竞相效仿，使全球金融市场掀起了一股资产证券化的浪潮。

分析房地产融资证券化的原因，大概有以下几个方面：①资产证券化是商业银行及房地产储蓄机构为了扩大业务范围、拓宽收入来源和融资渠道并增强市场竞争力的必然选择。20世纪80年代，美国对存款利率实行严格管制(活期不计息及其他存款有利率上限等)，并且商业银行禁止从事投资银行业务。这迫使商业银行进行金融创新以逃避金融管制，并扩大更多的收入来源和融资来源。房地产证券化满足了商业银行在这一时期的特殊要求，并且使银行更容易进行资产结构调整以符合资本充足率要求。②20世纪70年代出现的通货膨胀使居民偏好房地产投资，希望借助证券化工具间接地涉足房地产行业，实现资金的保值

与增值。③西方房地产业的快速发展为房地产融资证券化创造了必要条件。一些大型房地产项目的资金需求高达10亿美元，迫使开发商不断开拓融资渠道，房地产证券化作为一种直接融资方式是一个不错的选择，并且20世纪80年代正是美国房地产价格不断攀升的时期，房地产业是各类资本首选的投资领域。④20世纪80年代之后，随着全球金融自由化的不断扩散和演进，其他国家纷纷仿效美国开始尝试住房抵押贷款证券化，从而使房地产证券化成为全球金融市场进行金融创新的一大热点领域。

二、房地产融资证券化的主要特点

房地产融资证券化是房地产行业筹集建设资金的一个重要方式，在其运行过程中表现出许多特点。传统融资方式是凭借资金需求者本身的资信能力来融资的。资产证券化则是凭借原始权益人的一部分资产的未来收入能力来融资，资产本身偿付能力与原始权益人的资信水平被彻底割裂开来。与其他资产证券化相比，房地产证券化的范围更广，远远超出了贷款债权的证券化范围。贷款证券化的对象为贷款本身，投资人获得的只是贷款净利息，然而，房地产投资的参与形式多种多样，如股权式、抵押式等等，其证券化的方式也因此丰富多彩，只有以抵押贷款形式参与的房地产融资证券化的做法才与贷款证券化相似，其他形式的证券化对象均不是贷款本身，而是具体的房地产项目。除此以外，房地产融资证券化还表现出以下特点：

1. 房地产融资证券化的参与者众多

从房地产证券化的市场参与者看，其涉及面之广是其他资产证券化所不能及的。投资大众、房地产信托与金融机构和房地产经营机构是房地产证券化的三大主体。此外，证券评估机构、房地产评估机构、证券承销机构、证券监管机构、信用评级机构及SPV等，也在证券化过程中扮演着重要角色。房地产资产证券化是一项复杂的系统工程，需要专门机构、专门人员利用专门技术进行通力合作才能最终完成。

2. 房地产证券投资组合可以降低非系统性风险

房地产投资面临系统性风险与非系统性风险。系统性风险是指整个房地产市场的风险，非系统性风险是指某一具体房地产项目的特定风险。根据马柯维茨的投资组合理论，房地产证券投资组合可以用来降低非系统风险。美国一些房地产投资专家经过大量的实证研究后发现，假定证券投资组合中的房地产项目按不同的地区分布在不同类型上，则最低只要6项房地产项目就能达到房地产投资组合分散化的基本要求。可见，房地产投资可以借助证券化形式达到其实物资产投资所无法达到的风险分散的目标。

3. 达到了房地产的资本大众化与经营专业化两大目标

传统上，房地产投资的门槛很高，是中小投资者不敢奢望的。而房地产证券化却使他们可以涉足房地产领域，分享房地产增长带来的利润。房地产证券化的一大优点是将房地产投资的所有权与经营权分离，真正实现专业化经营与专家理财，有助于建立一个健康有序、收益有保障的房地产投融资市场。

4. 房地产证券收益稳定且流动性强

房地产物权与债权证券化之后，投资者与投资标的物之间的关系由拥有房地产所有权或债权变为拥有房地产证券资产，而房地产证券资产可以在证券市场上随时变现。对投资者而言，房地产证券买卖十分简单，其交易过程完全由专门证券机构包办，只需支付少量手续费或佣金。此外,房地产证券收益一般较稳定,这是因为其基础资产(房地产)价值是比较稳定的,并且,随着经济发展和城市化进程的加快,其价值有不断增长的趋势,因此房地产证券不失为一项有价值的投资工具。

三、房地产融资证券化的主要作用

房地产融资证券化是房地产金融领域的一种创新,其快速发展的根本原因在于对一国房地产市场、房地产企业、商业银行、证券市场及广大投资者都能带来实实在在的好处与利益。

(一)房地产证券化有利于房地产行业的长远发展

房地产证券化从房地产供求两个方面促进房地产行业的发展。从供给角度看,房地产证券化能够拓展房地产企业融资渠道,改变房地产企业过度依赖银行贷款间接融资的局面。房地产开发需要巨额资金,资金实力和资本的实力是房地产企业竞争成败的关键因素。近年来,随着房地产价格的过快增长,房地产金融风险凸现,同时物价总水平的上升也迫使银行实行从紧的信贷政策,房地产企业的资金链压力越来越大。房地产证券化提供的多元化融资渠道,是目前房地产企业资金来源的一种必然选择。

从需求角度看,房地产证券化有利于房地产的流通和消费。例如,住房抵押贷款证券化的推行将支持商业银行扩大住房抵押贷款证券化的规模,从而在一定程度上促进住房消费。

此外,房地产证券化有助于房地产的价格发现。由于房地产证券价格与房地产价格高度相关,其变动必然反映房地产价格的变动趋势。房地产证券交易相对房地产本身交易更为容易和灵活,房地产证券价格对房地产市场供需状况的变化能做出快速反应,应当说,房地产证券还包含着房地产收益的预期,因此,房地产证券所具备的价格发现功能可用于分析和预测房地产市场变动趋势,为国家进行房地产调控提供了可靠的依据,有助于房地产行业的长远发展。

(二)房地产证券化有利于商业银行的发展

近年来,商业银行竞争日趋激烈,迫切需要开拓新的资金来源,扩大业务领域,增加营业收入。房地产证券化为商业银行提高竞争力带来了可能性。具体说,房地产证券化可为商业银行带来的好处主要有:①利用房地产证券化可提高金融机构资本充足率。根据银行业监管的基本标准(巴塞尔协议的规定),资本充足率(总资本/风险资产)不得低于8%。提高资本充足率的一条途径是,在总资本不变的前提下降低风险资产的总额,方法是利用房地产证券化将风险权重高的房地产贷款变为风险权重低的房地产证券。②增加资产流动性,改善银行资产与负债结构失衡。商业银行住房抵押贷款存在"短存长贷"的风险,虽然住房抵押属于银行贷款中的优质资产,但随着住房抵押贷款规模的不断扩大,在房地产价格波动加剧的现实条件下,商业银行的信贷风险会不断增大。住房抵押贷款证券化有效解决了"短存长贷"的风险,为银行提供了调整和优化资产结构的机会,银行可以根据需要将信贷风险转移出去。③房地产证券化的产品收益良好且稳定,可为银行开辟新的盈利来源。

(三)房地产证券化有利于证券市场的完善和发展

证券市场是房地产证券化的基础与前提。反过来,房地产证券化又为证券市场的完善和发展带来新的机遇。房地产证券化对证券市场的推动作用体现在:①积聚中小投资者和机构的闲散资金,促进个人储蓄向房地产投资的转化,扩大了证券市场的规模和业务品种;

②房地产证券化为一般投资者提供了分享房地产开发与经营收益的机会，增加了许多新的投资工具，有利于资本流动和资源的合理配置，有力地推动了证券市场的完善和发展；③房地产证券化的发展使得参与各方得到锻炼，有利于促进证券市场的现代化和规范化发展。

（四）房地产证券化有利于房地产投资队伍的培育

房地产证券化为广大的中小投资者打开了投资房地产之门，扩大了中小投资者队伍的规模。房地产证券化为投资者提供了信用等级较高、流动性较强、盈利性较好的证券，可以满足不同投资实力、投资偏好和风险承受能力的投资者的不同需求；对于机构投资者而言，通过房地产证券化来进行房地产投资相对于以前的物权投资，其流动性大大提高，从而增强了投资的安全性，可以吸引更多的机构投资者队伍的加入。房地产投资队伍的不断壮大和成熟必将有力地促进房地产市场及证券市场的健康发展。

四、房地产融资证券化的主要形式

（一）房地产股票

房地产股票是房地产公司发行的、表示股东权益的凭证。股票不能提前赎回，但可在二级市场上流通转让。股东对公司所有权的占有主要体现在两个方面：一是拥有剩余索取权（Residual Claims），即股东可以索取公司对债务还本付息后的剩余收益（利润）；二是拥有剩余控制权（Residual Rights of Control），即股东对公司的控制表现为合同所规定的经理职责范围以外的决策权。此外，股东有权投票决定公司的重大经营事项。房地产股票的发行与流通同其他股票没有区别，都必须接受证券监管机构的审批与监管。

通过发行股票来筹集房地产开发资金不仅是房地产企业融资的主要来源，而且是其转换经营机制、提高管理效能的重要手段。我国房地产企业之所以能迅速扩大资产规模，实现企业质的飞跃，是与其利用证券市场融资分不开的。1995 年之前，我国房地产企业的上市相对较为容易，但是在 2002 年之后，房地产企业几乎无法通过上市来进行融资，这就导致我国房地产企业在发展的过程中积极通过借壳上市来进行股票融资。2008 年，IPO（首次公开募股）融资重新开闸后成为我国房地产业获得项目资金的有效途径，增发规模在 2008 年达到新高后逐渐回落。2009 年后增发申请停止受理，我国房地产企业基本难以通过股权融资的方式来获取相应的资金。2010—2012 年，在资本市场回暖以及房地产企业业绩预期大为好转的情况下，房地产上市公司数量有所增加。2013 年，受 A 股新股发行全面停滞的影响，融资规模缩水超两成，房地产业融资金额再创新低。2014 年至今，IPO 融资逐渐回暖，融资规模不断增大①。截止到 2015 年，在沪深两地上市的房地产企业达 137 家，在香港上市的房地产企业共 48 家②。

（二）房地产债券

房地产债券是房地产企业按照法定程序发行的、约定在一定期限还本付息的有价证券，属于公司债券范畴。债券与股票有很大不同，债券持有人不能参与企业的经营管理，但可以按约定条件向债券发行人取得利息和到期收回本金，未到期债券一般可以在证券市场进行转让。公司债券的种类很多，如按担保状况可分为信用债券、抵押债券、担保信托债券和设

---

① 沙振波，等. 我国房地产上市公司融资渠道研究[J]. 经济研究参考，2015(51)。

② 陈瑶. 我国房地产上市公司股权结构与绩效的实证研究[D]. 安徽大学硕士学位论文，2016 年 3 月。

备信托证；按利息偿还方式可分为固定利率债券、浮动利率债券、指数债券和零息票债券；按附加权利可分为可赎回债券、偿还基金债券、可转换债券和带认股权证的债券。

随着《公司债券发行试点办法》的颁布实施，我国公司债券市场发展逐步走上正轨，房地产企业也不断开拓债券融资渠道。2008 年 3 月 12 日，金地集团获批发行 12 亿元公司债券，成为《公司债券发行试点办法》实施后首家成功发行公司债券的上市公司；同年 5 月 21 日，保利地产的 43 亿元公司债券申请获得中国证监会的批准；2008 年 5 月 22 日，万科 A 宣布其规模达到 59 亿元的公司债券获证监会批准发行。2015 年 9 月 28 日，中国铁建房地产集团有限公司 2015 年公司债券（第一期）获准发行，共募集资金 30 亿元人民币，最终票面利率为 4.02%。可见，发行公司债券越来越成为房地产企业融资的重要途径。

（三）房地产信托

房地产信托是房地产业与信托业相结合的产物，当信托资金用于房地产开发，或以房地产为标的物进行财产信托时，就产生了房地产信托。因此，房地产信托是指房地产信托机构受委托人的委托，以自己名义代为管理或处分有关房地产及相关财产的信托行为。房地产信托投资机构可以通过吸引信托存款、发行受益凭证甚至发行股票或债券等方式筹措房地产经营资金。

20 世纪 60 年代以来，以美国为首的西方国家大力发展房地产投资信托基金（REITs）。REITs 属于房地产信托业务的一种形式，它既不同于一般房地产信托，又不同于房地产投资基金，而是两者的融合，具有面向中小投资者、税收优惠、专业化经营和投资组合管理等优点。美国 REITs 的具体做法是，成立专门的房地产投资信托基金公司，由该公司面向投资者发行受益凭证以募集资金，将所得资金委托一家房地产开发公司用于房地产开发、经营与管理，所获利润在扣除了一般房地产买卖费用及佣金后，由受益凭证持有人分享[①]。

我国近年来陆续推出了许多类似 REITs 的房地产资金集合信托计划，但尚未有真正意义上的 REITs 产品。我国发展 REITs 的最大障碍是产业投资基金类的法律制度不健全。因此，在相关法律出台之前，我国房地产企业为了解决资金问题，往往求助于境外 REITs 产品。

（四）房地产投资基金

投资基金是一种利益共享、风险共担的集合投资方式。投资基金将中小投资者的资金汇集之后，由具有专业知识的基金管理人员进行运作，投资收益在扣除基金管理费用后分配给投资者。它具有分散风险、专家经营、收益稳定和手续简便等特点，近年来逐渐成为普通百姓的一种主要的投资方式。房地产投资基金属于产业投资基金范畴，主要投资领域为房地产行业。房地产投资基金的投资方向有两个：一是投资于房地产证券资产如股票、债券等，获得股利分红或债券利息；二是投资于房地产实物资产，获得营业收入。

与证券投资基金比较，我国产业投资基金发展缓慢，房地产投资基金也不例外。目前我国房地产金融市场上较活跃的房地产投资基金有两类：一是采用投资公司形式设立并对其资产进行房地产股权组合投资的投资基金，如摩根士坦利房地产基金和精瑞基金等；另一类是从事房地产投资的信托基金，如北国投、重庆国投、中煤信托等，以集合资金信托计划募集

① 王洪卫.中国房地产证券化运行机制.上海：上海财经大学出版社，2005 年 11 月，第 113 页。

资金，主要投向房地产开发中的“过桥”贷款或指定房地产项目。房地产投资基金在促进房地产行业的发展、拓展中小投资者的投资渠道、完善房地产金融市场等方面具有重要意义。因此，应尽快健全相关法规体系，完善基金管理制度，促进我国房地产投资基金快速、健康、有序地发展。

第三节　住房抵押贷款证券化

住房抵押贷款证券是最早的资产证券化品种，住房抵押贷款证券市场是住房抵押贷款交易的二级市场。一级市场是住房抵押贷款发放的市场，一级市场是二级市场的基础，二级市场使银行等金融机构可以提前回收信贷资金并转移金融风险，反过来又促进了一级市场的健康发展。住房抵押贷款之所以能够证券化，主要有三方面原因：一是住房抵押贷款普及率高、规模大。只有基础资产具备一定的规模，资产证券化才能将管理成本降低到可以接受的水平。二是收益稳定。稳定的还款本息收入流适宜于证券的偿付。三是贷款的安全性较高。由于住房抵押贷款比较分散，抵押物价值较稳定，并且有一套严格的信用风险管理制度，因此住房抵押贷款违约率低，即便违约也能通过处分抵押物获得补偿。

一、住房抵押贷款证券化的含义

住房抵押贷款证券化（Mortgage-Backed Securitization，MBS）是指金融机构（主要是商业银行）把自己所持有的流动性较差但具有未来现金收入流的住房抵押贷款汇聚重组为抵押贷款组合，由证券化机构以现金方式购入，经过担保或信用增级后以证券的形式出售给投资者的融资过程。这一过程将原先不易变现的信贷资产转换成可以在市场上流通的证券。住房抵押贷款证券化以银行信用为基础，实现了直接融资与间接融资的高度融合，使房地产金融活动进入到一个更高级的阶段。

二、住房抵押贷款证券化的意义

（一）有利于拓宽商业银行的融资渠道

银行对住房抵押贷款证券化后，可以将这些证券在证券市场上出售给投资者，然后再将这部分变现资金用以发放新的住房抵押贷款，从而扩大银行的资金来源，进而增强银行的资产扩张能力。20 世纪 90 年代，美国每年住房抵押贷款的 60%以上是通过发行 MBS 债券来提供的。在我国，随着住房抵押贷款规模的扩大，证券市场的完善以及资产证券化技术的发展，住房抵押贷款证券化必将成为我国商业银行筹集长期性信贷资金的一条重要渠道。

（二）有利于提高商业银行的盈利能力

实行住房抵押贷款证券化，不仅可以扩大银行的资金来源，增强银行资产的流动性，而且可以为银行创造新的利润增长点：①银行对已证券化的住房抵押贷款仍可继续保留收回贷款本息、贷款账户记录、组织贷款抵押物拍卖以及其他相关贷款服务，并收取服务费；②银行也可以作为住房抵押贷款证券的承销商，为证券交易提供一系列服务，从中收取一定的手续费；③住房抵押贷款产生的现金流在支付证券本息及各项费用后，如有剩余，银行还有权参与对剩余现金流量的分配。可见，住房抵押贷款证券化可以扩宽银行的中间业务收入来源。

（三）有利于商业银行的风险管理

我国商业银行发放的住房抵押贷款的期限一般较长，最长期限达30年。而我国商业银行的负债基本上是企事业单位或居民个人存款，这些存款大多在5年期以下。单从房地产银行信用业务而言，其资产与负债的期限不匹配非常严重，增大了银行的运营风险。随着住房抵押贷款业务规模的不断扩大，这种“短存长贷”的结构性矛盾将日趋突出，并有可能使银行陷入流动性严重不足的困境。通过住房抵押贷款证券化，可将低流动性的贷款转化为高流动性的证券，在提高银行资产流动性的同时，还可以将集中在银行的房地产信贷风险转移、分散给不同偏好的投资者，从而降低银行的整体风险水平。

（四）有利于加强商业银行的资本管理

资本充足率是商业银行应对金融风险的第一道防线。而资本充足率偏低则一直是影响我国商业银行改革与发展的一个突出问题。将住房抵押贷款证券化，并将这部分信贷资产从银行的资产负债表中移出，可以相应减少银行的风险资产数量，从而提高银行的资本充足率，并相应提升银行的信用等级。因此，我国商业银行要加强资本充足率管理，提高资本充足率，除采取“分子对策”，即通过内源、外源两条渠道充实资本外，还可以采取“分母对策”，即通过信贷资产证券化来提高资本充足率，以充足的资本支持贷款规模的适度扩张，增强银行的风险承受能力。

（五）增加中央银行宏观金融调控的手段

中央银行通过在公开市场上买卖有价证券可以调节货币供应量，除政府债券、国库券外，住房抵押贷款证券作为一种流动性强、收益率高的优质债券，也可以成为中央银行买卖的对象。随着我国证券市场的完善和住房抵押贷款二级市场的扩大，中央银行在金融市场买卖住房抵押贷款债券的规模也会扩大，从而可以在广度、深度上对商业银行的流动性进行适时调节，以达到宏观经济目标。

（六）有利于完善住房金融体系

首先，住房抵押贷款证券化造就了住房抵押贷款二级市场，进一步完善了住房金融体系，使一级市场与二级市场形成了相互促进的联动机制。其次，住房抵押贷款证券化促进了住房金融市场的发展与完善。一方面，实行住房抵押贷款证券化，可以为广大投资者提供投资风险小、现金收入稳定的新型投资品种和融资工具，促进储蓄向投资的转化；另一方面，由于住房抵押贷款证券化是一项系统工程，涉及银行、特设机构（SPV）、信用评级机构、信用增级机构、证券公司、资产管理公司以及机构和个人投资者诸多方面，其成功运用不仅要有以上众多参与主体的协调配合，而且要有相应的政策环境和法规体系。因此，实行住房抵押贷款证券化有利于推动我国住房金融市场的健康发展。最后，住房抵押贷款证券化将金融风险和收益在全社会范围内进行重新配置，在满足具有不同风险偏好的投资者对金融投资多样化需求的同时，也创造了分散和转移风险的机制，进而增强了整个住房金融体系的安全性。

三、住房抵押贷款证券化的运作机理

从各国住房抵押贷款证券化的具体实践来看，尽管证券化形式或过程千差万别，但从本质上可以归纳出两种证券化运作模式，即表内模式和表外模式。表内模式是指作为证券化基础资产的住房抵押贷款保留在证券化发起人的资产负债表内，证券化发起人拥有这部分资产的所有权，而不用出售给证券化特殊目的机构(Special Purpose Vehicle，SPV)，其实质是商业银行以住房抵押贷款为担保来发行证券。表外模式是指证券发起人将住房抵押贷款“真实出售”给 SPV，从而将这部分信贷资产移出其资产负债表。SPV 理所当然地成为这笔信贷资产的所有者，并以此为基础发行抵押贷款支持证券。区分这两种模式的关键在于住房贷款被证券化后是否依然保留在银行的资产负债表内以及是否存在 SPV 机构。下面将以表外模式为例，说明住房抵押贷款证券化的基本运作过程。

住房抵押贷款证券化的主要参与者包括发起人、服务人、发行人、证券公司、信用评级机构、信用增级机构、受托管理人和投资者。发起人即原始权益人，是指选择拟证券化的住房抵押贷款组合准备出售或以其为担保发行证券的机构；服务人是指提供收取贷款本息、贷款组合月度或年度报告，披露与基础资产相关的基本信息等服务的机构，一般为证券发起人或其附属公司；发行人又叫特殊目的机构，是指以购买发起人的基础资产为基础发行住房抵押贷款支持证券的机构；证券公司或投资银行是指包销或代销住房抵押贷款支持证券并提供一系列相关服务的机构；信用评级机构是指对住房抵押贷款支持证券进行信用评级的机构；信用增级机构是指为提高证券收益、降低证券风险服务的机构；受托管理人是负责管理住房抵押贷款证券化基础资产的现金流，进行证券登记及向投资者支付证券本息等方面工作的机构；投资者包括购买抵押支持证券的机构投资者及个人投资者。住房抵押贷款证券化的基本运作流程见图 9-1，下面对证券化过程作简单介绍。

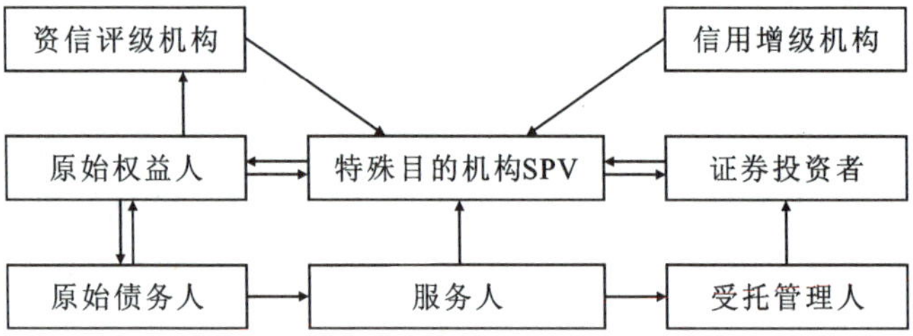

图 9-1　住房抵押贷款证券化运作流程

（资料来源：邓宏乾．房地产金融．上海：复旦大学出版社，2006 年 12 月，第 186 页）

(一)原始资产的形成

商业银行(原始权益人)以所购住房为抵押向购房者(原始债务人)发放住房按揭贷款，购房者按照贷款合同约定按期偿还贷款本息。住房抵押贷款到期之前，银行拥有住房的抵押权，而该抵押贷款则可以成为证券化的原始资产。

(二)组建资产池

发起人(原始权益人)首先要根据自身的融资要求确定其证券化的目标；然后对能够证券化的抵押贷款原始资产进行清理、估算，根据证券化的目标确定资产数；最后将这些资产汇集组建资产池(Asset Pool)。选择原始资产进入资产池的基本标准是：该资产可以产生稳定的、可预测的现金流收入；原始权益人持有该资产已有一段时间，信用表现记录良好；资产具有标准化的合约文件，即资产具有很高的同质性；资产抵押物的变现价值较高；原始债务人的地域和人口统计分布广泛；资产的历史记录良好，即违约率和损失率较低；资产的相关数据容易获得。为实现证券化的规模效益，资产池中的资产应该达到一定的规模。

(三)发起人向 SPV 出售资产

成立(SPV)是住房抵押贷款证券化的关键，其目的是确保证券化的风险和收益同证券化发起人自身的资信相隔离，提高证券的信用等级，以吸引更多的投资者。SPV的作用主要是：①按照法律上“真实出售”的条件从发起人处购买基础资产；②对住房抵押贷款证券化产品进行信用增级；③聘请信用评级机构对信用增级后的证券进行信用评级；④选择证券化的服务人、受托人等中介机构；⑤选择承销商，承销抵押支持证券；⑥委托服务人从原始债务人处收取抵押贷款本息；⑦委托受托银行（受托管理人）向证券持有人按约定方式进行偿付。SPV可以因抵押支持证券到期而解散；或是不受资产池期限的限制，永续存在。

（四）信用增级

在进行信用评级之前，SPV要聘请信用评级机构对所设计的证券进行考核，以确定为了达到发行人所希望的目标而需要进行信用增级的程度。信用增级主要采取内部信用增级和外部信用增级两种形式。内部信用增级一般由住房抵押贷款证券化的发起人实施，增级方式包括直接追索权、超额担保及设计优先/次级结构等。直接追索权是指发起人承诺在贷款违约时支付债券本息；超额担保是指证券发起人并未获得全部抵押贷款出售的资金，剩余的资金将首先用来承担贷款损失；优先/次级结构是指把证券按风险分为优级和次级，次级证券的利率高于优级证券的利率，购买次级证券的投资者没有任何评级要求，信用增级来自于他花钱购买特别机构的次级证券，为保证优先证券的偿付提供了补充手段。外部信用增级由独立于发起人的第三方实施。第三方提供的信用增级又分为全部或部分两种形式，具体通过抵押贷款发放银行之外的其他银行提供担保或开立信用证来实现。

（五）信用评级

在信用增级之后，SPV再次聘请信用评级机构对将要发行的证券进行正式的发行评级，并且向投资者公布最终评级结果。由于抵押支持证券的基础是证券化的基础资产，因而信用评级的依据是基础资产本身的质量而非发起人的信用。抵押贷款支持证券经过信用增级之后，其信用级别往往高于发起人的信用级别。证券定级后，评级机构还会根据经济金融形势、资产价值变动、违约履约率等情况对评级结果进行调整。

（六）发行证券

信用评级之后，证券化发起人将选择证券承销商，采取公募或私募的方式发行证券。由于抵押支持证券一般盈利性和安全性均较高，因而主要的购买者是保险公司、养老基金等注重稳健投资的机构投资者。

（七）向发起人支付基础资产的价款

证券出售之后，SPV从证券承销商那里获得发行证券的收入，然后按事先约定的价格向发起人支付购买基础资产（住房抵押贷款）的价款，同时要向为证券化服务的专业机构支付相关费用。

（八）资产管理与回收资产收益

服务人负责对资产池进行管理，主要职责是收取、记录资产池产生的现金流，并且把全部收入存入SPV事先指定的受托银行。受托银行按约定建立积累金账户，以便按时向投资者偿付本金和利息。

（九）证券清偿

在抵押支持证券的本息偿付日，SPV将委托银行按时足额地向投资者偿付本息。当证券本息全部被偿付完毕后，如果资产池产生的收入还有剩余，则这些剩余将按协议规定在证券发起人和发行人之间进行分配。至此，住房抵押贷款的证券化过程宣告结束。

虽然证券化表内模式与表外模式有所不同,但除了没有设立 SPV 之外,其基本流程大致相同。

四、住房抵押贷款证券化的风险控制

在金融市场上,风险与收益是并存的。住房抵押贷款证券化虽然能给市场主体带来各种各样的利益与好处,但如果操作不当或防控不严也会面临各种各样的风险。本书简单介绍证券化过程中常见的和特定的风险,而对金融市场一般性风险如汇率风险、流动性风险等不作讨论。

(一)资产质量风险及其控制

资产质量风险是指用于证券化的抵押贷款质量较差导致管理成本上升和信用风险增加而给证券化参与各方带来损失的可能性。住房抵押贷款支持证券的收益归根结底来自原始资产的收益。原始资产包括住房抵押贷款及其抵押物(房地产),如果抵押贷款违约率高或者房地产价值急剧下降,都会直接影响到证券化产品到期清偿问题。

为了防止资产质量风险,可以采取以下防控措施:①对贷款组合的逾期贷款率进行估计,并通过计提贷款坏账准备金对呆账、坏账进行冲销。②通过增加第三方担保或者购买房地产抵押贷款保险的方式提高证券化产品的信用等级。③SPV 在购买贷款时应在协议中制定一些保障条款,比如设置贷款对住房价值比率(抵押率)的最大值;要求银行对贷款质量进行担保,一旦出现违约,SPV 对银行有追索权;要求商业银行提供详细的财务文件,加强对客户的资信调查和定期评估。④监管机构应完善个人信用征信系统,为证券发起人与发行人提供全面的个人信用记录,从而提高住房抵押贷款的发放质量。

(二)利率风险及其控制

利率风险是指利率变化给抵押支持证券发行人或证券持有者带来损失的可能性。对发行人而言,利率风险表现在,当利率上升时,债券价格会下降,从而影响发行人的筹资规模;当利率下降时,则使发行人的利息收入减少。对证券投资者而言,利率风险表现在,利率变动引致证券价格变动,从而影响投资者的投资回报。此外,利率变化也是产生住房抵押贷款提前偿付行为的重要原因。

目前对于证券化中的利率风险没有很好的防范措施,随着金融衍生工具技术的不断发展,证券发行人可以利用金融衍生产品来冲销利率风险,这些产品包括远期利率协议、利率期货合约、利率期权合约及利率互换等,但这些金融工具的使用都存在一定的代价。

(三)资产打包风险及其控制

资产打包风险是指商业银行住房抵押贷款的发放标准不同从而很难将信誉高、风险小的信贷资产划分成利率、期限和种类趋同的若干群组而带来的风险。如果各家商业银行对抵押贷款的划分标准不统一,划分层次清晰,将会造成证券化产品的定价困难并导致按揭贷款证券公司收入流与债务流的不匹配。

为控制资产打包风险,应尽快实现房地产抵押贷款合约的标准化,确保各商业银行贷款条件的统一性。为此,监管部门应出台相应法规对住房抵押贷款发放进行规范,可借鉴国外经验对不同收入居民的住房贷款金额、利率、期限等给予明确界定,实现住房抵押贷款的标准化打包和计量。

(四)提前偿付风险及其控制

提前偿付风险是指原始债务人提前偿还住房抵押贷款从而打乱证券化原有计划而带来的风险。提前偿付行为发生之后，由于原始债务人提前偿还住房抵押贷款，导致抵押贷款平均持有期限缩短，贷款余额加速下降，从而降低发行人的利息收入。此外，提前偿付行为的发生会增加预测基础资产现金流的难度，进而影响抵押贷款支持证券的定价，提高证券发行风险。提前偿付行为的发生主要源于经济环境与个人经济状况的动态变化，因此很难进行预测，同时也很难完全消除提前偿付风险。

防范提前偿付风险的一般做法有两种：一是将证券设计成可以提前兑现的形式，将风险转移给投资者，但投资者会要求更高的利息补偿；二是证券利息支付采用浮动利率形式，这会给抵押贷款证券的定价带来困难。这两种方法都有其弊端。

为更好地避免提前偿付风险，可以采取以下防控措施：①SPV 与银行在购买贷款协议中约定，一旦发生提前偿付行为，银行必须提供相同条件的贷款卖给 SPV；②SPV 如果用提前还款进行投资，应限定投资范围为收益稳定、风险较小的金融产品；③SPV 可以利用提前还款以证券回购方式来解决抵押支持证券偿付的期限不匹配的问题；④通过金融创新增加住房抵押贷款证券化品种以防范提前偿付风险。开发新的证券化产品，如转手抵押贷款证券、担保抵押债券、本金与利息切块抵押贷款证券等，将提前偿付风险部分地转嫁出去。或者发行具有不同到期日的“一揽子贷款支持证券”，使短期证券的持有者可以避免大量提前偿付风险，而长期证券的持有者则可以获得更高的收益以抵补提前偿付风险。

本章小结

房地产证券化是资产证券化在房地产领域的具体运用，它是以房地产为对象，以房地产或与房地产有关的债权作担保，发行股票、债券、单位信托或其他受益凭证，直接从证券市场筹集资金的一种资金融通方式。房地产证券化有两种基本形式：一是房地产本身或所有权证券化(权益型)，二是房地产抵押权的证券化(抵押权型)。房地产证券化有助于房地产行业的快速发展，有助于商业银行优化资产结构，有助于证券市场的进一步完善，也为广大中小投资者开辟了一条新的投资渠道。住房抵押贷款证券化属于抵押权型房地产证券化，主要参与者包括发起人、服务人、发行人、证券公司、信用评级机构、信用增级机构、受托管理人和投资者。这些参与主体分工协作以共同实现抵押贷款收益与风险的重新配置，为证券市场提供各种各样的房地产证券化产品，满足不同投资者的多样化金融需求。住房抵押贷款证券化的常见风险主要包括资产质量风险、资产打包风险、利率风险和提前偿付风险。

关键概念

证券 Securities　资产证券化 Asset-Backed Securitization，ABS

住房抵押贷款证券化 Mortgage-Backed Securitization，MBS

特殊目的机构 Special Purpose Vehicle，SPV

房地产投资信托 Real Estate Investment Trusts，REITs

课堂讨论

美国次贷危机(Subprime Crisis)又称次级房贷危机，也译为次债危机。它是指一场发生在美国，因次级抵押贷款机构破产、投资基金被迫关闭、股市剧烈震荡引起的金融风暴。它致使全球主要金融市场出现流动性不足危机。美国次贷危机是从2006年春季开始逐步显现的，2007年8月开始席卷美国、欧盟和日本等世界主要金融市场，最终导致全球性金融动荡与经济萧条。请准备材料分组讨论以下问题：

1. 美国次贷危机产生的原因是什么？

2. 美国次贷危机与住房抵押贷款证券化密切相关，我国还要不要大力发展住房抵押贷款证券化？

3. 我国房地产证券化的现状、问题及对策如何？

讨论目的：培养学生综合分析和解决问题的能力。

讨论方式：让学生先收集和整理材料，提出自己的观点，然后进行分组讨论，教师作最后总结。

思考与练习

一、填空题

1. 广义的有价证券包括________、________和________。狭义的有价证券即指________。

2. 按证券所代表权利的性质，可将证券分为________、________和其他证券三大类。

3. 我国的两家证券交易所分别为1990年12月成立的________证券交易所和1991年7月成立的________证券交易所。

4. 住房抵押贷款证券是最早的________证券化品种，也是住房抵押贷款交易的________市场。

5. 住房抵押贷款到期之前，________拥有住房的抵押权，而该抵押贷款则可以成为证券化的________。

二、单项选择题

1. 资产证券化源于20世纪70年代美国的(　　)。

A. 证券抵押债券　B. 住房抵押证券　C. 设备抵押债券　D. 商业抵押证券

2. 我国目前的证券投资基金主要是(　　)。

A. 公司型基金　B. 契约型基金　C. 单位信托基金　D. 对冲基金

3. (　　)是房地产企业按照法定程序发行的、约定在一定期限还本付息的有价证券。

A. 房地产股票　B. 房地产信托　C. 房地产债券　D. 房地产抵押债券

4. 我国证券发行市场的恢复与起步是从1981年国家发行(　　)开始的。

A. 金融债券　B. 公司债券　C. 国际债券　D. 国库券

5. 我国商业银行发放的住房抵押贷款期限一般较长，最长期限达(　　)年。

A. 10　B. 20　C. 30　D. 70

三、多项选择题

1. 按证券发行主体的不同，有价证券可分为(　　)。

A. 政府证券　　B. 金融证券　　C. 商品证券　　D. 公司证券

2. 按品种结构分，证券市场主要包括(　　)等类型。

A. 股票市场　　B. 债券市场　　C. 基金市场　　D. 衍生品市场

3. 投资基金作为一种投资方式具有(　　)等特点。

A. 风险分散　　B. 专家经营　　C. 收益稳定　　D. 手续简便

4. 住房抵押贷款之所以能够证券化，其主要原因在于(　　)。

A. 住房抵押贷款普及率高、规模大　　B. 收益稳定

C. 贷款的安全性较高　　D. 信用贷款占比较高

5. 住房抵押贷款证券化的常见风险主要有(　　)。

A. 资产质量风险　　B. 资产打包风险　　C. 利率风险　　D. 提前偿付风险

四、简答题

1. 证券市场的主要参与者有哪些？
2. 简述证券市场与房地产证券化的关系。
3. 房地产融资证券化的主要作用是什么？
4. 房地产融资证券化的主要形式有哪些？
5. 简述住房抵押贷款证券化的意义。
6. 简述住房抵押贷款证券化的主要运作流程。

五、论述题

如何防控住房抵押贷款证券化的常见风险？

实践与训练

实训项目：图 9-2 为美国住房抵押贷款证券化运作模式图，请根据所学知识写出每一步骤的具体内容。

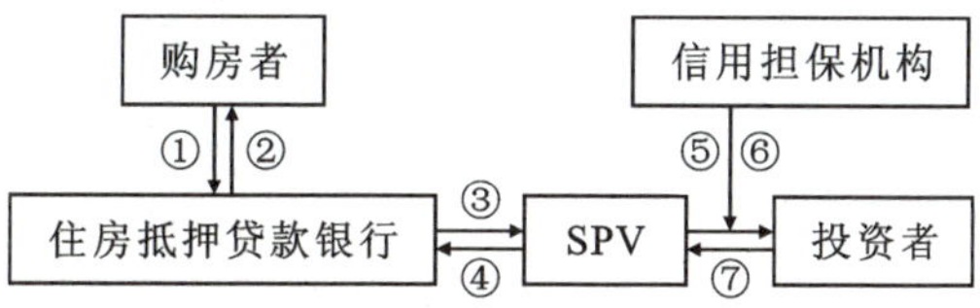

图 9-2　美国住房抵押贷款证券化运作模式

实训目的：熟悉美国住房抵押贷款证券化运作模式。

实训步骤：同学分组(3～5 人一组)，查阅相关资料，讨论完成。

案例分析

首个住房公积金贷款资产证券化产品成功发行

近日，国内首单以个人住房公积金贷款为基础资产的资产支持证券——“汇富武汉住房

公积金贷款 1 号资产支持专项计划”成功发行，将在上海证券交易所上市交易，这标志着万亿级的公积金贷款存量资产迎来盘活的良机。

据业内人士称，此专项计划由武汉公积金中心为缓解当前流动性不足风险而发起的，由中国民生银行及东方花旗证券联手打造，以武汉公积金中心为原始权益人，民生银行为托管银行和资产服务机构，民生加银资产管理有限公司为计划管理人，东方花旗证券为财务顾问和主承销商，北京大成律师事务所和上海新世纪资信评估投资股份有限公司为本专项计划提供法律和评级服务。此期证券发行规模为 5 亿元，其中优先级证券为 4.75 亿元，次级证券为 0.25 亿元，优先级证券将在上海证券交易所挂牌交易。

上海证券交易所相关人士表示，此专项计划的整体方案设计非常新颖，安全的基础资产、巧妙的交易结构以及各方中介机构专业的执行能力，使得创新基础资产论证过程十分顺畅。此外，该人士还表示，上交所历来高度重视资产证券化业务发展，自去年 12 月实行备案制以来，一方面继续深耕成熟基础资产类型项目，另一方面特别重视对创新基础资产类型项目的研究与推进。此专项计划对应的个人住房公积金贷款市场容量巨大，此类资产将有望成为交易所证券化产品的重要组成部分之一，上交所也表示愿与市场同仁一起推进此类资产证券化业务的发展与壮大。

就资产特点而言，个人住房公积金贷款具有收益稳、风险小、信用好、小额分散的特点，是理想化的证券化资产类型；但贷款期限偏长，贷款利率偏低和地区集中度高的特点也在一定程度上制约了其证券化的实操性。此专项计划巧妙地引入“优先/次级”、“超额抵押”等安排，从而突破了长久以来个人公积金贷款在证券化实务操作上的壁垒，优先级证券获得了评级机构出具的 AAA 级评级。

据武汉公积金中心有关人士透露，此次以资产证券化方式向资本市场进行直接融资，上海证券交易所专家给予了专业指导。此次证券化融资的落地，将有效拓展住房公积金中心的融资渠道，提高公积金的使用效率。此次融资的资金将全部用于支持武汉地区缴存职工的刚性基本住房贷款需求，充分彰显了住房公积金在“惠民生、稳增长、调结构、促消费”上的正能量。

有资深投资人士指出，以个人住房公积金贷款为基础资产的资产支持证券，资产质量安全，证券评级高，收益率较银行发行的 RMBS 高，可作为保险资金、社保基金等稳健型投资人参与投资证券化品种的可选配置之一。

（资料来源：上海证券报，2015-07-08）

思考题：

结合所学知识分析以下问题：

1. 推进住房公积金贷款资产证券化的意义是什么？
2. 住房公积金资产证券化产品的特点是什么？

第十章　国家房地产金融调控

学习目标

1. 了解我国房地产金融调控的实践。
2. 理解房地产金融调控的含义及作用。
3. 掌握房地产金融调控的主要工具及影响机制。

社会主义市场经济体制就是“要使市场在社会主义国家宏观调控下对资源配置起基础性作用”。但由于市场有其自身的弱点和消极的一面，特别是我国市场经济体制还不完善，政府对经济的宏观调控不能或缺。房地产市场是在改革开放之后逐步建立起来的，它在改善人们住房需求、提高生活质量、合理配置相关资源等方面发挥了重要作用。房地产业关系国计民生，其发展失衡可能引发社会矛盾，再加上我国的房地产市场还处于初级阶段，因此，政府的调控也显得尤为重要。

【资料 10-1】

房地产业的周期性

西方经济学认为，经济在运行过程中存在着扩张和收缩的交替，从而呈现出周期性的波动。房地产业作为国民经济的基础性产业，既是一个国家经济增长发展的催化剂，又是经济变化的晴雨表，对宏观经济发展趋势十分敏感。它的发展也具有一定的周期性。这种周期性受到整个社会经济发展所具有的周期性的制约。对我国经济发展以及改革开放的房地产业发展周期性研究表明，平均周期为 5～6 年①。但由于我国幅员辽阔，沿海与内地、南方与北方受地理、资源、技术、政策等因素的影响，房地产业发展的快慢和周期性也呈现出不同的态势。目前我国的房地产业总体上还处于一个初级阶段，市场不健全，缺乏有效的自我调节机制，为推动房地产业的持续、快速、健康发展，减少其周期性波动的幅度，避免出现发展中的“大起大落”，需要政府从宏观角度对房地产业进行干预和调控管理，使其与全国的经济环境和经济发展相适应、相协调。

【资料 10-2】

房地产泡沫

房产既能居住，又能用来投资，这两种需求的增加都会推动房价上涨。这种上涨有真实购买力作保障，上涨的程度取决于微观主体过去的财富积累、当前的收入水平和未来的收入预期。但过去的财富毕竟是有限的，随着房价的不断攀升，实际支付能力逐渐释放殆尽，当房价

---

① 包亚钧，汪洪涛. 房地产经济论. 上海：同济大学出版社，1998 年 6 月，第 277 页。

超过市场基本面决定的实际支付能力时，房地产泡沫也就形成了。“房地产泡沫”是以房地产为载体的泡沫经济，它是指由于房地产投机引起的房地产市场价格与使用价值严重背离，脱离了实际使用者的支撑能力而继续上涨的过程及状态。按照国际惯例，房价与收入之比在3～6之间为合理区间，超过6倍就可视为泡沫区。如考虑住房贷款因素，住房消费占居民收入的比重应低于30%。我国一线城市的房地产市场在同样的计算中已经明显出现泡沫。2014年，剔除可售型保障性住房后，全国35个大中城市房价与收入之比的均值为10.6，其中深圳、北京、上海、福州、厦门5个城市遥遥领先，深圳高达21.7，超越北京跃居首位。

【资料10-3】

国家宏观调控

宏观调控(Macro-economic Control)亦称国家干预，是政府对国民经济的总体管理，是一个国家政府特别是中央政府的经济职能。它是国家在经济运行中为了促进市场发育、规范市场运行，对社会经济总体的调节与控制。宏观调控的过程是国家依据市场经济的一系列规律，实现定观(总量)平衡，保持经济持续、稳定、协调增长，而对货币收支总量、财政收支总量、外汇收支总量和主要物资供求的调节与控制；运用调节手段和调节机制，实现资源的优化配置，为微观经济运行提供良性的宏观环境，使市场经济得到正常运行和均衡发展的过程。

政府的宏观调控主要表现为：国家利用经济政策、经济法规、计划指导和必要的行政管理，对市场经济的有效运作发挥调控作用。

宏观调控是随着凯恩斯主义经济学的兴起而逐步为世界各经济体的管理者所采用的。在此之前，人们普遍信奉的是经济自由主义，认为完全竞争的市场机制能够调节一切社会经济活动，政府充当的只是“守夜人”的角色。“凯恩斯革命”否定了这一理论，政府也从“守夜人”的角色变成了“积极的干预者”。随着经济学的不断发展，对宏观调控进行指导的经济理论不断丰富，可供利用的政策和手段也不断增多。

房地产金融调控，就是政府通过各种金融手段对房地产业的经济运行进行宏观调节和控制的经济行为。政府调控房地产行业，可以采用经济、法律、行政等各种手段，利用金融手段进行宏观调控实际上是将房地产市场的实物供求调控转化为资金的需求供给调控。对于金融手段有两种理解：一种是广义上的理解，它主要是国家调控宏观经济的一种方式，是所有货币体系的总称，由金融工具、操作目标、中介目标和终极目标等几个要素构成。另一种是狭义的理解，主要是指金融工具，本章正是在此基础上展开进一步的分析。

第一节　房地产金融调控的基本手段

利率和信贷控制是房地产金融调控的主要工具。在国际化的市场环境下，汇率政策对于房地产市场的运行情况也有着极大的影响。其中，利率和汇率属于一般性的金融工具，对整个金融系统的货币信用产生扩张或收缩的作用，通过调控资金的价格从而间接调节货币的供求量。信贷控制可以作为特殊性金融工具，直接用以调节房地产资金数量。

一、利率调控对房地产价格的影响机制分析

(一)利率变动对房地产供给的影响

房地产业具有“第二金融”的美称,在强有力的金融支持下才能健康发展,尤其在以银行为主要融资渠道的国家表现得更为明显。就我国目前的现状来看,房地产开发资金中约65%是依赖于银行体系的。我国房地产业发展所需资金大部分是从银行取得的,利率的波动对其影响非常大。根据凯恩斯的理论,投资由利率和资本边际效率决定,投资与利率呈反方向变动关系,与资本边际效率呈正方向变动关系。资本边际效率由预期收益和资本资产的供给价格或者说重置成本决定。贷款利率的上升增加了开发商的融资成本,这相当于投资利润的减少。增加的利息额无论是房地产开发商自己承担还是向消费者转移,都会抑制房地产投资。对房地产开发商而言,利率上升,资本的供给价格上涨,资本边际效率下降,原来一些利润丰厚的开发项目也会变得无利或微利,开发商会停止对无利可图的项目的开发,从而减少房地产市场的供给。部分开发商甚至退出该行业。在需求不变的情况下,房产价格出现上涨。如果开发商拒绝为新增成本“埋单”,将新增的利息成本与风险转移给购房者,并通过提高房地产价格转移新增利息成本,进而弥补贷款利率上升造成的利润损失,在这种情形下,房地产价格也会持续上涨。

(二)利率变动对房地产需求的影响

房地产属于大件消费,价格较高,占人们支出比例较大,大多数消费者缺乏一次性付款购买的能力,而多采用住房抵押贷款的方式进行购买。贷款利率的下调,使消费者通过房地产按揭来满足自己用房需求成本的降低,从而使一部分贷款进入房地产市场,进而导致房地产市场需求的购买力增加。贷款利率的增加意味着购房贷款成本的增加,这将挤出部分购房需求。与此同时,利率的下调使人们通过存款方式获得利息的回报率有所降低,于是,人们将重新评估包括房地产在内的其他投资领域,从而使得一部分存款直接分流进入房地产市场。因此,利率下调可导致从存款转化而来的购买力增加和贷款转化而来的购买力增加。如果供给不变的话,就会造成房产市场均衡价格上升,加剧房地产市场升温。货币政策影响房地产价格的利率途径可以表述为:如果利率下调,一方面,消费者的还款额度减少,购买住房的成本变小,潜在的消费者就会进入房地产市场;另一方面,利率下降使得房产作为投资手段的收益增加,从而产生对投资房产的需求,两种需求的共同增加导致房地产价格的上升,即

$$\text{利率下降}\rightarrow\left\{\begin{array}{l}\text{住房贷款成本减少}\\\text{投资地产收益增加}\end{array}\right.\rightarrow\text{房地产需求增加}\rightarrow\text{房地产价格上升}$$

反之,如果利率提高,一方面,消费者的还款额度增加,购买住房的成本变大,一部分消费者退出房地产市场;另一方面,利率提高使得存款有利可图,房产投资的需求减少,两种需求减少的共同作用带来房地产价格的降低,即

$$\text{利率提高}\rightarrow\left\{\begin{array}{l}\text{住房贷款成本增加}\\\text{投资地产收益减少}\end{array}\right.\rightarrow\text{房地产需求减少}\rightarrow\text{房地产价格下降}$$

二、信贷控制对房地产价格的影响机制分析

信贷政策是中央银行按照国家产业政策的要求制定的,运用手段和措施对金融机构的

贷款增量、贷款投向及贷款质量进行适当引导、调控和监督的政策。在二级银行体制下，中央银行一般通过运用公开市场操作、再贴现、再贷款和法定存款准备金、窗口指导等货币政策直接对房地产开发、投资以及消费过程中所涉及的房地产开发信贷、个人消费信贷等进行控制，通过信贷资源的配给来影响相关主体信贷资源的可获得性，进而影响到房地产市场的供求关系。具体来看，如果中央银行采取扩张性货币政策，如买入有价证券、增加再贷款、降低再贴现率和法定存款准备金率等货币政策来增加货币供应量，商业银行的准备金和存款增加，其发放贷款的能力提高，银行会放松贷款条件，增加房地产信贷额度，住房贷款随之增加，从而扩大了房地产的有效需求，导致房地产价格上升。房价的上升同时提升了银行信贷的质量，促使银行减少储备，进一步增加信贷数量，从而出现货币供应量增加→银行贷款增加→住房贷款增加→房地产需求增加→房地产价格上升→银行信贷增加这样一种螺旋式上升结果。反之，如果中央银行采取紧缩性货币政策，如卖出有价证券、减少再贷款、提高再贴现率和存款准备金率，以减少货币供应量，从而减少了银行可以发放的贷款，住房贷款被削减，直接减少了房地产的有效需求，导致房价下跌。当房地产行业步入下降通道时，用于发放房地产信贷的抵押品价格大幅下降，而信贷的需求者会由于经济条件的改变而产生违约的可能，致使银行资产质量下降。为了应对不利局面，监管者可能执行更为严格的监管措施以缩减房地产信贷的投放，致使房价进一步下降，即出现货币供应量减少→银行贷款减少→住房贷款减少→房地产需求减少→房地产价格下跌→银行信贷减少→房地产价格下跌。

三、汇率调控对房地产价格的影响机制分析

自 2005 年 7 月 21 日起，中国开始实行以市场供求为基础、参考一篮子货币进行调节、有管理的浮动汇率制度。人民币汇率不再单一盯着美元，而是形成更富弹性的人民币汇率机制。汇率制度改革有助于减轻中央银行为保持汇率稳定而投放基础货币的压力，有利于提高货币政策的独立性，提高金融调控的主动性和有效性，并为金融宏观调控创造一个宽松、和谐的经济、社会环境。浮动汇率制下，人民币对美元汇率摆脱了长期在 8.27 附近的徘徊，开始了持续的升值旅程。人民币的重新估值增强了国内外市场对人民币升值的预期，在此影响下，大量短期投机性资金将涌入我国，迅速向获利性好的产业转移，而房地产市场无疑将成为这些资金的集中场所。外资进入中国房地产市场，不仅可以分享到人民币资产的升值利润，而且能够从房地产价格上涨中获得资本利得的投资收益。特别是我国放松了外资进入房地产市场的限制后，大量国外资金会通过各种渠道涌入我国的房地产市场，加大了对房产的需求预期，使房产的需求曲线向外移动，导致房地产价格迅速上升。有关资料表明，在房价上涨 5%、人民币升值 5%的情况下，国外投资者的投资收益率提高到 10.3%；在房价上涨 15%、人民币升值 5%的情况下，国外投资者的投资收益率提高到 20.8%；当房价上涨 15%、人民币升值 15%时，国外投资者的收益率提高到 32.3%①。甚至可以说，国内不断上涨的房地产市场成了外资的“提款机”。如果人民币继续升值或者保持升值的良好预期，按照资本逐利的本性，大量“热钱”将会进入中国房地产市场，推动我国房地产价格的上涨。汇率影响房地产价格的途径可以表述为：如果汇率提高，即汇率提高→人民币币值上升→房地产需求增加→房地产价格上涨；反之，如果汇率降低，即汇率降低→人民币币值下降

---

① 当前房地产背后的三重博弈. http://finance.sina.com.cn/chanjing/b/20050615/07291684336.shtml.

→房地产需求减少→房地产价格下跌，汇率与房地产价格呈正向关系。随着我国汇率制度的完善，保持汇率稳定将有利于房地产价格的稳定。

第二节　我国房地产金融调控的实践

一、新中国成立以来我国房地产金融调控政策简要回顾

我国房地产业的发展只有 30 多年的历程。新中国成立以来，中国的城市住房一直以公有制为主，在 1980 年以前，私有或公有住房交易几乎不存在。公有住房建设资金基本上由国家财政拨款，将这些款项分配给地方政府和企业，用于建造城市出租住房单元，然后由企业和政府机构以低租金(每平方米月租金 0.1 元左右)分配给职工居住。这一阶段没有房地产市场，更谈不上房地产金融的存在，政府也无法利用金融手段调控房地产市场。

改革开放以来，随着我国经济建设的发展，房地产业才逐步发展起来。20 世纪 80 年代是房地产业经济的起步期，各种相关法律、行政法规相继出台，为房地产市场开拓提供了法律政策的依据。1984 年，根据国务院的有关规定，建设银行从建筑业流动资金贷款中单独列出一块支持城市综合开发和商品房专项贷款。1984 年，建设银行累计发放商品房贷款 17.6 亿元。但当时信贷规模很小，且只限于开发贷款。

第一次高速发展期发生在 20 世纪 90 年代初。1991 年，国务院先后批复了 24 个省、自治区、直辖市的房改总体方案，从而房改开始在全国范围内全面推行。1992 年以后，房地产开始成为我国经济发展的一大热点。整个房地产市场出现迅速发展、急剧升温态势。房地产金融在为房地产投资开发提供资金支持的同时，对这一时期的房地产过热，甚至部分地区产生房地产泡沫的现象起到了推波助澜的作用。为此，政府在 1993 年下半年开始采取宏观调控措施，规范房地产市场。国务院于 1993 年 8 月 16 日批转了当时的国家计委《关于加强固定资产投资宏观调控具体措施》的通知，这是国家首次利用包括金融工具在内的手段对房地产市场进行调控，即我国第一次真正意义上的房地产金融宏观调控。这次调控制定了“治理经济环境、整顿金融秩序”的方针对国民经济进行宏观调控，其中房地产行业又是调控的重点。政府的直接干预收到了明显效果，房地产市场明显紧缩，投资增速显著放慢，房地产价格渐趋稳定。

在政府的宏观调控下，房地产市场经过低迷、消化吸纳期后，又进入复苏升温阶段。1998 年 7 月 3 日，国务院发出《国务院关于进一步深化城镇住房制度改革加快住房建设的通知》，取消实物分房，推行住宅商品化。金融对房地产业的支持，由过去单纯的企业开发贷款支持转变为对开发投资和房屋销售两方面的支持，成为房地产业发展的最大动力。房地产业的快速发展也带来了一些问题，从 1998 年房改之后到 2004 年，国内多数地区出现了房地产投资增长迅猛、价格上涨过快以及商品房结构失衡的局面。对此，中央出台了一系列针对房地产市场过热的金融调控政策。

2003 年 6 月 13 日，中国人民银行出台了《中国人民银行关于进一步加强房地产信贷业务管理的通知》(银发〔2003〕121 号)。由于中央银行的政策过于激烈，力度过大，2003 年 8 月国务院发布了《国务院关于促进房地产市场持续健康发展的通知》(国发〔2003〕18 号)，更为客观地评价了房地产市场的地位和发展状况。该文件内容涵盖了整个房地产金融业务，主要有：①提高开发企业入市门槛，对开发商的实力和资信提出了更高的要求。一是开发商

的自有资金不能低于总投资额的30%；二是控制建筑施工企业的贷款用途，防止其给开发企业垫资；三是对现房才能发放按揭贷款；四是房地产贷款只能用于本地区的房地产项目。②提高高档房、别墅、商用房和买多套住房的购房成本，这类购房贷款按照现行同档同期一般贷款利率执行，同时提高多套住房包括第二套住房的首付款比例。③支持向中低住宅开发项目提供贷款。④对土地储备机构的抵押贷款进行限制，贷款额度不得超过所收购土地评估价值的70%，贷款期限最长不得超过2年。⑤将公积金委托贷款用途严格限制于发放个人住房贷款等等。针对金融体系流动性总体偏松和货币信贷持续高速增长的局面，中国人民银行决定从2003年9月21日起提高存款准备金率1个百分点（由6%调高至7%），此举仅冻结商业银行1500亿元的超额准备金。

2004年，各政府机构又陆续出台了一些政策，比如：3月30日，银监会发布了《商业银行房地产贷款风险管理指引（征求意见稿）》；中央银行规定自4月25日起，将金融机构存款准备金率普遍提高0.5个百分点（由7%提高到7.5%），收缩信贷资金1100亿元；4月27日，国务院发出通知，将房地产开发固定资产投资项目（不含经济适用房）的资本金比例由20%及以上提高到35%及以上；同时，国务院办公厅发出了38号文件，要求按“条块”系统对所有在建、拟建项目进行一次全面的清理、审核，建设部据此对2004年以来新开工的所有房地产项目的合规性进行清理；5月31日，银监会部署全面清理在建和拟建的项目总投资3000万元以上的固定资产贷款；2004年9月，银监会发布《商业银行房地产贷款风险管理指引》（简称《指引》），针对土地储备贷款、房地产开发贷款和个人住房贷款等房地产贷款的风险管理做了详细规定。《指引》规定：申请贷款的企业自有资金不得低于总投资的35%；每笔住房贷款的月房产支出与收入比控制在50%以下，月所有债务支出与收入比控制在55%以下。2004年10月28日，中央银行发出公告，上调金融机构1年期存贷款基准利率0.27个百分点，成为近8年来的首次加息。

2005年政策进一步深入。2005年3月12日，中国人民银行通过其官方网站宣布调整商业银行住房贷款政策：个人住房公积金贷款利率上调0.18个百分点，其中5年（含）以下贷款由现行利率3.78%调整为3.96%，5年以上贷款由现行利率4.23%调整为4.41%。中央银行试图通过加息的方法抑制房地产价格增长过快的势头。2005年3月17日，中国人民银行宣布商业银行自营性个人住房贷款利率将不再实行现行优惠利率，而回复到同期贷款利率水平，实行下限管理，下限不低于同期贷款基准利率的0.9倍，这实质是个人住房贷款利率的再次上调。同时，中国人民银行将房地产价格上涨过快城市或地区的个人住房贷款最低首付款比例由20%提高到30%，对个人住房贷款逾期执行商业性贷款的罚息利率，由现行按每日2.1‰计收罚息改为在借款合同载明的贷款利率水平上加30%～50%。2005年5月，中国人民银行与银监会联合发布了《信贷资产证券化试点管理办法》。此后，《资产支持证券发行登记与托管结算业务操作规则》、《金融机构信贷资产证券化试点监督管理办法》相继出台并实施，资产证券化业务的相关配套规章、政策基本成型。2005年9月，银监会向各地方银监局发布了《中国银行监督管理委员会办公厅关于加强信托投资公司部分业务风险提示的通知》，要求各银监局提示信托公司密切关注存量的证券和房地产风险变化情况，并对信托公司内控制度建设及新发生的房地产业务做出相应规定；大幅提高了房地产信托的门槛，要求满足自有资金超过35%、四证齐全、二级以上开发资质三个条件全部具备的房地产企业才能融资。

至2006年上半年，房地产投资增长和房价上涨过快的势头初步得到抑制，但房地产领域的一些问题尚未根本解决，少数大城市房价上涨过快，住房供应结构不合理矛盾愈发突出。针对以上情况，2006年5月29日，建设部等九部委进一步出台了《关于调整住房供应结构稳定住房价格的意见》，此后以国六条和国十五条为基本框架，并以压制需求为主旋律，政府又在金融、税收等方面出台了相对应的调控政策。2006年4月28日，中国人民银行全面上调各档次贷款利率0.27个百分点。2006年5月17日，国务院总理温家宝主持召开国务院常务会议，针对当前存在的问题，从调整住房供应结构、加快城镇廉租住房制度建设、整顿和规范房地产市场秩序等六个方面进行了房地产宏观调控。2006年5月29日颁布的国十五条规定：一是要严格房地产开发信贷条件。为抑制房地产开发企业利用银行贷款囤积土地和房源，对项目资本金比例达不到35%等贷款条件的房地产企业，商业银行不得发放贷款；对闲置土地和空置商品房较多的开发企业，商业银行要按照审慎经营原则，从严控制展期贷款或任何形式的滚动授信。二是有区别地适度调整住房消费信贷政策。为抑制房价过快上涨，从2006年6月1日起，个人住房按揭贷款首付比例不得低于30%。考虑到中低收入群众的住房需求，对购买自住住房且套型建筑面积在90平方米以下的仍执行首付款比例20%的规定。2006年7月5日起，中国人民银行上调存款类金融机构存款准备金率0.5个百分点，调整后存款准备金率为8%。2006年8月15日，中国人民银行再度上调存款类金融机构存款准备金率0.5个百分点。2006年8月19日，金融机构人民币存贷款基准利率再次上调：金融机构1年期存贷款基准利率上调0.27个百分点，其他各档次存贷款基准利率也相应调整。2006年11月15日，中国人民银行年内第三次调高存款准备金率0.5个百分点。业内专家估计，年内三次上调存款准备金率，已冻结货币市场4500亿～4800亿元资金。同时，严格对外资房地产企业开发经营活动的管理。2006年7月11日，建设部联合中国人民银行、外汇管理局等五部委下发171号文件《关于规范房地产市场外资准入和管理的意见》（简称《意见》），加强了对外商投资企业房地产开发经营及境外机构和个人购房的管理。《意见》规定：外商投资房地产企业注册资本金未全部缴付的，未取得“国有土地使用证”的，或开发项目资本金未达到项目投资总额35%的，不得办理境内、境外贷款，外汇管理部门不予批准该企业的外汇借款结汇。2006年9月5日，外汇管理局、建设部联合发布《国家外汇管理局、建设部关于规范房地产市场外汇管理有关问题的通知》，进一步就规定境外购房主体购买境内商品房的外汇管理做了限制性规定。

2007年可谓房地产金融调控政策年，一年之内国家出台数项金融调控政策，加大了对房地产业的宏观调控。在不到一年的时间里，中国人民银行连续6次加息，10次上调存款准备金率，金融机构一年期存款基准利率从2.52%提高到4.14%，一年期贷款基准利率从6.12%逐步提高到7.47%。从2007年12月25日起，存款准备金率上调至14.5%。2007年6月初，商务部、国家外汇管理局发出《关于进一步加强、规范外商直接投资房地产业审批和监管的通知》，要求各地商务主管部门严格控制外商投资高档房地产，并严格控制以返程投资方式并购或投资境内房地产企业。2007年9月27日，中国人民银行规定第二套住房贷款首付比例不得低于40%。同日发布的《中国人民银行 中国银行业监督管理委员会关于加强商业性房地产信贷管理的通知》规定，对购买首套自住房且套型建筑面积在90平方米以下的，贷款首付款比例不得低于20%；对购买首套自住房且套型建筑面积在90平方米以上的，贷款首付款比例不得低于30%；对已利用贷款购买住房又申请购买第二套（含）以上住房的，贷款首付款比例不得低于40%，贷款利率不得低于中国人民银行公布的同期同档次基准利率的1.1倍，且贷款首付款比例和利率水平应随套数的增加而大幅度提高。中国人民银行发布的补充通知对“第二套房”做出明确说明，即以借款人家庭(包括借款人、配偶及未成年子女)为单位来认定房贷次数，同时进一步扩大对外商投资房地产的限制范围。2007年12月1日起，国家发改委和商务部联合颁布的《外商投资产业指导目录》(2007年修订)明确表示，中国将继续限制外商投资于高档宾馆、别墅、高档写字楼和国际会展中心的建设、经营，外商投资土地成片开发则必须与内资企业合资、合作，并新增对外商投资房地产二级市场交易及房地产中介或经纪公司的限制；此外，还将“普通住宅地开发建设”从《外商投资产业指导目录》(2004年修订)的鼓励投资类别中删除。

2008年是比较特殊的一年，房地产调控政策出现了转折。截至2008年6月25日，中央银行继续上调存款类金融机构人民币存款准备金率，由14.5%上调至17.5%。但由于金融危机的爆发，政府没有坚持原有的调控方向和调控力度，转而采取刺激政策。2008年9月16日，中国人民银行通过官方网站宣布，即日起，下调一年期人民币贷款基准利率0.27个百分点；个人住房公积金贷款利率也相应下调。这标志着从2003年9月以来，持续长达5年之久的加息周期的结束，紧缩性政策开始放松。2008年10月9日，中央银行下调一年期人民币存贷款基准利率各0.27个百分点，其他期限档次存贷款基准利率作相应调整。从2008年10月15日起，存款类金融机构人民币存款准备金率下调0.5个百分点。自2008年10月27日起，金融机构对居民首次购买住房提高贷款，其贷款利率的下限可扩大为贷款基准利率的0.7倍；个人住房公积金贷款利率，各档次利率分别下调0.27个百分点，最低首付款比例调整为20%。2008年11月27日，中国人民银行决定下调人民币存贷款基准利率和金融机构存款准备金率，包括：下调金融机构一年期人民币存贷款基准利率各1.08个百分点，其他期限档次存贷款基准利率作相应调整；下调中央银行再贷款、再贴现等利率。2008年12月5日起，工商银行、农业银行、中国银行、建设银行、交通银行、邮政储蓄银行等大型存款类金融机构人民币存款准备金率下调1个百分点；中小型存款类金融机构人民币存款准备金率下调2个百分点；活期存款利率从0.72%直接降到0.36%，存款准备金率下调1个百分点，释放4500亿元的现金。

2009年世界经济形势非常严峻，百年一遇的金融危机造成世界经济的衰退。房地产调控全面落实已定方针并加大新一轮扩张型调控的力度。2009年1月2日，国务院总理温家宝签署第546号国务院令，宣布1951年8月8日由原政务院公布的《城市房地产税暂行条例》自2009年1月1日起废止。自2009年1月1日起，外商投资企业、外国企业和组织以及外籍个人依照《中华人民共和国房产税暂行条例》缴纳房产税。2009年1月3日，四大国有银行宣布，只要2008年10月27日前执行基准利率0.85倍优惠、无不良信用记录的优质客户，原则上都可以申请七折优惠利率。银行优惠政策的出台为楼市回暖储备了政策基础。2009年4月12日，银监会重申，非改善型二套房贷，首付至少四成。2009年5月27日，国务院发布的《国务院关于调整固定资产投资项目资本金比例的通知》中明确，保障性住房和普通商品住房项目的最低资本金比例为20%，其他房地产开发项目的最低资本金比例为30%。这是自2004年以来执行35%自有资本金贷款比例后的首次下调，已恢复到1996年开始实行资本金制度时的水平，从而预示着紧缩了数年的房地产信贷政策开始“松绑”。2009年12月14日，国务院常务工作会议发布了“国四条”，其中第二条为“继续支持居民自住和改善型住房消费，抑制投资投机性购房。加大差别化信贷政策执行力度，切实防范各类住房按揭贷款风险”。

各级政府相继出台的一系列宽松政策刺激了房地产市场的快速回暖及发展，但在回暖中也出现了老问题，房价过快上涨又成为市场健康发展的阻碍。2010 年，中国房地产政策已由此前的支持转向抑制投机，遏制房价过快上涨。2010 年 1 月 10 日，国务院发布《关于促进房地产市场平稳健康发展的通知》，二套房贷款首付比例不得低于 40%。2010 年 1 月 18 日，中央银行提高存款准备金率 0.5 个百分点，这是中央银行自 2008 年 6 月 7 日后近 19 个月来首次上调存款准备金率，显示出货币政策开始转向。2010 年 2 月 25 日，国内存款类金融机构人民币存款准备金率上调至 16.5%（上调 0.5%），此次冻结资金约 3000 亿元。2010 年 4 月 14 日，国务院常务会议要求，对贷款购买第二套住房的家庭，贷款首付款比例不得低于 50%，贷款利率不得低于基准利率的 1.1 倍。另外，对购买首套住房且套型建筑面积在 90 平方米以上的家庭，贷款首付款比例不得低于 30%。随着 CPI（居民消费价格指数）的不断攀升，2010 年 4 月 17 日，国务院发出了《国务院关于坚决遏制部分城市房价过快上涨的通知》。该通知要求遏制房价过快上涨，实行更为严格的差别化住房信贷政策。通知中提出十条举措，被业内称为房地产“新国十条”。2010 年 4 月 18 日，国务院发布通知指出，商品住房价格过高、上涨过快、供应紧张的地区，商业银行可根据风险状况暂停发放购买第三套及以上住房贷款，对不能提供一年以上当地纳税证明或社会保险缴纳证明的非本地居民暂停发放购买住房贷款。2010 年 5 月 10 日起，存款类金融机构人民币存款准备金率上调 0.5 个百分点，农村信用社、村镇银行暂不上调。进入下半年以后，随着物价过快上涨的势头得到遏制（CPI 增速由 7 月的 6.5%高位回落至 10 月的 5.5%，11 月进一步下降至 4.2%），中央及时调整货币政策收紧步伐，7—11 月共计 5 个月里，中央银行未上调利率和存款准备金率。2011 年 11 月 30 日，央行公布从 2011 年 12 月 5 日起下调存款准备金率 0.5 个百分点，这是近三年来央行首次下调存款准备金率，释放 2012 年货币政策微调的信号。

2012 年，房地产调控政策稳中趋紧，在保证经济发展的背景下坚持调控不放松，通过差别化信贷等手段，支持合理自住房需求，抑制投资投机需求。中国人民银行在 2 月和 5 月两次下调存款类金融机构人民币存款准备金率 0.5 个百分点；在 6 月和 7 月两次下调金融机构一年期存款基准利率 0.25 个百分点，下调一年期贷款基准利率 0.25 个百分点。其他各档次存贷款基准利率及个人住房公积金存贷款利率也相应下调。

2013 年 2 月 20 日，国务院常务会议出台五项政策措施，释放坚持调控政策不动摇、力度不放松的房地产调控信号。“新国五条”规定，二手房交易中个税按个人所得的 20%征收。2013 年 7 月 5 日，国务院办公厅发布《国务院办公厅关于金融支持经济结构调整和转型升级的指导意见》，提出对房地产行业继续秉持“有保有压”原则，在防控融资风险的前提下，进一步落实差别化信贷政策，加大对居民首套住房的支持力度，同时抑制投资投机需求，促进市场需求结构合理回归。

2014 年，我国整个宏观经济环境呈现低迷状态，再加上先前国家对房地产行业发展的抑制，房地产市场持续走弱，商品房量价均呈现同比下降，开发投资增速持续放缓。国务院总理李克强于 2014 年 3 月 5 日在政府工作报告中提出：“针对不同城市情况分类调控，增加中小套型商品房和共有产权住房供应，抑制投机投资性需求，促进房地产市场持续健康发展。”2014 年 9 月 30 日，中国人民银行、中国银监会联合下发《关于进一步做好住房金融服务工作的通知》，内容涉及加大对保障房的金融支持、支持居民合理住房贷款需求、支持房企合理融资需求等多项政策，被业内视为房贷政策的大尺度“松绑”，对楼市的刺激作用比较明显。2014 年 10 月 9 日，住房和城乡建设部、财政部和央行联合印发《关于发展住房公积金个人住房贷款业务的通知》，要求各地放宽公积金贷款条件。2014 年 11 月 21 日，央行宣布降息，决定自 2014 年 11 月 22 日起下调金融机构人民币贷款和存款基准利率。其中规定，金融机构一年期贷款基准利率下调 0.4 个百分点至 5.60%；一年期存款基准利率下调 0.25 个百分点至 2.75%。同时结合推进利率市场化改革，将金融机构存款利率浮动区间的上限由存款基准利率的 1.1 倍调整为 1.2 倍。

2015 年，房地产政策坚持促消费、去库存的总基调，供需两端宽松政策频出。央行年内五次降息，五年以上长贷利率降至 4.9%，五年以上公积金贷款利率降至 3.25%，均处于历史低点。四次普遍降准，流动性大幅释放，房地产开发企业资金压力将进一步缓解。房贷首付持续下调，明显降低了首次置业和部分改善需求的购房门槛。在多轮政策组合的刺激下，楼市持续回暖，但中小城市库存压力仍然严峻。

2016 年 2 月 2 日，央行下调首套房首付比。在不“限购”的城市中，居民首次购买普通住房的商业性贷款，最低首付款比例为 25%，各地可向下浮动 5 个百分点。2016 年 2 月 21 日，央行上调公积金存款利率：职工住房公积金账户存款利率将统一按一年期定期 1.50% 存款基准利率执行。2016 年 3 月 1 日，央行宣布普遍下调存款准备金率 0.5 个百分点。

二、对近年来中国房地产金融调控政策的评价及反思

中国政府针对房地产领域出台的一系列措施，对房地产市场的健康发展起到了一定的作用，房价上涨速度有所减缓，房地产投资增速过猛势头得到有效遏制。但是，由于经济社会形势的快速变化，政府在制定房地产宏观调控政策时，相关决策存在着一些误区，政策执行中发生了一些偏差，客观上导致调控政策并没有达到预想的效果，城市土地价格持续攀升，房价偏高的问题也没有得到真正解决，房地产行业一些深层次的结构性问题更加突出。以房地产贷款为例，房地产企业资金来源中贷款占主要比重。国家统计局数据显示，2016 年 1—8 月份，房地产开发企业本年资金来源 91573 亿元，比上年增长 14.8%。其中，国内贷款 14199 亿元，增长 1.7%；在其他资金中，个人按揭贷款 15395 亿元，增长 52.2%。仅从国内贷款与个人按揭贷款两部分统计，银行信贷资金即占到房地产开发企业资金来源的 34.48%。由于施工企业的垫资很大部分也是银行贷款，如果把这部分考虑进来，那么银行信贷占比还会更高。在新增贷款中，房地产贷款所占份额迅猛增长。中央银行统计数据显示，2016 年 6 月末，人民币房地产贷款余额 23.94 万亿元，同比增长 24%；上半年增加 2.93 万亿元，同比多增 1.04 万亿元，增量占同期各项贷款增量的 38.9%。房产开发贷款余额 5.41 万亿元，同比增长 10.9%；个人购房贷款余额 16.55 万亿元，同比增长 30.9%。房产开发对金融的过度依赖，加大了银行系统的风险。信贷关系实则把银行、开发商捆绑在了一起，房价的增长关乎二者的切身利益。一旦房地产泡沫破裂，开发商将面临无法归还贷款的风险，银行就成为最大的买单者。银行的危机往往会引起连锁反应，给整个经济带来危害。

房地产金融调控的效果不是特别明显，主要是实际调控过程中存在以下不足：

(1)某些房地产金融调控工具的影响面过大而力度不足，调控手段不完善，缺乏整体性。中国人民银行多次提高存款准备金率和上调基准利率的政策相对于房地产业的高额利润来说

力度太小，并没有遏制房地产业投资过热的势头，反而由于货币供应减少，资金使用成本加大，使得其他行业的企业负担加重，造成市场萎缩。而对开发贷款自有资金的限制，实践中50%以上的案例没有严格执行此标准。有规定不执行，不仅让政策没起到相应作用，而且让政策的权威度和信誉度降低。同时，金融货币调控只是宏观调控房地产的一个方面，还得配合税收、土地政策等才能有效调控。每当我国房地产泡沫的呼声高涨，国家就拿出这几种政策，然而政策之间缺乏较好的整体性，具体体现在相互之间的配套性、协调性、持续性都比较差。

(2)调控过程中对房地产市场区域性差异重视不够。目前，我国房地产市场地区发展差异很大，尤其是东部沿海地区和西部不发达地区的差异。国家虽然在调控过程中重点关注北京、上海等经济发达的大城市，但在政策的实施过程中却是“眉毛胡子一把抓”，忽视了各地房地产市场的差异性和复杂性，纷纷落实同样的政策，这样必然带来很多的负面作用。

(3)政策的具体实施效果欠佳。发展房地产业的过程中涉及开发商、地方政府、银行和中央政府等多方利益博弈。房地产业是推动地方GDP和财政收入的主要来源，地方政府总是乐于看到土地价格、房产价格不断攀升，因而具有推动房地产迅速发展的内在动力。作为银行一方，相对于其他类型的贷款，房地产贷款一般被视作高质量、低风险的资产，而房地产信贷的风险常常在5～7年甚至更长时期以后才能出现，因此，商业银行往往有扩大房地产信贷的内在冲动。房地产贷款所占份额庞大，它的发展直接关系到银行资产的安全与否。因此，开发商、地方政府和银行能够结成利益同盟，对待中央的态度是“上有政策，下有对策”，通过各种方式减轻调控对房地产业的影响。

三、对中国房地产金融调控政策的建议

(一)明确金融调控的基本方向

房地产业是国民经济的支柱产业，它的发展具有很强的关联效应。一方面，它需要国民经济中许多部门和行业提供物质资料与之配合，从而拉动了建材、设备、机械、玻璃等行业的发展，也吸收了大量农村转移劳动力；另一方面，房地产业的产品也为许多部门和行业的发展提供了前提和场所。同时，房地产业的发展也不断改善城市人居环境，对吸引外资具有很强的集聚作用，可以说是“一房拉百业”。据统计，中国每年钢材的25%、水泥的70%、木材的40%、玻璃的70%和塑料制品的25%都用于房地产开发建设中；与房地产业直接相关的行业达60多个，关联行业达100多个。在房地产开发建设中，仅住宅建设需要的建筑材料和零部件就达2000种以上；每增加1亿元的住宅投资，其他23个相关产业就相应增加投入1.479亿元；住宅消费的提高能带动建材、化工、家电、装饰及家具等消费的相应增长，其比例为1∶6[①]。因此，促进房地产健康发展是国民经济持续健康发展的内在要求。国家实施的金融宏观调控，目的不是限制房地产业的发展，而是推动其平稳健康发展。就当前来看，金融调控的目标是按照中国宏观经济发展的要求，从过去几年快速乃至高速发展的轨道，转入今后平稳较快发展的轨道。要达到这一目标，一要解决房地产投资规模过大的问题，二要控制房地产价格上涨幅度过快，通过调控稳定房价，遏制投机炒房，鼓励普通商品住房和经济适用房，合理引导住房消费，真正解决大部分人的住房问题，防止房价大起大落对经济和

---

① 保持地产行业持续健康发展至关重要 http://difang.gmw.cn/newspaper/2014-12/04/content_102513926.htm.

社会带来的负面影响。

(二)实施房地产业金融调控政策手段组合搭配

有效实施金融调控政策手段组合搭配，以适应不同地区、不同项目、不同客户对象的实际需要。抑制房地产业过快增长不能仅仅依靠货币政策。在需求膨胀的情况下，利率调控的作用确实有限，因为它的提高受制于基准利率水平。针对我国房地产的结构性问题，选择严格差别化住房信贷的政策更具针对性。具体措施包括：

(1)差别化的利率手段。在适当调高房贷利率总水平的同时，增加与住房档次相对应的利率种类，从而形成多类别、多层次的房贷利率。即对首套房、二套房、三套及三套以上以及商品房、经济适用房、保障房分别设置不同的利率种类，并对每一类利率规定不同的浮动幅度，以此来引导居民的住房需求，形成合理的住房需求结构。

(2)差别化的信贷使用范围。商业性贷款和公积金贷款要严格区别。前者应按商业化模式运作，而后者属于政策性住房金融的范畴，实行优惠利率政策，是国家为适应住房制度改革，推动房地产市场健康发展的一种制度安排。目前我国对公积金贷款使用的监管不严使得其成为拉动房价上涨的一股重要资金力量，因此，有必要明确界定各类住房贷款的使用范围，即住房公积金贷款只能用于购置保障性住房和经济适用房，购买高档住房的资金缺口只能以商业性贷款解决。

(3)差别化的首付款比例制度。提高住房贷款的首付款比例是遏制住房需求过快增长、平抑房价的有效方法。“对已利用贷款购买住房、又申请购买第二套(含)以上住房的，贷款首付款比例不得低于40%。”

(4)严格、清晰地界定和划分正常消费需求和非正常消费需求。从“二套房”中剔除投资性需求，从而保留正常的消费性需求。

(三)完善房地产业金融调控政策机制

完善房地产业金融调控机制，首先要求地方政府切实履行职责。由于地方政府被房地产商“绑架”，光靠各地政府的自觉调控政策可能无法真正落到实处，因此要加强对各地政府的监督。其次要对银行放贷进行监督管理。从当前现实经营情况来看，房地产贷款是商业银行赢利的重要增长点，房地产信贷调控政策难以在商业银行那里得以落实。此外，个人住房贷款信息没有实现跨行、跨地区共享，商业银行实际执行情况的差异和难度大。再者，要正确引导居民住房消费，控制不合理需求。

【案例 10-1】

2018 全国楼市怎么走？新旧时代分水岭来了

近期，多部委都已陆续召开年度会议，对今年房地产调控也都做了相关部署。2018 年年调控政策有啥“硬招”？稳楼市关键棋子落在哪儿？

一、新华社开年发文定调 2018 年楼市走向

近期，新华社发表了《“房住不炒”让房价渐回理性》，就 2018 年楼市调控发文，房价调控并非这轮调控的终极目标！2018 年楼市将继续从紧调控！文章指出：

日光盘、地王热、开发商坐地涨价……类似楼市“高烧”现象逐渐退幕，在“房住不炒”指挥棒的作用下，供需两侧发力的调控政策效果显现，房价渐回理性通道。“房子是用来住的，

不是用来炒的"为房地产市场正本清源:房屋的真实价值在于其居住属性。以此为出发点,去年百余城市陆续采取限购、限贷、限商、限售政策,掐断楼市投机炒房通道,逼退楼市"高温"。

回顾去年以来房价变化节点:8月份,15个热点城市新房环比价格首现最近3年来全面停涨;10月份,10个热点城市新建商品住宅价格跌回1年前水平;12月份,一线城市新建商品住宅和二手住宅价格同比涨幅均连续15个月回落。房价变化是调控效果的直接表现,但房价控制并非本轮调控终极目标。

住建部部长王蒙徽明确,坚持房子是用来住的、不是用来炒的定位,完善促进房地产市场平稳健康发展的长效机制。要深化住房制度改革,加快建立多主体供给、多渠道保障、租购并举的住房制度。

过去一年,房地产长效机制建设"多点开花",住房制度改革取得实质性进展。

住房租赁市场加速布局。广州、南京等12个城市正在进行首批住房租赁试点;北京、上海等13个城市试点集体建设用地建租赁住房;2018年住建部将大力发展住房租赁市场特别是长期租赁,支持专业化、机构化住房租赁企业发展,加快建设政府主导的住房租赁管理服务平台,加快推进住房租赁立法等。

"政府垄断住房用地"格局将改变。国土部明确,将研究制定权属不变、符合土地和城市规划条件下,非房地产企业依法取得使用权的土地作为住宅用地的办法,深化利用农村集体经营性建设用地建设租赁住房改革试点,完善促进房地产健康发展的基础性土地制度。房地产长期平稳健康发展的根基正在夯实,房价非理性上涨根源正在被拔除,投机炒房势力失去卷土重来的土壤。

住建部强调2018年房地产市场"从紧"调控。王蒙徽说,"坚持调控目标不动摇、力度不放松",要保持房地产市场调控政策的连续性和稳定性,继续严格执行各项调控措施。同时,楼市调控将提高精准调控的能力和水平,进一步强化地方政府主体责任。强调"分类调控""差别化调控",满足首套刚需、支持改善需求、遏制投机炒房。对于地方调控,住建部相关负责人表示,地方调控的前提是必须符合中央调控政策,不能违背大的政策,否则就要进行干预。同时,地方应在"差别化调控"中对政策进行更加清晰的解读,避免市场对政策误读而对预期产生不利影响。

为防范资金变相进入楼市,对市场风险进行有效监管和化解,央行提出2018年要加强房地产金融宏观审慎管理,银监会强调要严控个人贷款违规流入楼市。中国人民大学重阳金融研究院高级研究员董希淼说,进一步完善住房金融体系,建立健全住房租赁金融支持体系,采取疏堵并举的策略,可以降低杠杆,防控金融风险,促进市场健康发展。

二、房价上涨逻辑已悄然改变

过去两年,什么力量在推动着中国的房价从南到北、从东到西,一二三线城市集体性的鸡犬升天?城市化水平低?居民收入增加?城市人口增加?显然都不是,是泛滥的货币和信贷。如2016年新增贷款中,以个人住房按揭贷款为主的住户部门中长期贷款约占新增贷款总量的45%,这一比例明显高于往年。

而2017年的调控,导致资金流向三四线城市,使得三四线城市房价飞涨。

这两年的房价上涨是事实,甚至颠覆了很多人的认知,但如果要下手买房,就不能被上涨的表象所迷惑，我们必须要明白的是，货币只能推动房价的短期上涨，因过去的大水漫灌，中国的金融风险已经到了危如累卵的地步，中央更是将“防范金融风险”作为三大攻坚战之一。

所以，过去两年房价上涨的一幕在未来很难再现。从投资的角度来说，判断房价涨跌有三大因素：短期看金融，中期看土地，长期看人口。其中，土地代表着供给，金融和人口代表着需求。供给这一端，是这一轮调控中政府的发力点。金融，未来的主基调是去杠杆；人口，已经迎来拐点；没了金融这根杠杆，没了快速增长的人口，意味着中国房地产市场将会迎来新的供需平衡；未来，在更长的时间内，城市房价的上涨空间将取决于其基本面，即经济实力和人口。

有人口流入的城市才有未来。在中国，人口进入存量时代，谁能吸引到更多的外来人口，谁就有未来，谁的房子也就更有保值增值的空间。因为更多的人口意味着更多的财富创造，并充当着楼市的接盘侠。纵观当今中国，明确表示自己不缺人甚至往外撵人的城市只有两个——北京和上海。即使是四个一线城市中最为拥挤的深圳，也在拼命地吸纳人口，2017年，单是户籍人口就增加了 50 万人。意识到这一点的新一线、二线城市，自去年开始，推出人才政策、购房补贴等诸多福利，拼命地吸纳人口。比如，重庆的高精尖人才可享受住房优惠保障，安家补助最高达 200 万元；成都优化人才落户制度，实施人才安居，建立人才绿卡；武汉规定非武汉户籍个人凭“房票”可在武汉购买首套住房；南京的高层次人才购房时首套住房不受户籍限制，40 岁以下本科生可直接落户买房等。2018 年 2 月 4 日，西安市甚至召开了户籍管理民警集体誓师大会，号召坚决打赢西安人才、人口争夺攻坚战。而事实上，即使是传统的人口大省，近年来，人口波动也极为强烈。如中国第一人口大省——河南，过去 6 年间，小学生总人口下降了 10%；在内部，除了郑州、南阳等三四个市实现小学生人口大幅增长外，其余市均处于下降状态，驻马店、商丘、周口等市的降幅更是达到 1/3。

小学生背后站的是有购买力和购房需求的年轻人，小学生人口的下降则意味着年轻人流失。

高达 1/3 的年轻人口流失，还能指望这些地方的房价在未来能有上佳表现么？

三、2018 年注定是楼市新旧时代的分水岭

如何认清当下楼市？就当下而言，我们正处于一个楼市巨大转折的开端，正处于一个楼市新时代和旧时代的分水岭。旧时代的规律逐渐失效，新时代的经验尚未生成，是我们对楼市越发困惑的根本所在，也是未来我们所要面对的最大困境。

而 2018 年，注定是楼市新旧时代的分水岭！之所以说注定，是因为类似的楼市转折点，近年来总共出现过两次，而且有规律可循。

1998 年，转折点的标志是房改。

2008 年，转折点的标志是解除商业银行信贷规模限制。

2018 年，转折点的标志是住房属性的明确变化。

房地产的下个十年，自 2018 年开始。

过去十年，住房有两个明显属性：一个是居住属性，另一个是投资属性，公共物品属性相对来说是处于弱势的（公共物品属性可以大致理解为保障性住房）。但是未来十年，住房将极大地弱化投资属性，转变成“居住属性＋准公共物品属性”（想想最近的各种住房保障政

策,如保障房、人才房、共有产权房、70 年只租不售房等)。

下面这段非常著名的讲话就是属性变化的最根本体现:坚持房子是用来住的、不是用来炒的定位,加快建立多主体供给、多渠道保障、租购并举的住房制度,让全体人民住有所居。

让"全体人民住有所居"这句话的分量预示着房产市场重心的转移,说明了房子除了买卖以外,租赁同样重要,是未来发展的重心之一。

四、2018 年关于楼市的新认知

首先,是价格不会再大涨。去年最热的时候,动辄 5%的单月涨幅,如今再也不会出现。热点城市再热,每月涨幅也没有超过 1%。其次,是低首付再也拿不到了。不说银行目前首套房 40%,二套房动辄 60%,甚至像南京这种二套 80%的首付,就连开发商、中介想让你提前买房,想给你些首付贷也做不到了。最后,是交易被严格限制,想变现越来越难。

这一轮调控与过去的最大不同之处在于,过去是不让你买,但这次还不让你卖。过去,限购、限贷是调控的主力军,但是这一次,限价、限卖变成了主流。看看全国有多少个城市进行了限售,你就明白,逻辑从过去的不让你买,变成了现在的不能卖,甚至是想卖也卖不出去。

未来,短期买卖快速获利注定成为历史,长期持有获得收益将会变成新常态,而限售,既是培养习惯,又是在给房地产长效机制的出台留一些时间和空间。

(资料来源:新华网,2018 年 02 月 24 日)

本章小结

房地产金融调控,就是政府通过各种金融手段对房地产业的经济运行进行宏观调节和控制的经济行为。狭义上的房地产金融调控主要是指金融工具,包括利率、信贷和汇率政策。房地产业所需资金大部分是从银行取得的,利率变动对其影响非常大。利率下降会导致房地产价格上升,利率提高会造成房地产价格降低,利率与房地产价格呈反方向变动。信贷控制可以影响房地产相关主体资源的可获得性,从而对房地产需求产生作用。信贷增加,房地产价格上升;信贷减少,房地产价格下跌。汇率通过影响一国货币的价格从而作用于房地产的需求,并呈同方向变化。

近年来,房地产金融调控的政策措施对于稳定房地产市场的健康发展起到了一定的作用,但还存在很多不足。例如,某些房地产金融调控工具的影响面过大而力度不足,调控手段不完善,缺乏整体性;调控过程中对房地产市场区域性差异重视不够;政策的具体实施效果欠佳等。建议从明确金融调控的基本方向、实施房地产业金融调控政策手段组合搭配以及完善房地产业金融调控政策机制等几个方面加强改革。

关键概念

金融调控　Financial macro-control

房地产金融调控　Financial macro-control of real estate market

利率　Interest rate　　汇率　Exchange rate　　银行信贷　Bank credit

课堂讨论

如何评价中国近年来实施的一系列房地产金融调控政策？

思考与练习

一、填空题

1. 宏观调控是随着________经济学的兴起而逐步为世界各经济体的管理者所采用的。

2. 货币政策分为________货币政策和________货币政策。

3. 2015年，房地产政策坚持促消费、去库存的总基调，供需两端宽松政策频出：央行年内________次降息，________次普遍降准，房贷首付持续________，流动性大幅释放。

4. 政府利用金融手段进行宏观调控实际上是将房地产市场的________需求调控转化为________需求调控。

5. 汇率通过影响一国货币的价格从而作用于房地产的需求，二者呈________变化。

二、选择题

1. 狭义上的金融手段主要是指(　　)。

A. 金融工具　　B. 操作目标　　C. 中介目标　　D. 终极目标

2. 货币政策的核心是通过(　　)来调节社会总供给与总需求的。

A. 调节利率水平　　B. 信贷平衡

C. 变动货币供应量　　D. 保持货币总需求量

3. 政府调控房地产行业的主要方法有(　　)。

A. 经济方法　　B. 法律方法　　C. 行政方法　　D. 文化方法

4. 下列属于紧缩性货币政策的是(　　)。

A. 降低法定存款准备金率　　B. 提高再贴现率

C. 公开市场卖出业务　　D. 直接提高利率

5. 房地产金融调控的主要工具有(　　)。

A. 利率　　B. 贴现政策　　C. 信贷控制　　D. 公开市场业务

三、简答题

1. 房地产金融调控的主要手段是什么？

2. 利率手段对房地产价格的影响机理是什么？

3. 信贷手段对房地产价格的影响机理是什么？

4. 汇率手段对房地产价格的影响机理是什么？

四、论述题

你对中国房地产金融调控政策有何建议？

实践与训练

实训项目：了解近十年来美国房地产金融调控的具体措施。

实训目的：熟悉美国房地产金融调控的具体措施。

实训步骤：

(1)同学分组。3～5 人一组，通过网上搜索等渠道收集相关资料。

(2)小组整理分析资料，撰写并提交调查报告。

案例分析

日本在 20 世纪 90 年代初爆发的危机乃至后来十几年的经济衰退，是从楼市、股市泡沫的破灭开始的。1985 年 9 月，美国、联邦德国、日本、法国、英国五国财长签订了“广场协议”，决定同意美元贬值，日元大幅升值。升值造成出口下降，经济下滑。日本央行大幅降低利率，通过宽松货币政策刺激经济恢复增长。20 世纪 80 年代后期，日本银行先后五次降低了贴现率，到 1987 年 2 月终于降到了世界最低水平 2.5%。低利率刺激了信贷大规模流向楼市和股市，致使房地产价格暴涨。受房价骤涨的诱惑，许多日本人开始失去耐心。他们发现炒股票和炒房地产来钱更快，于是纷纷拿出积蓄进行投机。到 1989 年，日本的房地产价格已飙升到十分荒唐的程度。从 1986 年到 1989 年，日本的房价整整涨了两倍。当时，国土面积相当于美国加利福尼亚州的日本，其地价市值总额竟相当于整个美国地价总额的 4 倍。到 1990 年，仅东京都的地价就相当于美国全国的总地价。一般工薪阶层即使花费毕生储蓄也无力在大城市买下一套住宅，能买得起住宅的只有亿万富翁和极少数大公司的高管。东京曾号称“土地不败”，意思是日本人均土地可使用面积在世界各国中是最小的，东京更甚，因此东京地价只会涨不会跌，地价不断上涨推动房价不断上涨。当房价快速上涨 3 年以后，风险大幅度上升，政府开始加息，而累积加息成了压死骆驼的最后一根稻草。随即，神话破灭，1991 年后，随着国际资本获利后撤离，由外来资本推动的日本房地产泡沫迅速破灭，房地产价格随即暴跌。到 1993 年，日本房地产业全面崩溃，企业纷纷倒闭，遗留下来的坏账高达 6000 亿美元。日本房地产协会的资料显示，直到 2007 年，日本房价水平仍大大低于 1986 年房价开始大幅上涨时的水平。紧接着楼市、股市崩溃，超过 2 万家金融机构破产，日本大银行坏账剧增。在政府的帮助下，日本大银行经历了超过十年的艰苦重组和整合。这次泡沫不但沉重打击了房地产业，还直接引发了严重的财政危机。受此影响，日本迎来历史上最为漫长的经济衰退，陷入了长达 15 年的萧条和低迷。即使到现在，日本经济也未能彻底走出阴影。无怪乎人们常称这次房地产泡沫是“二战后日本的又一次战败”，把 20 世纪 90 年代视为日本“失去的十年”。

（资料来源：中国房地产市场不会重蹈日本覆辙.上海证券报，2010-04-27；历史上的三次房地产大泡沫.人民网）

思考题：

1. 查查资料，日本政府在房地产泡沫中发挥了什么作用？
2. 日本房地产泡沫给中国的启示有哪些？

第十一章　国外房地产金融发展概况

学习目标

1. 了解国外房地产金融制度和金融市场的主要类型。
2. 了解美国、德国、新加坡住房金融制度的异同。
3. 理解次贷危机的概念、过程及发生的原因。

第一节　美国的房地产金融

一、美国的住房金融制度

美国住房金融制度的实质是住房抵押贷款制度。美国是世界上住房抵押贷款业务开展最早、最发达的国家，拥有世界上最大的住房抵押贷款市场体系。该体系是市场主导型的，由规范运作、有机衔接的住房抵押贷款一级市场、二级市场和保险市场构成。美国政府正是利用这种完善的市场体系达到其“要为所有美国人提供体面和合适的居住环境”的住房政策目标。

美国成熟的住房抵押贷款体系的形成得益于其高度发达完善的国内金融市场和政府对住房金融的大力支持。众所周知，美国的金融市场是全球最发达的金融市场，拥有包括货币市场和资本市场在内的完善的市场体系，以及大量创新性的金融工具。高度发达的金融市场为住房抵押贷款体系的形成创造了良好的市场环境。除此之外，美国政府对住房金融发展给予了大力支持。为缓解 20 世纪 30 年代美国储蓄贷款协会的还款危机，美国政府着手建立了全国性的二级抵押贷款运行体系和住房抵押贷款担保机构，有效弥补了金融市场本身的缺陷，促进了住房抵押业务的繁荣。

二、美国的房地产金融机构

美国是实行房地产抵押制度最典型的国家，拥有完备的房地产一级和二级抵押金融市场，并拥有众多的私人或民间金融机构以及较为完善的政府金融中介机构。根据美国房地产金融市场的特点，可以将其金融机构分为房地产金融一级市场金融机构和房地产金融二级市场金融机构。

（一）房地产金融一级市场金融机构

房地产金融一级市场金融机构主要是在一级市场发放抵押贷款以及为抵押贷款提供担保的金融机构，包括储蓄与贷款协会(S&L)、商业银行、互助储蓄银行、抵押银行、人寿保险公司、联邦住房管理局及退伍军人管理局等。

1. 储蓄与贷款协会

美国的储蓄与贷款协会是一种在政府支持和监管下专门从事储蓄业务和住房抵押贷款业务的非银行金融机构，通常采用互助合作制或股份制的组织形式。美国共有4700家储蓄与贷款协会，其中55%在联邦政府注册，45%在州政府注册。第一家储蓄与贷款协会于1831年诞生在宾夕法尼亚州。从第二次世界大战结束到20世纪70年代，美国住房市场需求旺盛，给储蓄与贷款协会的发展带来了一段黄金时期。到20世纪70年代末，美国储蓄与贷款协会的总资产已突破6000亿美元，成为美国仅次于商业银行的第二大金融机构。然而，谁也无法料到，几年以后，美国的储蓄与贷款协会就陷入了重重危机，1989年2月，布什总统亲自宣布了处理美国储蓄与贷款协会危机的紧急计划。根据这一计划，美国人民需要在今后30年时间里花费4000亿～5000亿美元，才能彻底还清储蓄与贷款协会所带来的巨额债务。

2. 商业银行

美国商业银行在美国金融体系中占有主要位置，1980年，美国共有商业银行15082家，总资产为21147亿美元，占金融界资产总额的30%左右。早期美国法律限制商业银行经营长期房地产抵押贷款业务，后来随着房地产抵押贷款二级市场的建立及银行存款结构的改变，美国银行法放宽了商业银行兼营房地产抵押贷款业务的限制。20世纪70年代以来，各主要商业银行为扩大业务经营范围，增强生存能力，积极开展存贷款以外的业务。由于1933年制定的《格拉斯-斯蒂格尔法》禁止商业银行从事投资业务，也不能经营证券发行和买卖，因此，许多商业银行都设立信托部，参与证券经营活动。1986年4月1日，美国完全取消对储蓄存款利率的上限，这样各种银行完全可以自己决定对存款付多高的利息，这大大增加了银行业的竞争力。但随之而来的银行倒闭率也开始上升，根据美国联邦存款保险公司的统计，1991年全国已有1000家银行被列入有可能倒闭的“危险银行”，另外在200家大银行中，至少有35家需要44亿～63亿美元的资金支持，否则可能在当年宣布倒闭。

3. 互助储蓄银行

美国的互助储蓄银行作为互助组织首先创建于东海岸区，包括纽约州、新泽西州和新英格兰各州。它最早是作为一个鼓励穷人储蓄的慈善机构，吸引慈善、宗教等非营利性部门的存款来给穷人发放贷款。近年来，多数的互助储蓄银行都改组为特许股份机构，其存款由美国联邦存款保险公司负责保险。互助储蓄银行的总资产主要集中在住宅抵押贷款和抵押支持证券，现在，互助储蓄银行已被允许投资公司债券和股票，但其资金的大部分仍用于房地产融资。

4. 抵押银行

美国的抵押银行机构历来被划为专业化的中介机构，专指分布在各个地区，为房地产开发商和购建房者发放房地产贷款的机构。其经营活动通常主要是住宅和收益性房地产贷款的发放和服务性工作。近年来，抵押银行还开始充当养老金的投资顾问，指导其向房地产业的放贷和投资活动。它们向这些基金推荐购买或出售特定的房地产或抵押贷款。有时，抵押银行对某投资计划的资金具有处理权，而有时则只是提供参考性的建议。

5. 人寿保险公司

作为非银行金融机构，人寿保险公司的资金主要来源于投保人的保险准备金和退休金等。该机构发放的抵押贷款包括购物中心、写字楼、公寓等大型工程项目贷款以及对商业房地产项目的中短期贷款。人寿保险公司是仅次于商业银行的美国商业性房地产贷款的第二大提供者。该机构早期倾向于持有政府担保的抵押贷款，近几年减少了住房抵押贷款的持有量，增加了商业和公寓的抵押贷款。

6. 联邦住房管理局

联邦住房管理局创立于1934年，隶属于美国住房与出售发展部，是一级市场上房地产抵押贷款的官方担保机构，主要从事贷款保险业和执行政府房屋补贴计划，其重点是对居民重建、新建住宅及购买住宅的抵押贷款提供担保。联邦住房管理局的担保对象是所有符合条件的申请了住房抵押贷款担保的美国公民和外国在美的永久居民，其担保的抵押贷款发放机构一般由该局指定。而且放贷之前，贷款人、借款人及抵押住宅都必须符合联邦住房管理局相关贷款条件的规定。

7. 退伍军人管理局

退伍军人管理局成立于1930年，原是政府办理退伍军人津贴的独立机构。1944年，美国通过法案允许该机构为符合条件的退伍军人购房提供担保，从此，该机构演变为专门为住房抵押贷款提供担保的官方机构。退伍军人管理局成立的主要目的在于通过为退伍军人偿还抵押贷款提供担保，帮助他们取得住房抵押贷款。有了退伍军人管理局的担保，退伍军人无需支付定金即可购买住房，并获得银行100%的担保。目前，该机构担保的抵押贷款主要包括固定利率、累进偿还等类型。

除上述机构外，美国房地产一级金融市场的金融机构还包括房地产信托投资公司、私人担保保险机构、农场主住房管理局等。

（二）房地产金融二级市场金融机构

美国是二级抵押市场最发达的国家，二级抵押市场的高度发达是美国房地产金融市场的一大特色。美国房地产二级金融市场的发展，是美国政府多年来大力扶持和干预的结果。在二级市场上，存在由政府机构、政府发起设立的企业及私营机构构成的房地产金融机构。其中政府机构或由政府设立的机构主要是众人皆知的联邦国民抵押协会、政府国民抵押协会及联邦住房贷款抵押公司三大机构。

1. 联邦国民抵押协会

成立于1938年的联邦国民抵押协会是由原华盛顿国民抵押协会更名过来的一家政府机构。在1950年9月以前，其业务范围非常有限，主要限于购买和出售由联邦住房管理局担保的抵押贷款。1954年，美国的《住宅法修正案》通过，该法重新明确了联邦住房抵押协会的功能和业务范围，包括在二级市场上买卖抵押贷款，以提高抵押信贷的流动性；为政府特定的住宅政策目标项目提供资金支持以及管理和经营政府持有的抵押贷款。1968年，联邦国民抵押协会被分离为两个性质和职能不同的公司：一个是行使政府职能的政府国民抵押协会，隶属联邦住宅与城市发展部管辖；另一个是以赢利为目的的私营股份制公司，继续沿用联邦国民抵押协会的名称。为了完成二级市场的运作，联邦国民抵押协会也以自己的名义发行由其所购抵押贷款组合担保的抵押支持证券。

2. 政府国民抵押协会

政府国民抵押协会成立于1968年，是原联邦国民抵押协会改组后的产物，由联邦住宅与城市发展部管辖，并受到美国财政部的监督。该机构的资金主要来源于财政资金、发债筹集的资金及提供抵押证券担保所获得的担保费。作为政府机构，其主要职责是经营和清偿原联邦国民抵押协会作为政府机构所购买的抵押贷款和抵押资产；为政府项目特别是政府补贴的住宅项目提供特别资金支持；购买联邦住房管理局、退伍军人管理局、农场主管理局担保的抵押贷款，并为符合条件的私营机构以政府担保的抵押贷款组合为基础发行的抵押支持证券提供担保。由于政府国民抵押协会对证券的担保意味着以政府信用担保，因此该类证券能获得较高的信用等级。

3. 联邦住房贷款抵押公司

联邦住房贷款抵押公司成立于1970年，是由美国政府设立的。该公司为负责监督储蓄机构的联邦住宅贷款银行体系所有，主要负责向储蓄机构发放的常规抵押贷款提供二级市场服务。公司的初始资本金是通过向联邦住宅贷款银行体系的12家地区住宅贷款银行发行1亿美元抵押物投票权的普通股筹集的。作为联邦住宅贷款银行体系所有的机构，联邦住房贷款抵押公司的董事会由会员银行选举产生，其中3人是由总统任命的联邦住宅贷款银行董事会的成员。联邦住房贷款抵押公司成立以后立即投入二级市场运作，于1971年推出了自己的抵押贷款证券产品。自1985年起，联邦住房贷款抵押公司发行的抵押支持证券开始向外国投资者开放。目前，该公司已成为美国房地产二级市场抵押贷款债权及相关证券的最大交易商。

三、美国的房地产金融市场

根据前面的介绍，我们了解到美国的房地产金融市场是全球规模最大、发育最完善的房地产金融市场。由于美国实行典型的抵押型房地产金融制度，因此，抵押贷款市场是其房地产金融市场的主要组成部分。美国不仅拥有规模庞大的房地产抵押一级市场，而且还建立了发达的抵押二级市场。

(一)房地产金融一级市场

美国具有世界上最发达的房地产抵押市场。在这个典型的私人资本占主导地位的金融市场里，房地产抵押信贷尤其是住宅抵押信贷在一级市场占有90%的比重。美国约有2/3的家庭拥有自己的住宅，居民购建住宅的资金主要来源于金融机构提供的住宅抵押贷款。第二次世界大战后，美国的抵押贷款空前发展，1950年美国未清偿住宅抵押贷款为425亿美元，1960年为1630亿美元，1979年突破万亿美元，1981年又达至11627亿美元。互联网技术迅猛发展，金融机构普遍采用了信息化贷款评分系统，实现了贷款审核的自动化，降低了地区之间的空间约束。抵押贷款工具的标准化，促使抵押贷款银行迅速发展，目前已占一级市场的50%以上。截至2008年年底，美国一级市场抵押贷款余额14.7万亿美元，占美国国内生产总值的10.2%，占金融机构资产总额的10.3%。

在一级金融市场上，私人金融机构对贷款者进行严格的审查。从贷款申请、资信审查、不动产估值直到最后签约放款，均按银行经营的原则办事。对贷款对象的选择一般注重那些偿还能力强、信誉可靠的客户，以利于抵押贷款的良性循环，但也有的选择偿还能力稍弱，但贷款面很大的中下收入者，以利于房地产抵押贷款的长期效益。美国住宅金融市场的抵押形式多种多样，但大多数金融机构只提供住宅价值的60%～75%的贷款，而住宅价值的其余部分由申请贷款者自己支付。为满足房地产金融市场的多样化需求，同时提高金融机构的市场竞争力，相关机构在房地产金融一级市场上开发出了许多创新的抵押贷款工具，如浮动利率抵押贷款、逆向年金抵押贷款、分享增值抵押贷款、渐进型抵押贷款等。

美国房地产金融一级市场不仅规模庞大、金融工具丰富，更突出的是具备完善的抵押贷款担保和保险体系。美国在20世纪30年代以前，各金融机构为规避风险，都规定了极为苛刻的抵押贷款条件。但即使如此，也未能使放款机构摆脱风险，20世纪30年代的经济危机使多数的抵押贷款被取消抵押权。于是美国政府相继建立联邦住房管理局和退伍军人管理局，分别专门为普通居民和退伍军人提供抵押贷款担保。1957年，美国出现第一家专门为非常规抵押贷款提供担保的公司，从而在一级市场上形成了政府担保机构与私人担保机构并存的完善的贷款担保体系。目前，一级市场提供的抵押贷款保险主要包括全额保险，即保险机构承担借款人因违约给贷款机构造成的全部正常损失；限额保险，即保险机构最多只承担按原始贷款本金一定比例计算的限额损失；共同保险，即损失额在原始贷款本金的一定百分比范围内由保险机构承担，超过范围的，由贷款机构和保险机构共同承担；自我保险，即贷款机构承担全部的违约损失等险种。

（二）房地产金融二级市场

美国房地产金融二级市场是在一级抵押市场的基础上发展起来的。二级市场是指最初的贷款商用已贷出的抵押贷款与投资商之间再进行交易的市场。20世纪70年代以后，伴随金融管制的放松和金融创新浪潮的出现，以抵押贷款证券化为主要特点的美国抵押贷款二级市场取得了长足的发展。其中抵押贷款证券的发行额从1970年的10亿美元上升到1997年的3069亿美元。抵押贷款证券占未清偿抵押贷款的比重，从最初的不到5%发展到现在的50%以上，其规模已达到4.3万亿美元。在1997年，全美新发放的抵押贷款为8570亿美元，其中57%已经实现了证券化。随着二级市场规模的不断扩大，二级市场证券化工具也得到了不断的创新。近30年来，美国房地产金融二级市场开发出了多种抵押贷款证券，其中包括1970年政府国民抵押协会首次发行的抵押贷款证券；1983年联邦住宅抵押公司发行的担保抵押债务；1986年联邦国民抵押协会开发的本息分离证券等。这些金融工具的出现，极大地促进了美国房地产二级金融市场的繁荣。

在美国房地产金融二级市场的建立和发展过程中，政府发挥了主要的作用。房地产金融二级市场是美国政府干预最深的市场。政府的干预不仅表现在政府直接发起设立了二级市场的金融机构，如政府国民抵押协会、联邦国民抵押协会、联邦住宅抵押公司等，并对金融机构主要的经营产品及业务范围进行了限制，而且表现为通过制定住房贷款利率等措施对二级市场进行间接调控。正是政府的积极干预弥补了市场机制本身的缺陷，促进了房地产金融二级市场的健康发展。

四、美国次贷危机

（一）次贷危机的概念

次贷危机的全称是美国房地产市场上的次级按揭贷款危机。次级按揭贷款是相对于优级按揭贷款而言的，优级按揭贷款面向信用等级高、债务负担合理、风险小的优良客户；次级按揭贷款面向信用分数低、收入证明缺失、负债较重的客户，如美国的低收入阶层和新移民。次贷危机是指一场发生在美国，因次级抵押贷款机构破产、投资基金被迫关闭、股市剧烈震荡引起的风暴。它致使全球主要金融市场隐约出现流动性不足危机。美国“次贷危机”是从2006年第四季度开始逐步显现的，2007年8月席卷美国、欧盟和日本等世界主要金融市场。

（二）次贷危机的产生

美国的次贷危机于2006年第四季度开始有所显现。美国住房抵押贷款银行家协会

2006年的报告显示，2006年第四季度美国次级抵押贷款不良率在13%以上，达到2003年以来的最高水平。雷曼兄弟公司在2007年发布的报告称，2006年获得次级抵押贷款的美国人中约有30%无法及时还贷，美国全国约有220万人可能因为最终无力还贷而失去住房。2007年2月，英国汇丰控股突发盈利预警，表示该行在次级抵押贷款业务方面存在的问题超过预期，并宣布将为美国抵押贷款坏账拨备106亿美元，较市场预期高出20%，导致汇丰控股股价次日下跌2.7%。次贷危机开始浮出水面。

2007年3月13日，美国第二大次级抵押贷款公司——新世纪金融宣布无力偿还所有债务，濒临破产。当日，纽约股市遭遇"黑色星期二"，道琼斯30种工业股票平均价格指数暴跌242.66点，全球股市随之下挫。2007年4月2日，新世纪金融申请破产保护，美国次贷危机彻底爆发。

之后开始出现多米诺骨牌效应。除新世纪金融外，总部位于亚特兰大的抵押贷款机构Home Banc Corp.在2007年8月申请破产。与此同时，美国最大的抵押贷款机构Countrywide Financial也传出可能无从融资，业务停顿的消息。2007年7月，标准普尔降低次级抵押贷款债券的评级，全球金融市场出现大震荡，投资于次级抵押贷款证券化产品及其衍生产品的机构开始爆出巨额亏损。华尔街五大投资银行之一的贝尔斯登旗下的两只对冲基金由于投资于CDO也于2007年7月净值清零。2008年8月，法国的最大银行——巴黎银行宣布卷入次贷危机中，而沃尔玛、家得宝等数十家全球性企业宣布因次贷危机蒙受巨额损失，花旗与美林两家金融机构2007年第四季度巨额亏损均达98亿美元，瑞银第四季度亏损额高达114亿美元。危机蔓延到亚洲，瑞穗金融集团预计2007年因次贷危机造成的损失将达1700亿日元，野村控股则宣布2007年前3季度次级债的相关损失为1456亿日元。2008年3月14日，贝尔斯登由于流动性严重恶化，不得不向纽约联邦储备银行和摩根大通银行寻求应急资金。贝尔斯登当日股价重挫45.88%。

伴随着次贷危机深入发展，全球股市剧烈震荡下行，到2008年，次贷危机已经演变为全球金融危机，对美国以及世界的金融、资本市场及实体经济产生了广泛的不利影响。

（三）次贷危机产生的原因

次贷危机的产生有很多深层的原因，其主要原因如下：

首先，次贷危机与美国金融监管当局、特别是美联储过去一段时期由松变紧的货币政策有关。从2001年初美国联邦基金利率下调50个基点开始，美联储的货币政策开始了从加息转变为减息的周期。此后的13次降低利率之后，到2003年6月，联邦基金利率降低到1%，达到过去46年以来的最低水平。宽松的货币政策环境，反映在房地产市场上，就是房贷利率也同期下降。30年固定按揭贷款利率从2000年年底的8.1%下降到2003年的5.8%；一年可调息按揭贷款利率从2001年年底的7.0%下降到2003年的3.8%。这一阶段持续的利率下降，是带动21世纪以来的美国房产持续繁荣、次级房贷市场泡沫产生的重要因素。利率下降使很多蕴涵高风险的金融创新产品在房产市场上有了产生的可能性和扩张的机会。表现之一就是浮动利率贷款和只支付利息贷款大行其道，占总按揭贷款的发放比例迅速上升。与固定利率相比，这些创新形式的金融贷款只要求购房者每月担负较低的、灵活的还款额度，这样，从表面上减轻了购房者的压力，支撑过去连续多年的繁荣局面。从2004年6月起，美联储的低利率政策开始了逆转；到2005年6月，经过连续13次调高利率，联邦基金利率从1%提高到4.25%。到2006年8月，联邦基金利率上升到5.25%，标志着这轮扩张性政策完全逆转。连续升息提高了房屋借贷的成本，开始发挥抑制需求和降温市场的作用，促发了房价下跌以及按揭违约风险的大量增加。

其次，次贷危机与美国投资市场，以及全球经济和投资环境过去一段时期持续积极、乐观的情绪有关。进入21世纪，世界经济的全球化趋势加大，全球范围利率长期下降、美元贬值，以及资产价格上升，使流动性在全世界范围内扩张，激发追求高回报、忽视风险的金融品种和投资行为的流行。作为购买原始贷款人的按揭贷款，并转手卖给投资者的贷款打包证券化投资品种，次级房贷衍生产品客观上有着投资回报的空间。在一个低利率的环境中，它能使投资者获得较高的回报率，这吸引了越来越多的投资者。美国金融市场的影响力和投资市场的开放性，吸引了不仅来自美国，而且来自欧亚其他地区的投资者，从而使得需求更加兴旺。面对巨大的投资需求，许多房贷机构降低了贷款条件，以提供更多的次级房贷产品。这在客观上埋下危机的隐患。事实上，不仅是美国，包括欧亚，乃至中国在内的全球主要商业银行和投资银行，均参与了美国次级房贷衍生产品的投资，金额巨大，使得危机发生后影响波及全球金融系统。

最后，与部分美国银行和金融机构违规操作，忽略规范和风险的按揭贷款、证券打包行为有关。在美国次级房贷的这一轮繁荣中，部分银行和金融机构为一己之利，利用房贷证券化可将风险转移到投资者身上的机会，有意或无意地降低贷款信用门槛，导致银行、金融和投资市场的系统风险增大。在过去几年，美国住房贷款一度出现首付率逐年下降的趋势。历史上标准的房贷首付率是20%，也一度降到了零，甚至出现了负首付。房贷中的专业人员评估，在有的金融机构那里，也变成了电脑自动化评估，而这种自动化评估的可靠性尚未经过验证。有的金融机构还故意将高风险的按揭贷款“静悄悄”地打包到证券化产品中去，向投资者推销这些有问题的按揭贷款证券。突出的表现是在发行按揭证券化产品时，不仅不向投资者披露房主难以支付的高额可调息按揭付款，而且购房者按揭贷款是零首付的情况。而评级市场的不透明和评级机构的利益冲突，又使得这些严重的高风险资产得以顺利进入投资市场。在美国，有的经济学家将这些问题定义为“说谎人的贷款”，而在这些交易中，银行和金融充当了“不傻的傻瓜”的角色。按美国投资家吉姆·罗杰斯的话说，“人们可以不付任何定金和头款，甚至在实际上没有钱的情况下买房子，这在世界历史上是唯一的一次”，这“是我们住房市场中有过的最坏的泡沫，也是我们需要清理的最坏的泡沫”。

第二节　德国的房地产金融

一、德国的住房金融制度

德国实行契约型住房储蓄制度，其住房储蓄体系是由购房者与专门的储蓄银行签订存贷契约，在银行存款达到一定时期和数额后（一般为5～7年），由储蓄银行给储户发放贷款用于建房、买房或住房改建。德国整个住房金融体系由契约系统、抵押银行系统和存款系统构成。其主要特点是实行普遍的契约储蓄原则，住房金融的资金完全来源于储蓄存款和国家相关补贴，融资体系不依赖于资本市场的发展。

二、德国的房地产金融机构

德国的金融机构体系以中央银行为核心，以股份制商业银行为主体，专业银行和其他多种金融机构同时并存。德国的金融机构很多，诸如私营的专业抵押银行消费信贷银行、投资公司、私人房屋建筑贷款协会、担保银行、邮政储蓄银行、公共房屋信贷协会、互助储金信贷社等。各个银行与金融机构之间没有严格的分工，业务交叉重叠，几乎每一个银行或金融机构都可以提供所有银行的全部金融服务。而主要从事房地产金融业务的金融机构包括抵押银行、私人建筑协会和公营建筑协会、储蓄银行、住宅信贷协会、住宅互助储金信贷社等。

（一）抵押银行

抵押银行是德国对居民购房予以长期贷款的最大银行，按资金来源可分为私人抵押银行和公营抵押银行。私人抵押银行的资金大部分来自发行债券，公营抵押银行的资金有一半是政府提供的。抵押银行的资金有相当一部分用于住房建筑和为居民买房提供贷款。

（二）私人建筑协会和公营建筑协会

私人建筑协会和公营建筑协会是德国第三大类从事住房信贷的银行机构。获得私人建筑协会和公营建筑协会贷款的前提是必须首先签订一个建筑储蓄合同，只有当储蓄人的储蓄额达到合同金额的33%～40%时，才有资格得到一笔建筑贷款。

（三）储蓄银行

储蓄银行是政府设立的不以盈利为目的的受地方政府控制的公共金融机构，仅在地方开展金融业务。储蓄银行在德国共有600家左右，其资金来源大部分是居民个人储蓄存款，同时也发行各类债券。其中，建筑储蓄银行主要为建房、买房筹资融资，储户经过一段储蓄时期后，可以从储蓄银行取得购建房的贷款，这种存款、贷款的利率都较低。

（四）住宅信贷协会

住宅信贷协会是专门经营住房储蓄和住房贷款的住房金融机构，分为国营住宅信贷协会和私营住宅信贷协会两种。国营住宅信贷协会是地区性的，按照普通的储蓄银行方式开展业务；私营住宅信贷协会的经营范围不受地区限制。由于该机构发放的住宅贷款享有免税特权，贷款利率较低，因此具有较强的吸引力。

（五）住宅互助储金信贷社

住宅互助储金信贷社是专门从事契约储蓄业务的房地产金融机构，是德国最大的居民个人购房贷款机构之一。任何居民个人按照合同契约规定，连续几年存入一定数额的定期储蓄存款，存足一定金额时，即可取得住房贷款的权利。贷款金额相当于存款金额，且存款利率和贷款利率都低于市场利率。当贷款需求超过信贷资金来源时，则按入社时间先后顺序或规定的顺序分配贷款。当社员购房时，政府按其每年储蓄额的一定比例支付补贴。低收入家庭还可以减免个人所得税。住宅互助储金信贷社实施贷款利率与存款利率挂钩的办法，当选定的存款利率为2.5%时，贷款利率为4.5%；当选定的存款利率为4.5%时，贷款利率为5.75%，还本付息期限为10～15年。

除上述机构外，德国的信用合作银行、商业银行、保险公司等金融机构也从事房地产金融业务。

三、德国的房地产金融市场

德国实行契约型住房储蓄制度，其房地产金融市场的典型特点在于它的综合性。德国的房地产金融市场集合了契约系统、存款系统和抵押银行系统三大系统。这三大系统分别由建筑与贷款协会、抵押银行和储蓄银行与信用合作社三类金融机构实施。在一级抵押贷款市场上，1990 年年末德国抵押贷款的市场规模为 5313 亿德国马克。这些贷款由一级市场的金融机构提供，其中 1990 年储蓄银行贷款占新住宅贷款的 37.3%，并占全年住房贷款总量的 40.1%；抵押银行贷款占新住宅贷款的 29.8%，并占住房总贷款的 28.5%；储蓄贷款机构贷款占新住宅贷款的 25.2%，并占住宅市场贷款总量的 21.3%；保险公司在新住宅贷款市场上的份额为 11.4%，并占住房总贷款量的 10%。

德国的房地产金融二级市场相对于美国的房地产金融二级市场较为落后，并主要采用表内模式，其根源在于德国长期实行的抵押银行制度。德国的抵押银行主要通过发行债券来筹集资金，这种债券是最早的抵押贷款证券。但同美国相比，德国抵押银行被证券化的资产仍然保留在抵押银行资产负债表内。一旦银行破产，抵押债券的投资者具有对抵押贷款的直接追索权，目前德国还没有公开发行表外模式的抵押支持证券。抵押债券的投资者也主要是抵押银行自身以及德国保险公司等机构投资者。然而，在海外市场，虽然机构投资者对表外模式的抵押支持证券投资仍然持观望态度，但一些德国的私人投资者已经开始投资以美元计价的抵押转付债券。

第三节 新加坡的房地产金融

一、新加坡的住房金融制度

新加坡解决国民住房问题的核心政策是推行住房公积金制度，将国家建房后的低价出租转变为居民分期付款购买。中央公积金制度实质上是政府为维护劳工或受薪者福利的一种强制性储蓄，也是一种全民的社会保险。公积金由雇员和雇主各按雇员工资的一定比例按月解缴中央公积金局。公积金一是用于买住房发展局的公共住宅，即购买时每一次付款约占房价的 20%；二是用于特准住宅产业计划，即会员经申请批准，可以提取公积金建造高级私人住宅，若存款不够，可向中央公积金局借款。中央公积金局还可以将积累的公积金用于提供建筑出租的公共住宅贷款和建造出售的公共住宅贷款。新加坡公积金制度实行了 50 多年，已经积累了大量的资金。

新加坡住房金融制度具有以下特征：

(1)长期强制储蓄。新加坡中央公积金制度是一个长期强制储蓄系统，它的建立既对个人有好处，也对国家有好处。住房公积金的积累最终用于住房，不仅将大大促进住房建设的发展，促进产业结构的调整，有利于国民经济健康协调发展，而且能有效地调整消费结构。在租金难以大幅度提高的情况下，公积金制度能使住房消费在职工家庭消费总支出中达到一个合理的比例。

(2)政府的作用。新加坡公积金除用于住房贷款和支付个人提取外，其余部分首先用于购买政府债券，保证了住房资金良性循环和住房公积金的保值增值。

(3)完善的法律制度是公积金制度得以巩固和发展的基础。

(4)公积金的利息应该实现保值增值，这是公积金交存人具有持久支持力的条件之一。

二、新加坡的房地产金融机构

新加坡实行强制储蓄的住房公积金制度，政府对房地产市场实行了强有力的国家干预。在房地产金融市场上，金融机构以官方金融机构为主体，并以专业房地产金融机构为支柱。从事房地产金融业务的主要金融机构包括住宅发展局、中央公积金局及邮政储蓄银行。

（一）住宅发展局

新加坡住宅发展局是政府的一个法定机构。在发展公共住宅方面，它既代表政府行使权力，负责制定住宅发展规划及房屋管理，达到居者有其屋目标，同时又作为房屋开发商，负责房屋建设的工程发展及房屋出售和出租。住宅发展局在经济上实行独立核算、自主经营的政策。其资金主要来源于政府预算拨款和政府出让土地收益，此外是政府发放的专用于建房的贷款及居民购房预付款。住宅发展局的房屋租金和售价都是由政府确定的低于市场的价格，因此造成的收支差额由政府核定预算时给予一定的津贴。

（二）中央公积金局

新加坡中央公积金局成立于1955年，是政府为实行公积金管理而专门设立的官方机构。中央公积金局隶属于劳工部，由劳工部制定有关政策并进行监督。中央公积金局依法独立操作，其他部门不加干预。中央公积金局实行董事会领导下的总经理负责制。董事会主席和总经理由劳工部委托，任期3年。董事会由11人组成：主席1人，董事10人，董事中包括政府代表2人、雇主代表2人、专家4人。董事会每两个月开一次会，对重大问题进行决策。董事会下设两个委员会，即人事财政委员会和计划决策委员会，负责处理一些具体政策问题。中央公积金局设总经理和副总经理各1人，日常工作由总经理负责；下设会员服务部、雇主服务部、人事部、行政部、电脑部及内部审计部6个部。在房地产金融方面，中央公积金局主要发放面向住宅发展局的公共组屋建设贷款和面向会员个人的个人购房优惠贷款。

（三）邮政储蓄银行

新加坡的邮政储蓄银行成立于1887年，储蓄存款是其资金的主要来源。到1990年，邮政储蓄银行改名为新加坡储蓄银行。目前，该银行网络共有130间分行、21间自动分行，以及669台自动提款机。客户的储蓄户头数目增加到510万个，存款额达258亿元，超过95%的新加坡成年人拥有该银行的储蓄户头。该机构的房地产金融业务主要包括向中高收入者提供住房贷款，以及受政府及法定机构委托发放公务员和法定机构雇员的住房贷款。

三、新加坡的房地产金融市场

新加坡房地产金融市场最主要的组成部分是住宅金融市场。新加坡住宅金融市场的典型特征是以基金为后盾，通过把公积金制度和住宅发展计划（居者有其屋计划）相联系的办法，解决住房建设投资和住宅信贷资金来源。

新加坡从1955年开始实行公积金制度。公积金是为职员设立的社会福利基金。这个制度规定，雇员和雇主必须按雇员个人工资的一定比例缴纳公积金储蓄，并存入中央公积金局为雇员开设的公积金储蓄账户上。公积金缴纳率随着经济发展和工资增长而提高。新加坡公积金制度实行了许多年，已经积累了大量的资金并成为房地产金融市场的主要资金来源。在新加坡房地产金融市场上，政府起着主导作用，作为政府部门的住宅发展局几乎支配着新加坡的全部住房金融市场。

本章小结

了解国外房地产金融发展的概况和经验，对于促进我国房地产金融的发展有着很重要的借鉴意义。美国、德国、新加坡等国家的金融制度代表了目前世界上几种典型的房地产金融制度，本章主要从住房金融制度、住房金融市场、住房金融机构等几个方面介绍了这三个国家的房地产金融概况。本章还介绍了次贷危机的概念、2007 年美国次贷危机的主要过程及发生原因。

关键概念

金融制度　Finance system　　金融市场　Finance market
金融机构　Finance institution　　次贷危机　The subprime loan crisis
抵押贷款　Mortgage　　住房储蓄　Housing deposit

课堂讨论

你认为我国的房地产金融应该向美国、德国或新加坡学习哪些方面的成功经验，吸取哪些教训？

思考与练习

一、填空题

1. 美国的________是一种在政府支持和监管下专门从事储蓄业务和住房抵押贷款业务的非银行金融机构，通常采用互助合作制或股份制的组织形式。

2. 美国房地产金融一级市场不仅规模庞大、金融工具丰富，更突出的是具备完善的抵押贷款________和________体系。

3. ________是德国对居民购房予以长期贷款的最大银行，按资金来源可分为________和________。

4. 德国实行________住房储蓄制度，其房地产金融市场的典型特点在于它的________。

5. 在房地产金融市场上，新加坡的金融机构以________为主体，并以________为支柱。

二、选择题

1. 美国住房金融制度的实质是（　　）。

A. 契约型住房储蓄制度　　B. 住房抵押贷款制度
C. 住房公积金制度　　D. 住宅金融公库制定

2. 德国从事房地产金融业务的主要金融机构不包括（　　）。

A. 抵押银行　　B. 私人建筑协会和公营建筑协会

C. 储蓄银行　　　　　　　　　　D. 商业银行

3. 为了加强对二级市场的干预，美国政府直接发起设立的金融机构有(　　)。

A. 联邦国民抵押协会　　　　　　B. 政府国民抵押协会

C. 联邦住房贷款抵押公司　　　　D. 退伍军人管理局

4. 德国的住房金融体系由(　　)三大系统构成。

A. 契约系统　　B. 抵押银行系统　　C. 存款系统　　D. 保险系统

5. 关于新加坡的住房公积金制度，下列说法正确的是(　　)。

A. 公积金制度是解决国民住房问题的核心政策

B. 公积金由雇员和雇主各按雇员工资的 5%和 12%按月解缴

C. 公积金制度是从 1955 年开始实行的，公积金是为职员设立的社会福利基金

D. 公积金制度实质上是政府为维护劳工或受薪者福利的一种强制性储蓄，也是一种全民的社会保险

三、简答题

1. 美国、德国、新加坡的房地产金融制度分别有什么特点？

2. 美国、德国、新加坡主要有哪些金融机构？

3. 什么是次贷危机？美国 2007 年发生次贷危机的主要原因是什么？

实践与训练

实训项目：收集有关美国次贷危机及金融危机的相关资料，列举一些在危机中破产或者接受政府救济的房地产金融机构。

实训目的：了解金融危机爆发的原因及其影响。

实训步骤：

(1)同学分组。3～5 人一组，通过网上搜索等渠道收集相关资料。

(2)每个小组各提交一份调查报告。

案例分析

中德住房储蓄银行于 2004 年 2 月 15 日在天津开业，是由德国施威比豪尔住房储蓄银行和中国建设银行合资成立的股份制银行，注册资本为 1.5 亿元，建设银行持有 75.1%的股份，德国施威比豪尔住房储蓄银行持有 24.9%的股份。德国施威比豪尔住房储蓄银行是德国最大的住房储蓄银行，至今已有 70 多年的住房储蓄业务经验，德国每 12 人中就有 1 人与该银行签有住房储蓄合同。中德住房储蓄银行初期仅在天津开展住房储蓄业务，其经营模式完全从德国施威比豪尔银行引进，资金封闭运作，只向住房储蓄客户吸存，也只向自己的住房储户放贷。其最大的优势就是提供低息住房贷款，推出的贷款年利率仅为 3.3%，远低于国内的各种个人住房商业贷款。其产品特点简单地说就是“先存后贷，利率固定，专款专用，封闭运作”。

2008 年 7 月，中德住房储蓄银行正式获批扩大业务范围，将在原有住房储蓄业务的基础上开办吸收公众存款，发放个人住房贷款，发放以支持经济适用房、廉租房、经济租赁房和

限价房开发建设为主的开发类贷款，发行金融债券，代理发行、兑付和承销政府债券，代理收付款项，代理销售基金，代理保险业务。

思考题：

1. 什么是住房储蓄制度？
2. 我国发展中德住房储蓄银行业务有什么意义？

参考文献

[1]黄达.货币银行学.北京:中国人民大学出版社,2000.

[2]胡庆康.现代货币银行学教程.上海:复旦大学出版社,2005.

[3]中国就业培训技术指导中心.理财规划师基础知识.北京:中国财政经济出版社,2007.

[4]饶海琴,孙克利.房地产金融.上海:格致出版社,2008.

[5]王一鸣.中国银行业从业人员资格认证考试指导用书(风险管理科目).北京:中国发展出版社,2006.

[6]刘长滨,周霞.房地产金融.北京:中国电力出版社,2008.

[7]王重润,刘颖.房地产金融.北京:北京大学出版社,2010.

[8]谷任,蒋先玲.房地产金融.北京:对外经济贸易大学出版社,2008.

[9]董藩,等.房地产金融.北京:清华大学出版社,2012.

[10]周建松.住房按揭贷款.北京:科学出版社,2008.

[11]王淑敏,石信谊.房地产金融实务.北京:清华大学出版社,北京交通大学出版社,2009.

[12]彭玉蓉.房地产经纪操作实务.北京:中国建筑工业出版社,2009.

[13]张红,殷红.房地产金融学.北京:清华大学出版社,2007.

[14]曹建元.房地产金融学.上海:上海财经大学出版社,2003.

[15]栾世红.房地产金融与保险.大连:大连理工大学出版社,2008.

[16]徐一千,刘颖春.房地产金融.北京:化学工业出版社,2005.

[17]徐保满.房地产金融.北京:科学出版社,2007.

[18]李秀昆,张兆林.住房公积金解读.北京:中国财政经济出版社,2007.

[19]龙胜平,方奕.房地产金融与投资概论.北京:高等教育出版社,2006.

[20]寇慧丽.房地产金融.北京:人民交通出版社,2007.

[21]黄乐平.住房公积金实务精解.北京:中国法制出版社,2008.

[22]闻景.证券市场基础知识.上海:上海财经大学出版社,2006.

[23]王洪卫.中国房地产证券化运行机制.上海:上海财经大学出版社,2005.

[24]邓宏乾.房地产金融.上海:复旦大学出版社,2006.

[25]张建新,王国力.房地产经济、金融与投资分析.北京:机械工业出版社,2008.

[26]贺庆祝.我国房地产金融宏观调控问题与建议.商业现代化,2008(5).

[27]朱玮玮,张茜.房地产业金融调控政策及其分析.沿海企业与科技,2009(12).

[28]程红梅.中国当代房地产金融思想发展研究(1978—2005).上海:复旦大学博士学位论文,2007.

[29]张红.房地产金融学.2版.北京:清华大学出版社,2013.

[30]范如国,范如君.房地产投资与管理. 2版.武汉:武汉大学出版社,2014.

[31]沙振波,等.我国房地产上市公司融资渠道研究.经济研究参考,2015(51).

[32]陈瑶.我国房地产上市公司股权结构与绩效的实证研究.合肥:安徽大学硕士学位

论文,2016.

[33]中国信托业协会. 2016—2017 年信托业务发展报告. www. sohu. com,2017-12-14.